LENOS POCKET 166

www.lenos.ch

Inhalt

Zu diesem Buch

Thymian und Steine ist die Lebensgeschichte einer Frau, die auf einem langen und schwierigen Weg der Bewusstwerdung zu einer Botschafterin der palästinensischen Sache geworden ist. Mit ihrem Bericht will sie nicht eine weitere Analyse des Nahostgeschehens leisten, sondern vielmehr versuchen, die weitgehend unbekannte Realität der palästinensischen Erfahrungswelt und die tiefgreifenden Veränderungen in der palästinensischen Gesellschaft darzustellen. Sumaya Farhat-Naser wird so zur Sprecherin und Zeugin ihres Volkes, das 1948 seine Heimat verlor und in alle Welt zerstreut wurde. Ihre Erfahrungen lassen uns am palästinensischen Alltag im Westjordanland vor und nach der Besetzung von 1967 teilnehmen – an einem anhaltenden Zustand der Entrechtung und der Demütigung, der 1987 in der Intifada explodierte.

Die israelische Lebenswelt dagegen erscheint in dieser Geschichte in der Einseitigkeit und Ferne, die durch die Bedingungen der Besatzungssituation gegeben sind und die aufzubrechen Sumaya Farhat-Naser als Voraussetzung einer wirklichen Friedenslösung sieht: „Wir haben gar keine andere Wahl, als einen gemeinsamen Weg zu finden."

Dass es keine andere Wahl gibt, das ist auch die Botschaft israelischer Friedenskräfte, die seit mehr als zwanzig Jahren versuchen, Israel aus der nahöstlichen Isolation herauszuführen: Das Trauma der Vergangenheit habe im jungen Staat Israel zu einer Weltsicht geführt, die jede Annäherung an die arabisch-palästinensischen Nachbarn, aber auch an die Palästinenser im eigenen Land verhindere und zudem die Nahost-

Problematik auf einen Kampf um gesicherte Grenzen reduziere. Diese Abwehrhaltung, die davon ausgehe, dass das Land von Feinden umgeben sei, habe Israel daran gehindert, zu einem organischen Teil der Region zu werden. Wer sich um Israel und seine Zukunft sorge, müsse sich darum heute auch an die Seite der Palästinenser stellen. Nur: Wer diese Überzeugung in Israel öffentlich vertrat oder sich später für einen Rückzug aus den besetzten Gebieten und eine Zwei-Staaten-Lösung einsetzte, wurde zum Aussenseiter.

Auch wer sich in Europa für die palästinensische Sache einsetzte, wurde im herrschenden Konsens als Störfaktor wahrgenommen. Die Solidarität mit Israel schloss eine gleichzeitige Solidarität mit den Opfern der israelischen Staatsgründung aus. Eine „doppelte Solidarität“ im Interesse beider Völker stand unter dem Verdikt einseitiger Parteinahme bis hin zum Verdacht antisemitischer Tendenzen.

Sumaya Farhat-Naser hat diese verinnerlichte Regel schon früh durchbrochen. Bereits während des Studiums in Deutschland machte sie die Erfahrung, dass die unverarbeitete Schuld an der beispiellosen Leidensgeschichte des jüdischen Volkes den Blick auf die palästinensische Wirklichkeit verstellte. Wahrgenommen wurden die blutigen Anschläge palästinensischer Fedajin, nicht aber die politischen Veränderungen, die sich in den siebziger Jahren unter der Last der Besatzung im innerpalästinensischen Diskurs abzuzeichnen begannen.

Als erste Palästinenserin hat Sumaya Farhat-Naser im deutschen Fernsehen öffentlich mit israelischen Frauen über einen israelisch-palästinensischen Frieden diskutiert. Immer wieder ist sie seither im Radio mit Kommentaren zum politischen Geschehen in Nahost zu vernehmen. Im Fernsehen und an Veranstaltungen tritt sie als unpolemische Zeugin und engagierte Frauenvertreterin auf. Für zahlreiche Reise- und Studiengruppen, die Israel und die besetzten Gebiete besuchen, ist sie zur kompetenten und unideologischen Vermittlerin der palästinensischen Sichtweise geworden.

Als Dozentin für Botanik und Ökologie an der palästinensischen Universität Birseit nahm sie nach ihrem Studium am politischen Aufbruch der Universität teil und setzte sich in Bildungs- und Ausbildungsprogrammen für einen Bewusstseinsprozess unter den Frauen ein, der mit der Intifada neue Dimensionen annahm – als die Frauen gezwungen wurden, aus traditionellen Rollen herauszutreten. Mit Ausnahme von Hanan Ashrawi, die in den ersten Friedensverhandlungen eine führende Rolle spielte, blieb aber die Bedeutung palästinensischer Frauen im Kampf gegen die Gewalt der Besatzung – und gegen die Gewalt patriarchaler Herrschaft in der eigenen Gesellschaft – wie auch ihr Beitrag zur Entstehung und Ausgestaltung eines zukünftigen Staates weitgehend unbekannt. In der palästinensischen Frauenbewegung verknüpft sich heute der Kampf um politische Befreiung mit dem Kampf um Demokratie und gegen undemokratische Entwicklungen, wie sie sich in der Autonomiebehörde teilweise abzeichnen.

Als sich Sumaya Farhat-Naser im Frühjahr 1994 entschloss, ihre Lebensgeschichte aufzuzeichnen, wussten wir zwar um die mit dieser Aufarbeitung von Erfahrungen und Erinnerungen verbundene zeitliche und seelische Beanspruchung. Nicht voraussehbar war aber, wie gross die Belastung durch die niederdrückenden politischen Entwicklungen sein würde, die sie begleiteten. *Thymian und Steine* wurde zu einer Zeit geplant, als die Hoffnung auf einen Prozess friedlicher Veränderungen und allmählicher Annäherung die Skepsis überwog. Wie sehr sich die Stimmung inzwischen verändert hat, wird in den beiden letzten Kapiteln spürbar.

Durch unsere jahrelangen Kontakte war eine Nähe entstanden, die eine Zusammenarbeit an diesem Buch möglich machte. Realisiert wurde das Projekt dank der sensiblen und klugen Mitarbeit der Journalistin Chudi Bürgi bei der Aufarbeitung der Texte. Dem Nahostexperten Arnold Hottinger, der die historischen Hintergründe und Zusammenhänge des Nahostkonflikts ausleuchtet, danken wir sehr herzlich.

Habstetten, im März 1995 *Rosmarie Kurz*

Einleitung

Heute, am 2. November 1994, während ich versuche, meine Lebensgeschichte mit ihren guten und ihren quälenden Erinnerungen aufzuschreiben, sind es siebenundsiebzig Jahre her, seit Palästina von Fremden an Fremde versprochen wurde. Dies war der Beginn des palästinensisch-israelischen Konflikts. Am 2. November 1917 schrieb der britische Aussenminister Arthur James Balfour an Lord Lionel Walter Rothschild, den Präsidenten der „English Zionist Federation", einen Brief, in dem er der Gründung einer jüdischen nationalen Heimstätte in Palästina die Unterstützung seiner Regierung zusagte. Einunddreissig Jahre später wurde der Staat Israel auf dem Boden Palästinas gegründet.

So alt wie der Staat Israel bin auch ich, die Palästinenserin Sumaya Farhat-Naser. Ich lebe auf dem Boden Palästinas, in den seit 1967 besetzten Gebieten. Mein Leben wird von Militärgesetzen kontrolliert und bestimmt. Weder politische noch zivile Rechte, weder Selbstbestimmung noch Existenzrecht werden mir und meinem Volk eingeräumt. Mein Bewegungsraum reicht, ohne Genehmigung des Geheimdienstes, fünfzehn Kilometer im Umkreis meines Heimatortes Birseit. Daran hat sich seit Unterzeichnung der Grundsatzerklärung im September 1993 in Washington nichts Wesentliches geändert. Die Verhandlungen laufen weiter und weiter – ohne substantiellen Gewinn für die Menschen in den besetzten Gebieten.

Als ich vor einigen Monaten mit der Arbeit an diesem Buch begann, dachte ich, dass das Schreiben der eigenen Lebensgeschichte vor allem ein Erinnern an Vergangenes verlange. Und ich hoffte damals noch, das Buch in einer Atmosphäre der Entspannung zu beenden, da wir unserem Traum zur Errichtung eines Staates Palästina neben dem Staat Israel – und damit dem Frieden – ein Stück nähergekommen sein würden.

Der heutige Tag ist ein Tag wie jeder andere; er ist nicht mehr wie in früheren Jahren geprägt von Demonstrationen, Kundgebungen und Protesten in Erinnerung an das Unrecht, das dem palästinensischen Volk vor siebenundsiebzig Jahren zugefügt worden ist. Die Leute sind still geworden und skeptisch. Viele meiner Mitstreiterinnen und Mitstreiter haben sich zurückgezogen, weil sie dem Frieden keine Chance mehr geben. Ich selber sehe mich gezwungen weiterzuschreiben, trotz der täglichen Last der politischen Ereignisse. Dass ich meine normalen Aktivitäten weiterführen muss, bereichert mein Schreiben. Ich nehme – zusammen mit israelischen Frauen – an Protestaktionen gegen Besiedlung und Landkonfiskation teil, ich beteilige mich an Frauentreffen, erfülle weiter meine Lehrtätigkeit an der Universität Birseit, kümmere mich um meine alten Eltern und meine Schwiegermutter und bemühe mich um meine Kinder. Diese fragen mich: Hat es einen Sinn zu schreiben? Wird dieses Buch etwas bewirken können? Die Antwort liegt bei denen, die es lesen. Ich versuche, es nach bestem Wissen und Gewissen und entsprechend meinen Erfahrungen und Überzeugungen zu schreiben. Vielleicht ist es ein kleiner Beitrag zum besseren Verständnis der schwierigen und leidvollen Situation in Palästina.

Sumaya Farhat-Naser

Wo der Thymian blüht

Kindheit in Palästina

Rings um meinen Heimatort Birseit wachsen Olivenbäume. Sie verbreiten eine Atmosphäre der Gelassenheit und Standhaftigkeit. Sie fordern Geduld und Genügsamkeit und versprechen ein gutes Leben. Früher wurden die reichen Vorräte an Olivenöl in Felszisternen gelagert, daher der Name Birseit – Ölbrunnen. Der Duft von Thymian und Oregano, Pistazien und Ginster, Pfefferminz und Salbei, von Zitrus- und Mandelblüten begleitet uns. Quellen sprudeln aus dem Gestein hervor und spenden kostbares Wasser. Dichter und Dichterinnen, Erzähler und Erzählerinnen haben seit jeher Palästina, diesen Ort der Freude, und ihre Liebe zu Land und Erde besungen. Wer Palästina verlassen hat, träumt von der Heimkehr und sehnt sich nach dem Duft der Sträucher, dem Schatten der Olivenbäume und dem Rauschen der Quellen.

Meine Familie lebt seit Jahrhunderten in Palästina. Früher hatten die semitischen Stämme im Winter diesseits, im Sommer jenseits des Jordans ihr Lager und begnügten sich dankbar mit dem, was der Boden hervorbrachte. Wie unsere Familie von dort nach Birseit gelangt ist, erzählt eine Geschichte, die von Generation zu Generation weitergegeben wird: Als eines Tages im Haus unseres Urahnen Farach ein Mädchen geboren wurde, war die Enttäuschung gross. Unter den Leuten, die sich bei Farach versammelt hatten und ihm Trost spendeten, befand sich auch ein fremder Gast, ein Moslem. Dessen Trostspruch erwiderte Farach mit den Worten: „Das Kind sei dir geschenkt.“ Solche Aussprüche waren gebräuchliche Zeichen der Gastfreundschaft und Grosszügigkeit. Als aber das Mädchen sechzehn geworden war, kam jener Gast von damals wieder und forderte sein Geschenk. Der Vater erkannte, dass es dem Mann ernst war, und bereute seinen Ausspruch sehr – denn wie konnte er als Christ seine Tochter einem Moslem verschenken? Er bat um etwas Zeit für die Vorbereitungen, und sie wurde ihm gewährt. Als es Nacht wurde, floh Farach – um der Schande zu entgehen – mit seiner ganzen Familie in die Berge und liess sich im Dorf Ain Arîk bei Ramallah nieder. Einer seiner Söhne wanderte später weiter nach Birseit. Von ihm stammen die vier grossen Sippen des Ortes ab. Neben diesen christlichen Familien lebten auch zwei muslimische Sippen in Birseit. Das Zusammenleben all dieser Menschen beruhte auf Respekt und friedlicher Nachbarschaft.

Die Eltern meines Vaters wurden gegen Ende des letzten Jahrhunderts geboren. Sie erlebten türkische, britische und jordanische Besatzung, Kriege und Armut. Die muslimischen Männer mussten an der Seite der Türken in den Ersten Weltkrieg ziehen. Den Christen war der Heeresdienst verboten; sie mussten statt dessen Steuern zahlen.

Tagsüber arbeiteten Männer und Frauen auf dem Felde. Abends versammelten sich die Männer im Diwan, im Haus des Sippen-Ältesten. Sie schlürften Tee, erzählten sich Geschichten und bestimmten über Dorf- und Familienpolitik. Oft war einer der Männer damit beschäftigt, Kaffeebohnen in einem Holzmörser zu zerstampfen. Weithin waren die ungewöhnlichen Rhythmen seiner Schläge zu hören. Das Geräusch verriet allen, wo sich die Männer versammelt hatten, und wirkte auch einladend für Gäste, die ins Dorf kamen.

Für die Frauen aber war der Arbeitstag, wenn sie vom Feld heimkehrten, noch nicht zu Ende. Sie kümmerten sich um den

Haushalt und versorgten die versammelten Männer wie auch die eigene Familie mit Speis und Trank.

Meine Grossmutter erzählte häufig Geschichten aus ihrem Leben, und ich hörte ihr leidenschaftlich gerne zu. Sie erzählte aus ihrem Alltag, wie sie den ganzen Tag unter der glühenden Sonne auf dem Feld arbeitete, abends Weizen drosch und die Körner in ihrer Steinmühle mahlte. Dabei liess sie sich vom wellenartig an- und abschwellenden Geräusch der sich reibenden Steine tragen und hing ihren Gedanken nach. Sie dachte an ihre Leute, auch an die Verstorbenen. Oft weinte sie dabei vor Müdigkeit, und die Tränen erleichterten sie. Sie genoss diesen Moment der Ruhe. Danach knetete sie den Teig, der noch vor Sonnenaufgang im Holzbackofen gebacken wurde. Kurz darauf brach sie auf und gelangte nach zwei Stunden – den Säugling samt dem noch warmen Brot, Oliven, Öl und Gemüse in einem grossen, flachen Korb auf dem Kopf tragend – auf steinigem Weg zum Feld.

Grossmutter erzählte auch gerne von der einzigen Reise ihres Lebens: „Es war zur Zeit des Ersten Weltkrieges. Ich war damals noch ein junges Mädchen. Die Engländer kämpften gegen die Türken, und wir lebten mitten im Kriegsgebiet in Not und Angst. Mehrere Leute aus unserem Dorf, auch aus unserer Familie, waren in den Kämpfen getötet worden. Viele flüchteten aus Angst in die Städte an der Küste, wo bereits die Engländer standen, oder nach Istanbul. Ich schloss mich dem Strom von Menschen aus unserer Gegend an, die zu Fuss nach Istanbul unterwegs waren. Die Flucht dauerte zwei Monate. In Istanbul erkannte mich ein Soldat aus unserem Dorf; er kümmerte sich um mich und schickte mich mit der nächsten Karawane zurück nach Birseit. Ohne ihn wäre ich wohl nie wieder nach Hause zurückgekehrt. Das war die erste und letzte Reise meines Lebens.“ Als die Türken in Ramallah, zehn Kilometer von Birseit entfernt, von den Engländern besiegt wurden, kam es zu einem Waffenstillstand. Die Flüchtlinge kehrten nach und nach zurück. Ihre Häuser waren von den Türken geplündert worden, die Felder abgeerntet.

Ein andermal erzählte Grossmutter, wie es dazu kam, dass die Frauen im Dorf Schuhe tragen durften. Als Anfang des Jahrhunderts die ersten einfachen Lederschuhe aufkamen, waren sie den Männern vorbehalten, obwohl gerade die Frauen bei ihrer harten Arbeit auf dem Feld oft wunde Füsse hatten. „Wir Frauen besassen zwar Schuhe, aber es ziemte sich nicht, sich damit im Dorf zu zeigen. So zogen wir sie erst ausserhalb des Dorfes an. Als wir eines Tages mit schweren Holzbürden auf dem Kopf ins Dorf zurückkamen, beeilten wir uns wie immer, die Schuhe rechtzeitig auszuziehen und zwischen dem Holz zu verstecken. Aber Salma, Mansûrs Tochter, hatte wunde, schmerzende Füsse und beschloss, die Schuhe nicht auszuziehen. Kaum war sie zu Hause angekommen, stürzte sich ihr Vater mit einem Stock wütend auf sie: ‚Wie wagst du es, mir diese Schande anzutun! Das ganze Dorf spricht über die Tochter des Mansûr.‘

‚Bitte, Vater‘, flehte sie, ‚im Namen der Heiligen Maria und des Heiligen Georg, hör mich an, bevor du mich schlägst! Sag mir: Was ist besser und anständiger: die Schuhe an den Füssen oder auf dem Kopf zu tragen?‘

Verblüfft liess der Vater den erhobenen Arm sinken und antwortete: ‚Du hast recht, meine Tochter.‘ Und er verliess das Haus.

Darauf ging Salma zu ihren Freundinnen und erzählte ihnen die Geschichte. Und sie beschlossen, von nun an die Schuhe anzubehalten. Und dabei blieb es.“

Meine Eltern wuchsen zur Zeit des britischen Mandats in Palästina auf. Die Engländer wollten die Gesellschaft modernisieren und mit der Gründung von Schulen ihren Einfluss verstärken. Mein Vater erhielt eine gute Schulbildung in Jerusalem, wo Grossvater in der Klinik der lutherischen Kirche als Hilfskraft arbeitete. Grossvater war offen für Neues und wusste auch Bescheid über das, was sich jenseits der Dorfgrenzen abspielte.

Meine Mutter, Tochter einer einfachen Bauernfamilie, hatte sich geweigert, die Schule zu besuchen, und blieb Analphabetin. Denn nach Vorschrift der Engländer hätte sie, wie alle Schülerinnen, eine Schuluniform tragen müssen. Meine Mutter und andere Mädchen ihres Alters brachten es nicht über sich, ihre palästinensische Tracht abzulegen, sich derart zu entblössen und ihre Kultur und Tradition preiszugeben. Heute leben in Birseit nur noch etwa dreissig Frauen, die diese Tradition beibehalten haben. Die meisten von ihnen sind Analphabetinnen.

Meine Mutter wurde mit siebzehn Jahren verheiratet. Sie brachte neun Kinder zur Welt, fünf Mädchen und vier Knaben. Die Geburt eines Kindes ist die Bestätigung der Fruchtbarkeit und Tauglichkeit der Frau. Die Wertschätzung stieg, wenn die Frau Söhne und möglichst wenige Töchter zur Welt brachte. Der Sohn, Träger des Familiennamens, galt und gilt auch heute noch als Beschützer der Familie; er sichert ihren Unterhalt und Besitz. Grosse Freude verbreitete sich daher unter denen, die vor der Tür der Gebärenden warteten, wenn der Ruf der Hebamme zu hören war: „Betet zum Heiligen Georg! Es ist ein Sohn geboren!“ Im Nu erfuhr es das ganze Dorf. Wurde ein Mädchen geboren, rief die Hebamme: „Betet zu unserer Mutter Maria! Ein Mädchen ist geboren!“ Stille breitete sich aus. Trostworte wurden ausgesprochen wie: „Hauptsache, die

Mutter hat es überstanden." – „Wer eine Tochter bekommt, kann auch einen Sohn bekommen." – „Wenn sie keinen Mann findet, kann sie im Alter für die Eltern sorgen."

Das Kindbett dauerte in der Regel vierzig Tage. In dieser Zeit wohnte die Mutter oder eine der Schwestern der jungen Frau bei ihr, pflegte sie und versorgte Haus und Kinder. Es war üblich, dass die Grossmutter der Tochter und ihrer Familie zur Geburt einige Hühner schenkte. Und so gab es die ganze erste Woche über leckere Hühnergerichte.

Ich wurde 1948 geboren, in dem Jahr also, in dem auf dem Boden, der uns Palästinensern und Palästinenserinnen gehörte, der Staat Israel gegründet wurde. Mein Grossvater besass zu jener Zeit an der Stelle, wo sich heute der Flughafen Lod-Tel Aviv befindet, zwei Hektaren Land. Dort, nur vierzig Kilometer vom Heimatort Birseit entfernt, pflanzte Vater mit Verwandten Zitrusfrüchte und baute Weizen und Gemüse an. Durch die Teilung Palästinas verloren sie Grundstück und Arbeit, und Vater kehrte zu seiner Familie nach Birseit zurück.

Birseit befand sich in dem Teil Palästinas, der nach dem Zerfall des palästinensischen Widerstands von der jordanischen Armee übernommen worden war. Die Widerstandsbewegung hatte die Befreiung des Landes von den Briten und die Errichtung eines Staates Palästina angestrebt und war auch gegen die jüdische Armee angetreten, die ihren eigenen Staat erkämpfte. Nach der Niederlage verfolgte die jordanische Armee die palästinensischen Widerstandskämpfer und proklamierte 1950 die Vereinigung des Westjordanlandes mit Transjordanien im Königreich Jordanien. Nationale Gefühle zu zeigen wurde den Palästinensern verboten. Die jordanische Regierung versuchte, die Palästinenser zu Bürgern des jordanischen Staates zu machen und sie so zu integrieren – mit wenig Erfolg. Zwei Gesellschaftsformen prallten in dem neuen Staat aufeinander: Während die jordanische Gesellschaft vorwiegend aus nomadischen Beduinen bestand, waren die Palästinenser erfahrene Ackerbauern, Handwerker und Händler, auch ausgebildete Lehrer gab es. Sitten und Gebräuche und die Dialekte waren ebenfalls unterschiedlich. Die Palästinenser waren gezwungen, sich in die beduinische Gesellschaft einzufügen, und dies bedeutete für sie einen Rückschritt. Aufgrund ihrer Fähigkeiten waren sie zwar die treibende Kraft beim Aufbau des Staates, doch die politische und militärische Macht lag in den Händen der Jordanier. Den Palästinensern fiel Loyalität gegenüber dem jordanischen Staat schwer. Je mehr man sie zu Jordaniern machen wollte, desto mehr klammerten sie sich an ihre palästinensische Identität.

Seit meiner Geburt lebten meine Grosseltern und meine Eltern zusammen in einem der traditionellen Bauernhäuser, die gewöhnlich aus einem einzigen gewölbten Raum bestanden. Die Häuser waren im Kreis um einen Hof gebaut und gaben dem Dorf das Aussehen eines von Kuppeln gekrönten Steinhaufens, der sich harmonisch in die karge Hügellandschaft einfügte. Im Hof verrichteten die Frauen gemeinsam die Hausarbeit. Eine kleine Treppe führte auf das Dach, wo die Wäsche getrocknet und Gemüse und Obst gedörrt wurden.

Mein Elternhaus war zweistöckig. Unten waren die Tiere untergebracht und oben lebten die Menschen in einem Raum, der als Ess- und Schlafzimmer sowie als Lagerraum diente. Mittelpunkt des Raumes war der runde, niedrige Tisch. Zum Schlafen wurden abends Matratzen aus Schaf- und Ziegenwolle ausgebreitet, die tagsüber – bis auf eine oder zwei, die zum Sitzen dienten – unter einem Wandbogen aufgestapelt wurden. In Nischen und in Truhen, aus Stroh und Lehm gefertigt, wurden Lebensmittel aufbewahrt; sie trennten den Wohnraum vom Speicher. Kostbarkeiten wurden in der Brauttruhe verborgen.

Geschirr, Küchen- und Arbeitsgeräte waren aus Ton, Holz, Stroh und Leder gefertigt. Die Männer flochten grobe Körbe und Gefässe aus jungen Olivenzweigen, die Frauen stellten aus Weizenhalmen bunte, feine Schalen und Tabletts her.

Unter dem Haus, acht Meter tief in den Fels gehauen, befand sich die Ölzisterne; in ihr lagerte das Öl als Vorrat für Jahre.

In solch einfachen Verhältnissen lebte unsere Familie: rund zehn Personen aus drei Generationen. Mitunter waren es sogar mehr, denn bis zu ihrer Heirat lebten auch zwei Brüder meines Vaters bei uns, und später hat Mutter noch die sechs Kinder eines Onkels bei uns aufgenommen, deren Mutter psychisch erkrankt war. Der Grossvater war in allen Lebensbereichen bestimmend. Neben seiner Arbeit in der Klinik handelte er mit Öl und Weizen. Die Grossmutter kannte ich nur als Gelähmte, die nach einem Schlaganfall bettlägerig und auf die Hilfe meiner Mutter angewiesen war. Wir mochten sie sehr, sie lachte gerne und erzählte uns Geschichten. Wenn wir etwas Dummes angestellt hatten, versteckten wir uns bei ihr.

Mein Vater war selten zu Hause. Obwohl er eine gute Schulbildung hatte, gehorchte er dem Befehl seines Vaters und ging als Fahrer zur jordanischen Armee. Grossvater beherrschte ihn so sehr, dass er nie eigene Wünsche zu äussern wagte. Er hatte nicht den Mut, seine Bildung und sein Können zu zeigen, und dies zu einer Zeit, als erst wenige schreiben und lesen konnten. Er fürchtete, woanders eingesetzt zu werden und dadurch seinem Vater zu missfallen, der Fahrer für den besten Beruf hielt. So blieb er fünfzehn Jahre beim Militär, ohne je befördert zu werden, und kehrte mit dreiundvierzig als Arbeitsloser nach Hause zurück.

Die Armut bekamen wir Kinder täglich zu spüren. Oft war nichts Essbares mehr im Haus. Voller Spannung warteten wir jeweils darauf, dass die Henne ein Ei legte. Dann sassen wir alle im Kreis auf dem Boden, starrten voller Freude auf das Spiegelei und assen behutsam nach den Regeln der Höflichkeit: Eins nach dem andern tauchten wir unser Brotstück in das Bratöl und kauten langsam, bis kein Öl mehr da war. Dann erst begannen wir der Reihe nach das Gelbe und schliesslich das Weisse vom Ei zu essen. Mittags gab es Gemüse, das wir meist selber gepflanzt oder in den Hügeln gesammelt hatten. Nur am Sonntag gab es Reis und ein Pfund Fleisch oder ein Huhn für die elfköpfige Familie.

Abends waren wir besonders hungrig. Meistens assen wir Brot, das wir in Olivenöl tauchten und mit einem Thymian-Oregano-Kräutergemisch würzten. Es schmeckte und schmeckt bis heute wunderbar. Aber manchmal waren wir es leid. Dann bereitete Mutter uns ein Teegericht. Alte Brotstücke wurden in einer Holz- oder Aluminiumschüssel mit gezuckertem Schwarz- oder Salbeitee begossen. Wenn das Brot aufgeweicht war, setzten wir uns im Kreis um die Schüssel. Das Geräusch der Löffel höre ich noch heute, und der Geschmack der süssen Brotstückchen ist mir so unvergesslich wie das Glücksgefühl über dieses besondere Essen.

Auch Grossvater konnte aus altem Brot ein leckeres Mahl zubereiten. Er schabte die schimmligen Stellen weg, weichte die Brocken mit etwas Wasser auf, bestrich sie mit Öl, streute Salz darauf und wärmte sie im Backofen. Auch das schmeckte wunderbar.

Besondere Feste waren Ostern oder Weihnachten. Dann

schlachtete der Grossvater mütterlicherseits jeweils ein Lamm und lud seine Söhne und Töchter mit ihren Familien zum Essen ein.

1954 kam ich in die Dorfschule. Die Weichen für meine Ausbildung und damit für meinen weiteren Lebensweg aber stellte meine Tante Hanneh. Sie war zwanzig Jahre alt, hatte drei Kinder und lebte getrennt von ihrem Mann. Nach vier schlimmen Ehejahren hatte sie es gewagt auszubrechen, und das, obwohl es bereits als Schande galt, wenn Ehefrauen klagten oder sich dem Willen des Ehemannes widersetzten. Für Christen in Palästina war eine Scheidung erst nach siebenjähriger Trennung möglich.

Als Kind war Tante Hanneh Schülerin von Talitha Kumi gewesen, einer von Diakonissen geleiteten deutschen Internatsschule in Jerusalem. Nach der Trennung von ihrem Mann arbeitete sie in ihrer ehemaligen Schule. An ihren freien Tagen besuchte sie uns ab und zu und brachte Obst, Kleider, manchmal Käse und Fleischkonserven mit. Das habe ihr Schwester Bertha Harz, die Leiterin der Schule, für uns mitgegeben. Natürlich freuten wir uns immer auf ihren Besuch, und die Erfahrung, dass in der Not Hilfe vom Himmel fiel, prägte uns.

Eines Tages nahm mich Tante Hanneh beiseite: „Willst du mit nach Talitha Kumi kommen?“ fragte sie. „Ich werde mich im Internat um dich kümmern. Neben der Schule könntest du singen lernen, nähen und Hausarbeit. So brauchst du dich, wenn du gross bist, nicht vor schweren Zeiten zu fürchten.“

Ich sagte sofort ja. Später aber fühlte ich mich elend und weinte bitterlich, weil ich das Elternhaus würde verlassen müssen. Meine Mutter, die meinen Konflikt spürte, tröstete mich und sagte, dieser Vorschlag sei ein Segen Gottes. Im übrigen werde sie mich besuchen kommen, und während der Ferien sei ich ja zu Hause. Meine Mutter wusste, dass ich es schaffen würde. Am liebsten hätte sie auch meine ältere Schwester mitgehen lassen, aber sie war auf deren Hilfe angewiesen.

Zwischen zwei Welten

Schulzeit im Internat

Die Schule Talitha Kumi hat ihren Namen aus der Bibel: Jesus hatte das Töchterchen des Jairus zum Leben erweckt mit der Aufforderung: „Talitha Kumi! – Mädchen, ich sage dir: Steh auf!" Die Schule war im 18. Jahrhundert vom Kaiserswerther Diakoniewerk in Jerusalem gegründet worden; sie war für die Ausbildung von Mädchen in Palästina bestimmt. Als Jerusalem im Jahre 1948 geteilt wurde, beschlagnahmte Israel die Schule, die im Westteil der Stadt lag, und die deutschen Diakonissen wurden für zwei Jahre interniert. 1950 nahmen sie ihre Arbeit wieder auf, diesmal in Bait Dschalâ bei Bethlehem.

Talitha Kumi hat mein Leben geprägt. Ich empfand es als Glücksfall und Chance, dass ich diese Schule besuchen durfte. Ich sah die Tausende von Flüchtlingen vor mir, die 1948 aus der Küstengegend in unser Dorf geflohen waren. In der ersten Zeit hatten sie wie eine Herde unter den Bäumen und bei den Quellen geschlafen und darauf gewartet, dass sie in ihre Häuser zurückkehren konnten. Sie hatten fast nichts zu essen und kaum Gelegenheit, zur Schule zu gehen. Aber nicht nur an sie, sondern auch an die Zeiten der Not in unserer eigenen Familie dachte ich, und ich nahm mir vor zu lernen, um später ein besseres Leben zu haben und der Familie helfen zu können.

Das Leben in Talitha Kumi schien uns schwer, aber nicht schwerer als zu Hause. Die Diakonissen haben mich durch ihren unermüdlichen Einsatz für Schule und Internat beeindruckt. Manche waren freundlich und liebevoll, andere streng und hart, aber vor allem waren sie uns fremd. Nicht nur ihre Sprache, sondern auch ihre Verhaltensweisen waren für uns schwer zu verstehen. Sie gingen zum Beispiel gerne wandern und verlangten dies auch von uns. Im Winter liessen sie uns mit warmen Strümpfen, aber in Holzsandalen herumlaufen. Sie zwangen uns, zur Begrüssung einen Knicks zu machen. Beim Lernen wurde absolute Stille verlangt. Wer in Anwesenheit der Leiterin lachte, eine schlechte Körperhaltung zeigte oder die Hände nicht, wie wir es jederzeit zu tun hatten, gefaltet hielt, wurde streng bestraft. Wir sollten nur mit einem Nachthemd bekleidet schlafen. Das fanden wir komisch, denn zu Hause behielten wir auch zum Schlafen die Unterwäsche an, aus Sorge, wir könnten uns aufdecken und die vielen anderen, die im selben Raum schliefen, würden uns nackt sehen. Es war ausserdem Vorschrift, an drei Tagen Deutsch, an drei Tagen Englisch und nur am Sonntag Arabisch zu sprechen. Wer dieses Gebot missachtete, musste auch am Sonntag die Fremdsprache sprechen und zudem einen Psalm aus der Bibel auswendig lernen.

Für die Diakonissen war es nicht weniger schwer, uns und unsere Kultur zu verstehen. Einmal fragte ich eine Schwester, was sie dazu bewogen habe, ihr Land zu verlassen und sich für uns aufzuopfern. Sie antwortete: „Wir tragen eine Botschaft in uns: dem Herrn zu dienen und uns für die Menschen einzusetzen. Es macht uns glücklich, dieser Botschaft zu folgen, und es gibt uns die Gewissheit, dass wir selig werden." Mich beeindruckte diese Einstellung, und es erstaunte mich auch, dass es Frauen waren, die uns unterrichteten und Schule und Internat verwalteten und leiteten.

Die Diakonissen weckten in uns die Liebe zur Natur. Auf den Wanderungen lernten wir Pflanzen bestimmen. Wir lernten die Schönheit der Hügellandschaft, der Täler und der

Wüste erkennen. Die Diakonissen waren es auch, die unsere Ohren für die Musik öffneten. Sie lehrten uns Geschicklichkeit in verschiedenen Handarbeiten und Tüchtigkeit bei der Arbeit im Haushalt. Sie brachten uns bei, wie wir Notzeiten überstehen können, herrschte doch auch an der Schule Armut. Mit dem Wasser, das wir zum Waschen des Gesichts benutzt hatten, wuschen wir anschliessend auch die Füsse. Die Milchlauge, die bei der Herstellung von Sauermilch zurückblieb, wurde zum Schrubben der Bodenfliesen verwendet.

Die Schulbücher erhielten wir von der Schule. Hineinschreiben durften wir allerdings nicht, mussten sie doch an die nächsten Jahrgänge weitergegeben werden.

Am Abend gab es oft ein Thymian-Kräutergemisch in einem Fingerhut, dazu zwei Scheiben Brot. Wenn sich das mehrere Tage hintereinander wiederholte, pusteten wir die Kräuter vom Tisch und assen das Brot allein. War es zu trocken, weichten wir es im Tee in der heissen Blechtasse auf, an der wir uns oft die Lippen verbrannten. Jeden Morgen vor dem Frühstück mussten wir ein kleines Glas Lebertran trinken.

Viel Raum nahm in der Schule der tägliche Religionsunterricht ein. Er war in Bibelstunde und Kirchengeschichte aufgeteilt; dazu kam vor dem Frühstück eine „Stille Stunde", während der wir ein oder zwei Kapitel in der Bibel lasen. Religionsunterricht gab es damals ausser in unserer lutherischen nur in den wenigen katholischen und anderen privaten Schulen. Die meisten Christen gehörten jedoch der griechisch-orthodoxen Kirche an, der Urkirche im Heiligen Land. Durch den Religionsunterricht und die Missionsarbeit von Talitha Kumi fühlten wir uns – obschon orthodox getauft – der lutherischen Kirche verbunden und entfernten uns immer mehr von der Kirche unserer Eltern. Wie ich haben sich viele

Mädchen in der Schule lutherisch konfirmieren lassen. Da die orthodoxe Kirche kaum etwas für ihre Gemeinden tat, weder Schulen und Religionsunterricht noch Fürsorge anbot, entfremdeten sich auch viele andere Christen von ihr. Die griechisch-orthodoxe Kirche wurde und wird vom Patriarchen und von Priestern aus Griechenland verwaltet, die sich wenig um ihre Gemeinden kümmerten. Ihren Anteil an den heiligen Stätten zu bewahren, war ihnen wichtiger. Sie verhielten sich deshalb stets loyal zu den Machthabern. Die Vernachlässigung der Gemeindearbeit sowie der Verkauf von Gemeindeländereien an Israelis schadeten dem einheimischen Christentum. Viele Christen fühlten sich von ihrer Kirche verraten, aber auch machtlos gegenüber den Kirchenherren, die ihr Land verschacherten.

Die meisten Lieder, die wir in Talitha Kumi lernten, waren Kirchen- und Wanderlieder. Dagegen galten arabische Lieder und Schlager, wie sie am Radio zu hören waren oder bei uns an Hochzeiten gesungen wurden, als unanständig, ja sogar als Sünde, denn sie hatten meist mit Liebe und Sehnsucht zu tun. Auch Nachrichtenhören war verboten. Das hing mit der allgemeinen politischen Situation zusammen: Für Palästinenser war es gefährlich, sich für Politik zu interessieren. Wir Schülerinnen erzählten uns heimlich weiter, was Verwandte und Freunde über den verbotenen Radio-Sender „Stimme der Araber“ aus Kairo erfahren hatten: Israelische Soldaten hatten die Dörfer Kibbija, Nahalîn sowie die Städte Gasa und Chan Jûnis überfallen. Diese Überfälle waren wie ein Alptraum, der uns an die gezielte Vertreibung aus Palästina von 1948 erinnerte. Wiederholt kam es zu Zwischenfällen an den Grenzen. 1964 hatten sich in Ägypten die palästinensischen Freischärler organisiert. Der Widerstand gegen Israel begann sich zu formieren.

Die Schwestern selber verloren kein Wort über Politik. Sie waren eben erst aus der Internierung entlassen worden und versuchten zu verstehen, was im Zweiten Weltkrieg geschehen war – und dies in einem Land, dessen Menschen durch deutsche Schuld gezeichnet waren, und in einer Region, die Israel feindlich gesinnt war.

Wir lernten in der Schule also nur die heile Welt kennen. Politik war zudem nicht die Sache der Mädchen und Frauen. Selbständig zu denken und eine eigene Meinung zu vertreten haben wir nicht gelernt; es dauerte lange, bis ich das wagte. Etwas Wichtiges immerhin haben wir durch die Diakonissen erfahren: Das Ziel des Frauenlebens ist nicht einzig Heirat und Kindergebären, wie das in unserer Gesellschaft als selbstverständlich gilt. Ziel ist es vielmehr, ein erfülltes Leben zu führen, mit einer Aufgabe im Dienste der Botschaft, die in uns steckt. Ich nahm mir vor, soviel wie möglich zu lernen und dem Weg der Diakonissen zu folgen.

An einige der Schwestern von Talitha Kumi denke ich heute mit viel Sympathie zurück – an Schwester Luise, meine Heimmutter im Internat, die mit uns sang und bastelte, uns tröstete und uns pflegte, wenn wir krank waren. Sie wollte unbedingt Arabisch lernen, und ich übte stundenlang mit ihr. Und ich denke an Schwester Frieda, die mir wie eine Freundin wurde. Sie ist mir auch später, während meiner Studienzeit, beigestanden und hat mich stark beeinflusst. Sie spürte stets, was mir fehlte. Und wie glücklich war ich, wenn sie mich in den Keller mitnahm, wo die neuen Kleider und Schuhe aufbewahrt wurden. Heimlich gab sie mir ein Kleid, Wäsche oder Schuhe. Auch sie hat mit mir Arabisch gelernt, und ich habe ihr geholfen, wenn sie im Esssaal oder auf dem Spielhof Dienst hatte.

Meine ersten Besuche zu Hause während der Schulferien sind mir eindrücklich in Erinnerung geblieben – die Rückkehr in meine ursprüngliche Welt. Bei meiner Ankunft warteten meine Geschwister und alle Kinder der Nachbarschaft auf mich, begierig darauf, Neues zu sehen und zu hören. Sie kicherten, wenn ich sprach, denn ich hatte inzwischen die Ausdrucksweise meiner neuen Umgebung angenommen und die heimische vergessen. So gebrauchte ich bei jeder Gelegenheit das Wort „Danke": „Danke, es geht mir gut ... Danke, ich habe genug ... Danke für das Geschenk ..." Sie lachten mich aus. Im Dorf war es üblich, sich mit bestimmten festen Redewendungen zu bedanken: „Gott möge dein Haus segnen ... Möge Gott dich lange erhalten ... Möge das Böse fernbleiben ..." Meine Mutter beobachtete mich aufmerksam und war immer bereit, mich zu verteidigen. Sie führte mich zurück in meine dörfliche Sprache und empfahl mir andere Formen der Dankesbezeugung, wie zum Beispiel: „Gott möge deine Hände segnen ... Gott möge dich gesund erhalten ..." Wenn jemand mich einlade, so solle ich sagen: „Ich komme, so Gott will, wenn bei euch ein Sohn geboren ist." So würden mich alle verstehen.

Die Kinder mochten mich sehr. Ich brachte ihnen deutsche Lieder bei, und sie freuten sich, wenn es ihnen gelang, sie zu singen. Auf arabisch sangen wir im Kanon: „Wäre doch die Katze eine Henne – so würde sie uns ein Ei legen." Manchmal brachte ich Buntstifte mit, und wir zeichneten gemeinsam. Ich brachte ihnen auch Spiele aus Deutschland bei. Mit Freude spielte ich aber auch wieder unsere Dorfspiele. Fünf Steine hochwerfen etwa, und sie singend, mit kunstvollen Handbewegungen wieder auffangen.

Mit den Mädchen ging ich zur Quelle. Stolz trugen wir unsere Tonkrüge auf dem Kopf und führten unsere aufrechte

Körperhaltung und den eleganten Schritt den jungen Männern vor, die vor der Kirche standen und, lässig an die Mauer gelehnt, auf uns Mädchen warteten. Es kam auch vor, dass einer von uns vor Aufregung und Scham der Wasserkrug herunterfiel und zerbrach. Alle lachten dann, und das ganze Dorf sprach davon.

Während der Erntezeit gingen wir schon vor Sonnenaufgang Trauben und Feigen pflücken und brachten sie zum Frühstück nach Hause, wo bereits frisch gebackenes Brot auf dem Tisch stand. Wir bewachten die Mandel- und Pflaumenbäume, damit niemand Früchte oder Holz stehlen konnte, und bastelten und nähten Stoffpuppen dabei. Am schönsten aber war für uns der Kirchgang, denn das war die Gelegenheit, wo Mädchen und Jungen sich von weitem Blicke zuwerfen konnten – mehr war nicht möglich.

Ich half meiner Mutter bei ihrer täglichen Arbeit. Bevor die Sonne aufging, war sie bereits sechsmal den Weg zur Quelle gegangen und hatte jedesmal zwanzig Liter Wasser auf dem Kopf heimgetragen. Das Wasser wurde auf dem Holzfeuer gekocht; fliessendes Wasser gab es ebensowenig wie Elektrizität.

Nach der Hausarbeit ging die Mutter in die Hügel hinaus, sammelte Holz und Dorngestrüpp zum Kochen und im Winter auch zum Heizen. Im Sommer brauchte sie das Dorngesträuch auch zum Zudecken der Reben – damit sie langsam reiften und vor der Sonne geschützt blieben. Manchmal häufte sie die Dornen in riesigen Bündeln in der Nähe des Weinberges auf. Abends trug sie die Bündel nach Hause und am nächsten Morgen wieder zurück in den Weinberg – aus Angst, sie könnten nachts gestohlen werden.

Zur Reifezeit der Trauben musste im Weinberg Wache gehalten werden. Meine kranke Grossmutter und wir Mädchen schliefen dann auf dem Wachturm, den noch der Urgrossvater errichtet hatte. Er war aus Feldsteinen aufgeschichtet, ringförmig angelegt und drei Meter hoch. Darauf bauten wir aus Ästen ein Dach, um uns vor der Sonne und vor dem Tau zu schützen. Die Männer schliefen unter einem Feigenbaum. Tagsüber gingen sie auf die Jagd. Wir Frauen holten Wasser von den Quellen und warteten auf die Beute. Unsere Aufgabe war es, Feigen und Rosinen zu trocknen und den Wein herzustellen. Wir warfen die Trauben in ein Felsbecken und stampften sie mit den Füssen. Danach wurde die Masse auf ein ebenes Felsstück geschoben, von wo der Traubensaft langsam in ein weiteres Felsbecken hinunterlief. Dort wurde er zugedeckt, damit er vor Tau und Staub geschützt war, nach einer Woche filtriert und zur weiteren Gärung in Tonkrüge gefüllt.

Die Eltern meiner Mutter waren richtige Bauern, die das ganze Jahr in der Landwirtschaft arbeiteten. Es war immer eine Freude, sie auf dem Feld oder im Weinberg zu besuchen. Grossmutter bereitete jeweils einen Käse aus frisch gemolkener Schafsmilch zu. Mit einem Stückchen Lamm-Magen brachte sie die Milch zum Gären. Dieser Käse war für meine Mutter bestimmt.

Am schönsten war es, abends, nach einem langen Arbeitstag, mit den Tieren der Grosseltern heimzukehren. Ein Maultier, zwei Esel und viele Schafe und Ziegen begleiteten uns. Ihre Glocken klangen harmonisch und gaben uns das Gefühl, vor wilden Tieren geschützt zu sein. Wir Kinder setzten uns abwechselnd auf den Rücken der Tragtiere und naschten von den Köstlichkeiten, die Grossmutter in die Taschen des Esels gepackt hatte: Äpfel, Birnen, Feigen und Rosinen. Mutter, die uns zu Hause erwartete, hörte die Glocken der Tiere näherkommen. Voller Freude nahm sie die Gaben ihrer Mutter in Empfang.

Nachts, wenn alle schliefen, knetete meine Mutter drei Kilo Teig; sie schaukelte dabei mit ihrem Fuss die Wiege, die nie leer war. Wie oft wachte ich auf und sah sie schlafend, ihre Hände im Teig versunken! Früh am nächsten Morgen ging sie mit der Teigschüssel auf dem Kopf zum Tabûn, dem runden Backofen aus Lehm und Stroh, den fünf Frauen aus dem Dorf abwechslungsweise mit Brennmaterial versorgten. Oft durfte ich Mutter auf ihrem Gang zum Ofen begleiten. Ich trug die Öllampe in der einen und einen Stein oder einen Stock in der anderen Hand, um die Hunde zu vertreiben.

Am Abend versammelten wir uns am Boden sitzend um den Tisch und machten beim Licht der Öllampe unsere Schulaufgaben. Mutter nähte oder strickte. Ab und zu warf sie einen Blick auf uns und versuchte, etwas von dem, was wir lernten, mitzubekommen. Manchmal ertappten wir sie beim heimlichen Auswendiglernen eines Gedichts oder beim Versuch, einen Buchstaben zu schreiben. Dann lachte sie und sagte: „Jetzt ist es an euch; wenn ihr die Schule beendet habt, lerne ich von euch."

Mein ältester Bruder nahm die Vaterrolle ein. Er war sehr hart mit uns. Er bestrafte uns Mädchen und den kleinen Jungen mit Prügel und Hausarrest – manchmal für ganze zwei Wochen. Mutter nahm uns in Schutz, kam aber gegen Grossvater nicht an, der meinen Bruder ermutigte. Besonders schwer hatte es Nuha, meine älteste Schwester, weil sie nicht mehr als Kind betrachtet wurde, sondern wie die Erwachsenen Kinder hüten, den Haushalt besorgen und jederzeit einsatzbereit sein musste.

Jedesmal, wenn ich zu Hause war, wurde mir von neuem

bewusst, wie gut ich es hatte und wie wichtig es für mich war, zu lernen, um eines Tages diese Situation zu ändern.

Armut und die Angst vor einem frühzeitigen Schulabgang haben meine Jugend gezeichnet. Aus Geldmangel schaffte es Mutter nur ein- oder zweimal im Jahr, mich in der Schule zu besuchen. Es fiel mir immer schwer, sie um Geld für die Schule zu bitten, denn ich wusste, dass sie kaum welches hatte. So zog sie einmal ihren Ring vom Finger, ein andermal nahm sie den Ring vom Ohr und verkaufte ihn, damit ich das bescheidene Schulgeld bezahlen konnte.

Am Monatsende wagte ich nicht, nach Hause zu fahren, weil ich befürchtete, dass das Geld nicht für die Rückfahrt reichen würde. Kleine Dinge wie Radiergummi, Hefte oder Bleistifte verdiente ich mir, indem ich meinen Mitschülerinnen die Kleider flickte. Ich radierte das Geschriebene in meinen Heften aus, um sie ein zweites Mal benutzen zu können.

Als ich in der sechsten Klasse war, kaufte mir meine Mutter rote Schuhe, die zwei Nummern zu gross waren. Das waren die einzigen neuen Schuhe, die ich während meiner Schulzeit bekam. Sonst trug ich nur gebrauchte oder solche aus dem Vorrat der Schule. Diese roten Schuhe schonte ich sorgsam, zog so oft wie möglich Gummisandalen an, so dass ich sie noch in der Abiturklasse tragen konnte. Ich war froh und dankbar für jeden Tag, den ich überstanden hatte. Jeden Abend vor dem Einschlafen betete ich um das Nötigste und musste immer wieder von neuem die Kraft finden, weiterzumachen.

Weil ich zumeist im Internat lebte, konnte ich mich allmählich besser der Herrschaft des Grossvaters entziehen. Ich brachte den Mut auf, mich zu wehren, und gewann einen gewissen Abstand zu Sitte und Tradition – zugleich lehrte mich die strenge preussische Erziehung, die Grenzen der eigenen konservativen Gesellschaft zu respektieren.

Als ich vierzehn Jahre alt war, beschloss Grossvater, mich zu verheiraten. Ich erfuhr zufällig davon, als ich meine Mutter sagen hörte: „Lasst sie doch lernen und ihre Waffe selber tragen. Es reicht, dass ich Analphabetin geblieben bin." Diese Worte gaben mir zusätzliche Kraft, mich dem Ansinnen zu widersetzen. Ich machte Grossvater, dem Haupt der Familie, klar, dass ich allein über mein Leben bestimmen würde. Grossvaters Schock war so gross, dass er kein Wort hervorbrachte und das Haus verliess.

Ich aber kehrte sofort in die Schule zurück und bat die Schwestern, mich während der Ferien im Internat zu behalten. Ich würde mein Schulgeld in Zukunft durch eigene Arbeit verdienen. Ich wollte der Familie finanziell nicht mehr zur Last fallen; sie sollten ihre Absicht, mich zu verheiraten, nicht damit begründen können. Die Angst aber blieb.

Mit Hilfe der Mutter und der Diakonissen schaffte ich schliesslich das Abitur. Dass ich kein Kleid für die Abschlussfeier hatte, bekümmerte mich sehr; ich wagte aber nicht, das zu Hause zu erzählen. Einen Tag vor dem Fest brachte mir eine Freundin, die aus einer wohlhabenden Familie stammte, ein schönes weisses Kleid. Ich weinte vor Rührung. Meine Mutter und die Geschwister weinten mit mir. Mein jüngerer Bruder empfand meinen Schulabschluss als historisches Ereignis. Er opferte seine ganzen Ersparnisse von fünf Piastern, kaufte Knaller und Feuerwerk und feuerte sie auf der Strasse ab – war seine Schwester doch die erste in der Familie, die das Abitur bestanden hatte.

Die Diakonissen hatten besondere Pläne mit mir. Sie waren älter geworden, und aus Deutschland war keine Nachfolge zu erwarten. Die Schulleitung entschloss sich deshalb zur Ausbildung von Einheimischen, die später die Schule weiterführen sollten. Als Kandidatinnen wurden eine Kollegin und ich auserkoren.

Es war Zufall, dass uns zu jener Zeit eine Gruppe Lehrer und Lehrerinnen aus Hamburg besuchte. Sie waren von der Arbeit der Schule beeindruckt und bereit, sie zu unterstützen. Die Gruppe beschloss, sich für die Ausbildung der zwei Schülerinnen einzusetzen. Schwester Nadschla, die palästinensische Schulleiterin, schlug vor, dass ich die Deutschen auf ihrer weiteren Reise durchs Land begleiten sollte; so könnten sie mich kennenlernen und sehen, wie ordentlich, normal und nett ich sei.

Ein Traum wurde wahr: Ein Studium rückte in Sichtweite. Meiner Mutter erzählte ich alles, und sie half mir, heimlich einen Reisepass zu beschaffen. Grossvater unterrichtete ich erst wenige Tage vor dem Abflug von meinen Plänen. Er war überrascht, ja verblüfft, und wusste nichts zu antworten. „Hör mir zu, Grossvater“, sagte ich, „seit zwanzig Jahren arbeitest du im deutschen Spital, du kennst die Deutschen, und ich weiss, dass du sie schätzt. Es müsste dir also gefallen, dass ich nun nach Deutschland gehe. Stell dir vor: Ich kehre nach der Ausbildung zurück, ich habe dann einen Beruf und kann der Familie helfen. Und keine Sorge: Für Reise und Studium brauche ich kein Geld von dir. Die Schule wird mir helfen.“ Dann sang ich mit ihm „Lobe den Herrn“, und bevor er nein sagen konnte, hatte ich mein Elternhaus bereits verlassen. Mit Hilfe der Schwestern konnte ich wenige Tage später abreisen. Es war im September 1966. Schwester Nadschla begleitete uns bis Beirut.

Eine Szene vergesse ich nie: Ich stand am Jerusalemer Flughafen und zitterte vor Angst, es könnte etwas schiefgehen. Da sah ich Grossvaters hohe Gestalt auf mich zukommen. Lächelnd übergab er mir einen jordanischen Dinar, also rund drei Mark, und sagte: „Gehe hin mit Gott." Mit diesem Geld und Grossvaters Segen reiste ich mit achtzehn Jahren nach Hamburg.

Als Palästinenserin in Deutschland

Der schwierige Weg zu einem hohen Ziel

Als meine palästinensische Kollegin und ich in Frankfurt aus dem Flugzeug stiegen, empfing uns eine Dame, die uns beim Umsteigen Richtung Hamburg behilflich sein sollte. Sie setzte sich mit uns in einen Wartesaal, und wir unterhielten uns. Plötzlich sahen wir auf den Treppen rund um uns Menschen, die, ohne sich zu rühren, auf uns niederzuschweben schienen. Wir glaubten Gespenster zu sehen und begannen laut zu schreien. Die Dame beruhigte uns und klärte das Unheimliche: Die Menschen standen auf Rolltreppen. Sie führte uns dann zum Essen ins Restaurant. Zwar konnten wir Deutsch lesen, doch die Speisen auf der Karte sagten uns nichts. Die Dame empfahl uns Rotkohl und Kartoffelklösse, und wir waren einverstanden. Nun war der Augenblick gekommen, da wir zum ersten Mal anwenden sollten, was die Schwestern in der Schule vor der Abreise eine ganze Woche lang mit uns geübt hatten: mit Messer und Gabel zu essen. Das Essen war sehr fremd im Geschmack. Nur mit grosser Mühe brachten wir es fertig, den Teller zu leeren. „Nun kommt der Nachtisch", sagte die Dame, und wir trauten uns nicht zu sagen, wir seien satt. „Eis mit Sahne?" fragte sie, und wir beide antworteten brav: „Ja, bitte." Wir waren froh, dass sie uns Eis vorschlug, denn das kannten wir. Aber „Sahne" war uns fremd. Die Dame sah, wie wir damit kämpften, und meinte, wir könnten die Sahne stehen lassen. Auch wenn wir darüber erleichtert waren, hatten wir Angst, dass sie unser unhöfliches Verhalten den Schwestern melden könnte. Deshalb nahmen wir uns vor, das nächste Mal auch die Sahne zu essen.

In der folgenden Zeit in Deutschland bin ich noch oft in ähnlich schwierige Situationen geraten. Ich war es nicht gewohnt, gefragt zu werden. Ich hatte nicht das Selbstvertrauen und den Mut, frei zu entscheiden. Allein schon Fragen wie: was ich essen oder trinken wolle, ob mir kalt oder warm sei, ob ich irgendwohin gehen wolle oder nicht, konnten mich in Panik versetzen. Vor lauter Aufregung wählte ich oft das Gegenteil von dem, was ich eigentlich wünschte oder empfand. Ich hatte auch nicht den Mut, einmal Ausgesprochenes richtigzustellen. Danach ärgerte ich mich jedesmal; ich litt darunter und war wütend auf mich. Es dauerte fast drei Jahre, bis ich gelernt hatte, zu meiner Meinung zu stehen, und ich empfand es als grossen Sieg.

In Hamburg wurden wir zwei Mädchen von der Familie S., einer älteren Frau und ihren zwei Töchtern, einer Ärztin und einer Lehrerin, in ihr schönes, gemütliches Heim aufgenommen. Die Häuser mit ihren roten Dächern konnte ich allerdings zu Beginn kaum unterscheiden. Die Strassen, Häuser, Bushaltestellen, Autobusse sahen alle gleich aus, und ich fand es schwierig, mich zu orientieren.

Auf der Strasse küssten sich die jungen Menschen. Ich war irritiert, schloss die Augen und betete, Gott möge ihnen vergeben.

Die Familie bot uns Unterkunft und Verpflegung. Die Frauen nahmen uns überall hin mit; die Freizeitgestaltung war wie im Internat: Singen, Kirchgang, Bibelunterricht und Wandern. Mehr konnten sie uns nicht bieten, da sie voll im anstrengenden Berufsleben standen. Wir bemühten uns, ordentlich, hilfsbereit und dankbar zu sein, aber es belastete uns, dass wir der Familie mehr oder weniger aufgezwungen worden waren. Die Hamburger Lehrergruppe, die unsere Schule in Bait Dschalâ besucht und sich zur Hilfe bereit erklärt hatte,

hatte die Gastfamilie für uns ausgewählt. Die Gruppe zahlte uns monatlich fünfzig Mark Taschengeld. Davon mussten wir die Fahrkarte zu 22 Mark, Schulmaterial und Kleidung bezahlen. Ich besuchte das „Studien-Kolleg", einen Vorbereitungskurs für Ausländerinnen und Ausländer, und half täglich im Gemeindehaus. Damit mir die fünfzig Mark regelmässig ausbezahlt wurden, war ich verpflichtet, jede Arbeit prompt zu erledigen, welche die Leiterin der Lehrergruppe, die Frau Pastorin, von mir forderte. Einmal habe ich tagelang 30'000 Chagall-Dias eingerahmt, einige Male ihr Haus geputzt oder im Garten Obst geerntet und verarbeitet.

Im Wohnzimmer der Pastorin lagen mehrere Kissen auf Sofa und Sesseln. Diese verschiedenfarbigen Kissen wurden mir gegenüber mit Namen jüdischer Persönlichkeiten wie Ben Gurion, Moshe Dayan, Golda Meir, Jitzhak Shamir benannt. „Setz dich neben Shamir und wirf mir den Dayan rüber", sagte die Pastorin etwa. Sie wolle mich erziehen, erklärte sie und begann, mich über die Geschichte der Juden aufzuklären – in ihren Augen waren die Juden die Guten und die Araber die Bösen. Ich war jedesmal tief betroffen und gekränkt, aber auch enttäuscht über mein Volk, dem ich bisher nur Gutes zugetraut hatte.

Die Pastorin organisierte Seminarien für Religionslehrer. Bei diesen und anderen kirchlichen Veranstaltungen musste ich anwesend sein. Man erwartete von mir, dass ich mich, um meine Dankbarkeit zu zeigen, für den Abwasch und andere anfallende Arbeiten zur Verfügung stellte. Dabei kränkte mich jeweils sehr, dass mich die Pastorin zu Beginn der Veranstaltung wie folgt vorzustellen pflegte: „Dies ist die Sumaya, ein arabisches Mädchen, das wir hier zur Lehrerin ausbilden möchten, damit es die Schule Talitha Kumi weiterführt. Wir sind nämlich auf beiden Seiten für Versöhnung tätig."

Ziemlich früh schon fiel mir auf, dass unter den Versammelten oft von „Frau Meier" die Rede war. Es klang seltsam. Nach einer gewissen Zeit kam ich darauf, dass „Frau Meier" ein Synonym für Israel war; diesen Trick hatten sie meinetwegen vereinbart. Ich war tief verletzt und entsetzt, dass diese Leute mir offenbar misstrauten. Zunehmend empfand ich die beiden Worte „Israel" und „Frau Meier" als alarmierend. Ich hatte Angst, danach zu fragen und die beiden Begriffe auch nur zu erwähnen. Sie erschütterten meine Ruhe und mein Vertrauen.

Eigentlich gab es doch nichts zu verheimlichen. Alle wussten, wie naiv, unwissend und hilflos ich war. Ich hatte bisher nichts gewusst über die Verfolgung und Vernichtung der Juden während des Zweiten Weltkriegs. Ich hatte noch nie einen Juden oder eine Jüdin gesehen. Ich kannte nur die Menschen, die mit Gewalt in unser Land eingedrungen waren, die sich heimlich militärisch organisiert hatten und terroristische Anschläge gegen palästinensische Dörfer verübten – gegen Dair Jassîn zum Beispiel und gegen Kafr Kâssim; Menschen, die uns Unrecht angetan hatten und uns vertrieben. Wie hätte ich etwas anderes erfahren können, da uns weder Zeitungen noch Radio zur Verfügung standen? Wir kannten nur unsere eigenen Erfahrungen mit „den Juden". Früher, so erzählten meine Eltern, hätten Juden und Palästinenser in friedlicher Nachbarschaft gelebt, so wie heute Christen und Moslems. Erst als Juden heimlich und dann offen unser Land besiedelten, unsere Heimat als die ihre beanspruchten und ihren Staat auf unserem Boden errichteten, seien unsere Völker zu Feinden geworden.

Ich lernte fleissig, arbeitete viel, schlief sehr wenig und

musste mit diesen schwierigen Gedanken fertig werden. Dann, 1967, brach der Sechstagekrieg aus. Israel besetzte das Westjordanland und den Gasastreifen. Ich konnte all die quälenden Gedanken kaum verkraften. Was war mit meiner Familie geschehen? Wer mochte getötet worden sein? Was würde aus mir werden? Ob ich jemals wieder heimkehren durfte?

In der Kirche predigte der Pastor: „Lasst uns Gott loben und preisen. Er hat ein Wunder getan: Israel hat den Krieg gewonnen.“ In diesem Moment schluchzte ich auf und sagte laut: „Herr Pastor, was habe ich getan, dass Gott uns nicht beisteht und mein Volk den Krieg verlieren lässt? Warum müssen wir leiden? Und warum freuen Sie sich über den Krieg?“ Er antwortete: „Es tut mir leid, ich habe dich unter den Anwesenden nicht gesehen …“

Danach ging ich nicht mehr zur Kirche. Aber auch zu Hause war es schwierig, über den Krieg, das Unrecht und die Sorgen meiner Familie zu sprechen. Die Frauen waren befangen aufgrund ihrer eigenen deutschen Geschichte. Wir zogen es vor, einander aus dem Weg zu gehen.

Die seelischen und kulturellen Konflikte, die politischen Ereignisse und ihre Auswirkungen belasteten mich sehr. Ich bekam ein Magengeschwür und litt unter Schlaflosigkeit. Meine Gastgeberinnen erkannten, dass es für mich besser wäre, unter Studierenden zu sein. Ich stimmte auch deshalb zu, weil ich das Gefühl hatte, dass meine Kommilitoninnen und Kommilitonen mich manchmal eigenartig fanden – als käme ich von einem andern Stern.

Gegen den Willen der Pastorin zog ich in ein Studentenheim. Es war meine erste Rebellion – mit Ungewissheit und Ängsten verbunden. Als ich es geschafft hatte, war ich sehr froh. Auch meine palästinensische Kollegin, die ähnliche Schwierigkeiten hatte, verliess das Haus der Familie S. und zog in eine andere Stadt.

Während der ersten Woche im Studentenheim schloss ich mich Tag und Nacht in meinem Zimmer ein und weinte ständig – unsicher und voller Angst und Sorge, wie ich mein Studium finanzieren könnte.

Tanja, eine Studentin im Zimmer nebenan, wurde auf mich aufmerksam und lud mich zum Tee ein. Ich war glücklich über dieses Angebot. Zum ersten Mal erzählte ich von meinen Sorgen. All die aufgestauten Klagen, Ängste und Schmerzen sprudelten nur so hervor. Tanja sagte: „Du musst dich von all den Zwängen befreien – zuallererst von der Pastorin. Dann gehen wir gemeinsam Arbeit suchen. Du wirst es schaffen – wie die meisten von uns." Sie holte Papier: „Schreib ihr jetzt gleich, noch bevor du mein Zimmer verlässt."

So schrieb ich der Pastorin und schickte die letzten überwiesenen fünfzig Mark zurück: „Ich kann ab heute keinen Pfennig mehr annehmen, weil das sehr weh tut. Vielen Dank für alles." Die Pastorin war entsetzt. Sie telefonierte mit Talitha Kumi und berichtete, dass ich revolutionär geworden sei. In einem Brief teilte ich der Schule meinen Entschluss mit.

Das war 1968. Die Studentenbewegung war auch in Hamburg in vollem Gang. Überall Aktionen, Kundgebungen, Seminare, Demonstrationen und Streiks an der Uni. Tanja und ihr afghanischer Freund, der später ihr Mann wurde, schleppten mich meistens mit. Wenn ich zögerte, lachten sie mich aus, diskutierten mit mir und gaben keine Ruhe, bis auch ich überzeugt war.

Es war damals üblich, dass die Studentinnen und Studenten politische Schulungskurse absolvierten und sich mit Vietnam, der Dritten Welt, Revolution und Kapitalismus auseinandersetzten. Dem konnte ich mich im Studentenheim nicht entziehen, ohne mich zu isolieren. Doch ich hatte Angst, es könnte für mich gefährlich werden, und tat es darum zunächst heimlich.

Bald hatte ich mich mit Tanja angefreundet, und ich hatte grosses Vertrauen zu ihr. Elisabeth, eine andere Studentin auf unserem Flur, schloss sich uns oft an. Einmal, kurz vor Weihnachten, lud ich sie zum adventlichen Kaffeetrinken in mein Zimmer ein. Sie sagte, sie käme gerne, doch sie sei Jüdin. Ich starrte sie an und sagte dann: „Mein Gott, Jüdin? Zum ersten Mal sehe ich eine Jüdin! Aber mir macht das nichts aus. Lass uns zusammen Kaffee trinken!“ Ich lief zu Tanja, um ihr die Neuigkeit mitzuteilen: „Stell dir vor, Elisabeth ist eine Jüdin. Endlich sehe ich eine Jüdin.“

Tanja lächelte: „Weisst du, dass mein Vater Viertel-Jude ist?“

Ich erschrak von neuem – vor allem über diesen Ausdruck. „Was heisst ‚Viertel-Jude‘? Gibt es noch andere solche Bezeichnungen?“

„Was die Nazis machten – auch mit der Sprache – übersteigt jeglichen Menschenverstand“, antwortete Tanja.

Zum ersten Mal hörte ich etwas Wahres, Aufrichtiges zur deutsch-jüdischen Geschichte, und ich begann, mich intensiv mit ihr auseinanderzusetzen. Ich las Bücher, besuchte Seminarien, um die Juden, ihre Geschichte und Kultur zu verstehen. Ich wollte ihre Sorgen und Ängste begreifen und den Bezug zu meinen eigenen Sorgen und Ängsten erkennen. Ich fühlte mich zu ihnen hingezogen, ja, ich identifizierte mich oft mit ihnen. In der Diskriminierung, der Verfolgung, der Suche nach Heimat und Identität, im Bedrohtsein sowie in der Liebe zum Land Palästina und der Sehnsucht nach Frieden und Sicherheit waren wir einander ähnlich. Aber die israelische Politik, das Verhalten der Israelis gegenüber meinem Volk und meinem Land waren schwer zu verstehen.

Der Krieg von 1967 dauerte nur sechs Tage, der Postverkehr aber war während Monaten unterbrochen. Meine jüngere Schwester schrieb mir später: „Wir wussten nicht, dass Krieg bevorstand. Eines Tages sahen wir Soldaten mit Bildern von Gamal Abdel Nasser durch die Strassen marschieren. Die Leute dachten, es seien ägyptische oder irakische Soldaten, und empfingen sie herzlich. Plötzlich befahl der Kommandant den Leuten in gebrochenem Arabisch, in den Häusern zu bleiben. Da verstanden wir, dass es israelische Soldaten waren. Die Israelis hatten offenbar erwartet, sie würden auf Hunderte von jordanischen Soldaten stossen, aber es gab nur vereinzelte. Drei gefallene arabische Soldaten wurden bei uns begraben, ihre Namen sind unbekannt. Zwei weitere sind Richtung Jordan geflohen.

Wir hatten kaum Geld und nur wenig zu essen. Mutter schickte mich zum Priester, der uns einen Sack Mehl schenkte. An Olivenöl und Kräutern fehlte es uns nicht. Vater hatte keine Arbeit. Wer das Land verlassen wolle, könne das tun, verkündeten die Israelis. Man dürfe später wieder zurückkehren. Tausende verliessen das Land. Grossvater schickte Vater nach Jordanien, um Geld zu verdienen. Als er nach drei Monaten heimkehren wollte, waren die Grenzen geschlossen. Nur alten Leuten wurde die Rückkehr gestattet. Vater gelang es, sich über die Grenze zu schmuggeln, und er tauchte plötzlich zu Hause auf. Er brachte Geld mit, so dass wir uns über Wasser halten konnten. Wir dankten Gott, dass Vater nicht erwischt worden war. Das hätte ihn wohl das Leben gekostet.

Einige Wochen später schickte ihn Grossvater wiederum nach Jordanien. Nach seiner Abreise begannen israelische Beamte in allen Häusern die Namen der Anwesenden zu registrieren. Wer nicht registriert sei, dürfe nicht wieder zurückkehren, sagten sie. Nun haben wir grosse Angst um Dich und Vater. Ansonsten geht es uns gut. Wir warten auf einen Brief von Dir."

Vater durfte erst fünf Jahre später heimkehren. Ich arbeitete neben dem Studium als Nachtwache im Krankenhaus, als Babysitterin, Zeitungsverträgerin, Geschirr- und Blumenverkäuferin und schickte meiner Familie monatlich hundert oder zweihundert Mark. Das war eine grosse Hilfe für sie. Für mich aber hatte es eine besondere Bedeutung: Zum ersten Mal würde die Familie – und vor allem Grossvater – erkennen, dass auch ein Mädchen der Familie eine Stütze sein kann. Respekt und Anerkennung für Mädchen, die eine Ausbildung machten, würden in unserem Hause wachsen, dachte ich.

Eines Tages erhielt ich einen Hilferuf von meiner jüngeren Schwester, die gegen ihren Willen verlobt worden war. Erschüttert, aber entschlossen schrieb ich an Grossvater und bat ihn, die Verlobung aufzulösen. Ein Ausbildungsplatz in der Bundesrepublik stehe für die Schwester bereit. Ich versprach ihm, alle Unkosten der Entlobung zu bestreiten. Mein Bruder, der auch in Hamburg studierte, fand meine Einwände zwar richtig, doch er weigerte sich, etwas zu unternehmen. Es gehöre sich nicht, das Wort des Grossvaters in Frage zu stellen, meinte er. Er hatte aber nichts dagegen einzuwenden, dass ich Grossvater mitteilte, auch er finde die Entlobung richtig.

Ich war überzeugt, es lohne sich, sich psychischem und

gesellschaftlichem Druck zu widersetzen. Achtzehn Nächte hintereinander arbeitete ich im Krankenhaus, und mit dem Verdienst reiste ich nach Hause. Die Entlobung fand statt, die Unkosten wurden bezahlt; die Kosten für die Flugkarte meiner Schwester übernahm eine Freundin.

In den folgenden Jahren machte meine Schwester eine Ausbildung als Operationsschwester. Nach ihrer Rückkehr in die Heimat heiratete sie einen fortschrittlichen Mann, mit dem sie heute in San Francisco lebt.

Das Schicksal meiner Schwester und die vielen Probleme anderer Frauen um mich herum hatten mich hellhörig gemacht. Mich drängt es immer zum Handeln, wenn Frauen um Hilfe rufen. Und so griff ich denn auch ein, als meine ältere Schwester in Schwierigkeiten geriet.

Sie war mit achtzehn Jahren von Grossvater verheiratet worden – mit einem Mann, der siebzehn Jahre älter war als sie. Sie hatte ihn nie zuvor gesehen oder gesprochen. Wir Geschwister sahen sie vor der Hochzeit weinen, doch dachten wir, dass es sich so gehöre. Sie zog in die Wohnung der Grossfamilie ihres Mannes in Amman, wo insgesamt siebzehn Personen – Erwachsene und Kinder – in vier Zimmern lebten. Die Schwester ihres Mannes gab im Haus den Ton an; ihr mussten alle gehorchen.

Durch den Krieg von 1967 wurde sie von unserer Familie getrennt; Informationen flossen nur spärlich. Meine Schwester als Jüngste musste den Haushalt besorgen; die anderen Frauen machten Näharbeiten. Sie wusch die Wäsche von Hand, kochte, backte das Brot, und nachts bügelte sie. Als ich sie 1970 auf einer Rückreise nach Deutschland zum ersten Mal besuchte, war sie seit fünf Jahren verheiratet und hatte bereits vier Kinder. Ich war schockiert über ihr Leben. Sie schämte sich, von ihren Sorgen zu sprechen. Sie hatte meinen Eltern nie davon erzählt, weil sie die Schande fürchtete und die Wut ihres Mannes, falls er von ihren Klagen hörte. Bei meinem Besuch hatte sie Angst, allein mit mir ertappt zu werden. Am Tag vor meiner Abreise bat ich darum, mit meiner Schwester einkaufen gehen zu dürfen, und die Schwägerin erlaubte es. Für meine Schwester war das wie ein Wunder, war es doch das erste Mal, dass sie das Haus ohne Begleitung der Schwägerin verlassen durfte.

Wir gingen zu einer Freundin von mir, und meine Schwester begann zu reden – zum ersten Mal nach fünf Jahren der Unterdrückung. Sie berichtete von ihrem Mann, der ganz unter dem Einfluss seiner Schwester stehe. Nie habe er Respekt oder Liebe für sie gezeigt. Der Mann glaubte, seine Frau weder loben noch jemals seine Zufriedenheit zeigen zu dürfen. Ständig beklagte er zudem sein Schicksal, eine Frau aus einer armen, sozial niedrigeren Familie geheiratet zu haben. Meine Schwester arbeitete wie eine Sklavin und durfte nie zeigen, dass sie müde war. Von der Schwägerin wurde sie beschimpft und bedroht und manchmal sogar geschlagen. Vor lauter Kummer über ihr elendes Leben war sie asthmakrank geworden. Sie schüttete uns ihr Herz aus, und wir Frauen weinten mit ihr. Wir waren entschlossen, ihr zu helfen.

Ich redete meiner Schwester zu: „Beachte die Schwägerin nicht. Denk immer daran, dass du eine wunderbare Person bist! Du hast mehr gelernt als sie. Vielleicht ärgert sie sich, weil du so hübsch bist. Vielleicht ist sie auch neidisch, weil du jung bist und dein Leben noch verändern, dich von diesem Joch befreien kannst. Weine nicht, wenn sie dich beschimpft. Denk einfach: Das geht mich nichts an, ich pfeife drauf!"

Als wir ins Haus zurückkehrten, entbrannte ein Streit, und ich musste mitansehen, wie meine Schwester geschlagen wurde. Ich verweigerte das Essen, nahm meine Schwester mit zu meiner Freundin, und wir begannen zu planen. Noch am selben Abend kamen Männer der Familie, um meine Schwester zu holen. Es gilt als Schande, wenn eine Frau das Haus verlässt; es könnte jemand erfahren, dass es im Haus Streit gab.

Ich reiste nach Deutschland zurück und liess meiner Schwester Briefe zukommen. Wir planten ihren Auszug in eine eigene Wohnung. Als die Wohnung gefunden war, schickte ich ihr monatlich 120 Mark, die ich mit Nachtwachen im Krankenhaus verdiente, bis sie die Miete selber bezahlen konnte. Ihre Schwägerin war entsetzt, aber meine Schwester blieb bei ihrer Entscheidung. Ein Bett, zwei Matratzen, einen Schrank und – zum Glück – ihre vier Kinder durfte sie mitnehmen.

Sie begann zu nähen, und später gab sie Nähkurse. Heute ist sie in Amman eine bekannte Schneiderin. Zusammen mit sieben Mitarbeiterinnen betreibt sie ein Atelier. Sie hat es geschafft. Ihre beiden Töchter sind Sekretärinnen geworden, die beiden Söhne besuchen die Schule. Ihre Geschichte ist ein Beispiel für Mut, Entschlossenheit und Stärke von Frauen.

Inzwischen hatte ich mit Hilfe von Pastor Malsch von der Petri-Kirche in Hamburg, der früher Propst in Jerusalem gewesen war und mich seinerzeit konfirmiert hatte, beim evangelischen Studienwerk „Villigst" ein Stipendium beantragt. Dieses Studienwerk war in erster Linie für hochbegabte deutsche Studenten und Studentinnen bestimmt. Als Ausländerin hatte ich kaum eine Chance. Vor dem ersten Gespräch stand ich zitternd vor Angst und Aufregung im Gang und betete leise. Da öffnete sich die Tür, ein Mann, Pastor F., trat heraus und sagte: „Kommen Sie herein, ich kenne Sie.“ Er zeigte mir ein Foto: „Das sind Sie! Mit acht Jahren haben Sie mir ein Lied vorgesungen, als ich Ihre Schule bei Bethlehem besuchte.“ Da war die Spannung weg, und ich bestand die Prüfung. Es war ein Wunder, dass ich dieses Stipendium bekam. Ich hatte es dringend nötig, um nicht mehr so viel neben dem Studium arbeiten zu müssen und meiner Familie trotzdem eine monatliche Unterstützung überweisen zu können.

Nach zwei Semestern wurde ich zu einem Treffen mit einer Vertreterin des Studienwerks eingeladen. Ich legte ihr die acht Scheine der bereits erfolgreich absolvierten Lehrveranstaltungen vor. Sie schaute mich an und sagte: „Sie sind fleissig, aber wir wollen keine Fachidioten. Das Besondere an der Studienzeit ist doch, dass man sich auch mit Kultur und Politik beschäftigen kann. Nächstes Mal genügen fünf Scheine.“ Ich war zunächst schockiert, dann erinnerte ich mich an die Gespräche mit meiner Freundin Tanja und lächelte. „Ihr Strahlen ist schön“, sagte sie, „und wenn Sie sich nicht einseitig, sondern umfassend bilden, wird dies ebenfalls in Ihrem Gesicht zum Ausdruck kommen.“ Ich nahm mir ihre Worte zu Herzen.

Eigentlich war es immer mein Wunsch gewesen, Medizin zu studieren. Doch die Diakonissen und die Hamburger Lehrer, die mir den Weg zu einem Studium in Deutschland geöffnet hatten, wollten aus mir eine Lehrerin machen, welche die Schule von Talitha Kumi weiterführen sollte. Da Biologie ein der Medizin verwandtes Fach ist und ich die Natur liebte, hatte ich mich für ein Biologiestudium entschlossen und als zweites Fach Geographie und im Nebenfach Erziehungswissenschaft gewählt.

Die vielen Vorurteile in Deutschland und die Unwissenheit über mein Volk kränkten mich oft. Immer wieder geschah es, dass ich mich mit Leuten unbeschwert unterhielt – an der Universität, im Zug, im Kaufhaus –, bis sie mir die gefürchtete Frage nach meiner Herkunft stellten. Wenn ich zögernd antwortete: „Ich bin Palästinenserin“, veränderte sich ihr Gesichtsausdruck, und das Gespräch versiegte. Ich konnte mir dieses Verhalten zwar erklären, aber es war nicht zu rechtfertigen. Manchmal hatte ich richtiggehend Angst, meine Identität bekanntzugeben. Um peinliche Situationen zu vermeiden, gab ich mich als Inderin aus. Manchmal wurde ich aber auch böse und sagte: „Ich gehöre zu dem Volk, das schlimmer ist als die Juden.“ Manche Leute haben verstanden, und ich hatte meine Ruhe.

Ein Erlebnis werde ich nie vergessen. Als ich erst kurze Zeit in Hamburg war, fragte mich eine Frau, wie viele Geschwister ich hätte. Stolz sagte ich: „Wir sind sieben.“ – „Um Gottes willen – wie die Kaninchen!“ rief sie entsetzt. Ich erschrak und schämte mich. Als später noch zwei Geschwister geboren wurden, nahm ich mir vor, diese Schande zu verheimlichen. Wenn ich Fotos von zu Hause bekam und die beiden Jüngsten darauf zu sehen waren, gab ich sie als Kinder des Onkels aus. Aber mich quälte der Gedanke, jemand könnte meine Eltern besuchen und die Wahrheit erfahren. Erst Jahre später hatte ich den Mut und die Reife, offen zur grossen Geschwisterzahl zu stehen.

In der Auseinandersetzung mit Deutschen war ich oft sehr durcheinander – zum Beispiel, wenn es um mein Verständnis von Christentum ging. Ich war sehr religiös erzogen worden und fühlte mich im christlichen Glauben zu Hause. Aber mit den Christen in Deutschland geriet ich in Konflikt – vor allem weil sie, sobald das Wort Israel fiel, kritisches Denken ausschalteten und nicht bereit waren zuzuhören, wenn ich von unseren Erfahrungen erzählen wollte. Es war für sie einfacher, sich blind zu stellen und auszuweichen. Ich hatte das Gefühl, dass die öffentlich erklärte Liebe zu Israel und zu den Juden nicht immer echt war. Manchmal empfand ich es sogar als peinlich. Mit der Zeit gewann ich den Eindruck, in Deutschland sei der christliche Glaube an die totale Loyalität gegenüber Israel gebunden. Andernfalls beginge man als Christ eine Sünde. Mich quälten diese Ungereimtheiten. Ich fühlte mich als Christin, aber den Christen in Deutschland sehr fern. Ja, ich fühlte mich zunehmend den Moslems näher, weil auch sie missverstanden wurden und ständig Beleidigungen ausgesetzt waren. Uns verband das Gefühl des Ausgestossenseins.

Auch mit meinem Verständnis von Antifaschismus kam ich oft nicht zurecht. In der Aufbruchstimmung der Studentenbewegung war es Mode geworden, sich mit linker Literatur zu befassen, und es galt als fortschrittlich, sich zur antifaschistischen Front zu bekennen. Antifaschismus war für mich eine selbstverständliche Haltung – Faschismus ist zu verurteilen und zu bekämpfen, wo immer er die Politik bestimmt. Die Sozialdemokraten an der Universität hielten sich für die einzigen, die den Faschismus aufzudecken wagten. Sie waren bemüht, mit den Sozialisten in Israel zu sympathisieren, und es fiel ihnen schwer, sich gleichzeitig mit der Problematik der Palästinenser zu befassen. Die eigene Geschichte hatte Priorität, und weil sie diese nicht wirklich verarbeitet hatten, klammerten sie die Ungereimtheiten der israelischen Politik aus. Die radikale Linke jedoch – Kommunisten, Marxisten-Leninisten und Maoisten – kritisierte Israel öffentlich und ohne Hemmung. Sie stand den Palästinensern zumindest mit Worten bei. Doch sie war marginalisiert und verdächtig. Ihre erklärte Parteinahme für die Palästinenser hat uns eher geschadet. Wir wurden dadurch als Alliierte der Kommunisten angesehen, entsprechend gefürchtet, missachtet und bekämpft.

Im allgemeinen schien in Deutschland allein schon der Gedanke, Israel zu kritisieren, unangebracht. „Wir sind Deutsche und haben keinerlei Recht, uns einzumischen", so hörte ich immer wieder. Ich als Palästinenserin fand kaum Gehör und zweifelte oft, ob es überhaupt einen Sinn habe, mich zu äussern.

Zudem hatte ich Angst vor dem israelischen, dem jordanischen und anderen Geheimdiensten. Ich befürchtete, ich könnte mit politischen Äusserungen mein Studium gefährden, ins Gefängnis kommen oder nie wieder heimkehren dürfen. Bewusst mied ich politische Gruppen, die sich mit Palästina beschäftigten. Noch hatte ich nicht den Mut, öffentlich über das Unrecht, das meinem Volk angetan wurde, zu sprechen. Ich nahm an Protestaktionen und Diskussionen zu Vietnam und anderen Ländern teil und setzte mich auch für ausländische Studenten ein. Damals traute ich mir noch nicht zu, meine Gedanken klar und offen zu äussern. Meine besten Freunde und Freundinnen waren jedoch überzeugt von meiner Fähigkeit, öffentlich aufzutreten, und sie versuchten, mich zu ermutigen. Die Gelegenheit dazu ergab sich, als es zu einem Aufstand gegen die Heimleiterin kam, die in ihrem Arbeitsbereich versagt hatte. An der Vollversammlung ergriff ich das Wort. Zur weiteren Erörterung der Probleme war eine Sitzung mit dem Vorstand angesagt. Als wir vor der Tür standen, beschlossen die Studenten, dass ich die Sache vortragen sollte. Ich weigerte mich und wollte weglaufen, aber sie schoben mich einfach in den Raum, wo der Vorstand wartete. Nun war ich gezwungen, Stellung zu nehmen. Das war mein erster öffentlicher Auftritt. Mit der Zeit gewann ich Selbstvertrauen und lernte, mich auszudrücken.

In schwierigen Momenten konnte ich mich auf meine Freundinnen und Freunde verlassen; sie standen mir bei und nahmen mich in ihre Familien auf. Als ich 1969 wieder einmal fürchterlich Heimweh hatte, schrieb ich in meiner Not einen Brief an das Ehepaar St. in der Schweiz. Ich hatte sie 1963 kennengelernt, als sie im Auftrag des „Christlichen Friedensdienstes" (cfd) mit einer Gruppe junger Leute ein erstes Arbeitslager in Palästina organisiert hatten. Sie luden mich zu sich ein. Damals begann zwischen uns eine Freundschaft, die mir bis heute wichtig geblieben ist. Sie brachten mich zu Gertrud Kurz, der Gründerin des „Christlichen Friedensdienstes" in der Schweiz. Sie, die sich zur Zeit des Zweiten Weltkrieges beispielhaft für jüdische Flüchtlinge eingesetzt hatte, wollte nun von mir persönlich mehr über das Leiden der Palästinenserinnen und Palästinenser hören. Damit war der Kontakt zum cfd geknüpft, der für mich und meine Friedensarbeit später wichtig werden sollte.

Das Diakoniewerk Kaiserswerth in Düsseldorf war ein weiterer Zufluchtsort, wo ich immer willkommen war. Dorthin waren die ehemaligen Diakonissen meiner Schule zurückgekehrt. Einige arbeiteten noch, andere lebten im Ruhestand. Mit ihnen, die mein Land und mein Volk kannten, konnte ich offen über die vielen Probleme, mit denen ich konfrontiert war, diskutieren. Talitha Kumi war ja mitverantwortlich für meine Konflikte: Ich kam mit den Widersprüchen zwischen der heilen Welt, die uns die Diakonissen in der Schule vorgeführt hatten, und der Realität, wie ich sie nun in Deutschland kennenlernte, nicht zurecht; hier wurde die Schuld an der furchtbaren Vergangenheit durch die Solidarisierung mit Israel und die Diskriminierung der Palästinenser verdrängt. Die Schwestern suchten nach Antworten auf meine Fragen und zeigten Verständnis für meine Konflikte.

Während meiner Studienzeit schrieb ich in meinen Briefen nach Hause nur über die guten Erfahrungen, nie aber über meine Probleme. Ich hatte Angst, dass man mich zurückrufen könnte. In jedem Brief versprach ich, ins Dorf zurückzukehren. „Pass auf!“ liess meine Mutter mir in Briefen mitteilen: „Die Ehre der Familie ist das Höchste im Leben. Ich warte auf Dich, denke daran. Es sind doch schon fünf Jahre vergangen. Was wird aus Dir?“

Ein Versagen meinerseits, das wusste ich, würde anderen Mädchen im Dorf den Weg zu einem Studium im Ausland versperren. Ich fühlte mich verpflichtet, meinen Weg erfolgreich zu beenden. Mir war immer bewusst, dass ich mich nicht mit Menschen anfreunden durfte, die mich in Versuchung bringen könnten, meine Ziele zu ändern oder meine Pflichten gegenüber meiner Familie und meinem Volk zu vernachlässigen.

Wunderschöne Gefühle überwältigten mich, wenn ich an zu Hause dachte, mich an die einfache Sprache meiner Mutter erinnerte, an die Augen und das Lachen meiner Geschwister und wenn ich die Wasserquelle, den Weinberg und den Feigenhain vor meinen Augen sah. Ich war fest entschlossen, zurückzukehren. Ich wusste zudem, dass ich zu Hause nicht bloss eine Nummer sein würde, wie es Ausländerinnen und Ausländer in Deutschland sind. Ich wollte ich selber sein und zu den Menschen gehören, die auf mich warteten. Sie alle kamen, um mich zu begrüssen, wenn ich zu Besuch war. Sie begegneten mir mit Respekt und liessen mich ihre Erwartungen spüren.

Das Studium näherte sich seinem Ende. Die Besetzung des Westjordanlandes, meiner Heimat, dauerte bereits sieben Jahre. Gespannt wartete ich auf die Annahme meines Antrags auf „Familienzusammenführung", war ich doch zur Zeit der Volkszählung von 1967 bereits in Deutschland und gemäss israelischem Militärgesetz als „gebietsfremd" registriert. Tausenden meiner Landsleute ging es wie mir. Sie hatten das Recht auf Heimkehr verwirkt.

Nach dem vierten Antrag kam endlich eine positive Antwort. „Gott sei Dank, dass Du noch nicht verheiratet bist!" liess Mutter mir schreiben. „Du darfst heimkommen. Leider dürfen Deine Schwester in Amman und mit ihr all jene, die verheiratet sind, nicht wieder zurückkehren. Du musst aber sofort kommen, um Deine Identitätskarte abzuholen, sonst verlierst Du Dein Recht auf Rückkehr." Ich liess alles stehen und liegen, lieh mir das Geld für die Flugkarte und kehrte heim.

Zur selben Zeit hatte auch ein junger Mann aus meinem Dorf, der in Amsterdam studiert hatte, die Genehmigung erhalten, nach Hause zu fahren, um die Identitätskarte zu beziehen. Auch er hatte Glück, dass er noch nicht verheiratet war. Wir begegneten uns auf der Strasse, stellten uns gegenseitig vor, und da ich für mein Staatsexamen einige Untersuchungen über die palästinensischen Oliven brauchte, bot er sich an, mir zu helfen. Wir gingen einige Male gemeinsam in die Dörfer, unterhielten uns mit den Bauern und hatten so Gelegenheit, uns näher kennenzulernen. Allerdings war es nicht üblich, dass junge Leute sich, ohne verlobt zu sein, zusammen auf der Strasse blicken liessen.

Wir beschlossen, uns zu verloben. Eigentlich war es mir ein Rätsel, wie ich mich so schnell hatte entscheiden können. Eines Abends ging ich zu Grossvater und sagte: „Grossvater, Munîr möchte sich mit mir verloben, was meinst du dazu?“ Er lächelte, lehnte sich schaukelnd in seinem Sessel zurück und sagte: „Wie schön, jetzt kann ich ruhig sterben. Ich ahnte etwas, ich hoffte es, deshalb drückte ich ein Auge zu, wenn ihr allein unterwegs wart.“ In seinen Augen und nach traditionellen Wertvorstellungen war ich mit vierundzwanzig Jahren bereits zu alt, um noch einen Mann zu finden.

Einen Monat später waren wir verlobt. Ich fuhr nach Hamburg, um meine letzten Prüfungen abzulegen, und kehrte danach nach Hause zurück. Ich war das erste Mädchen aus meinem Dorf, das ein Studium im Ausland abgeschlossen und mit dem Staatsexamen für das höhere Lehramt einen hohen akademischen Grad erlangt hatte. Munîr, der sein Studium in Amsterdam bereits beendet hatte, bekam sofort einen Lehrstuhl am Birseit-College, als Dozent für Biochemie.

Heimkehr in ein besetztes Land

Tradition und Fremdherrschaft

Sieben Jahre nach der Besetzung kehrte ich in mein Land zurück. Es war ein glühend heisser Junitag; zu Tausenden hatten sich Rückreisende beim jordanischen Grenzposten an der Jordanbrücke eingefunden. Besuchsgenehmigungen wurden nur während der Sommermonate erteilt, wenn Universitäten, Schulen und auch viele im Ausland Arbeitende Ferien hatten. Deshalb war der Andrang derer, die ihre Familien besuchen oder ihr Rückkehrrecht bestätigen wollten, so gross. Wir waren nervös, und angesichts der Warteschlangen befürchteten viele, den Grenzübertritt an diesem Tag nicht mehr zu schaffen. Wer bis zu dem im Rückreisepapier vermerkten Datum nicht einreiste, konnte im schlimmsten Fall das Recht auf die Heimkehr verwirken. Unter uns war eine Frau, die spätestens tags zuvor hätte einreisen sollen. Sie hatte aber übersehen, dass der angegebene Tag ein Samstag war, an dem die Grenze geschlossen blieb. Ihr Mann und die Kinder, die gültige Papiere hatten, überquerten weinend die Grenze, während sie nach Amman zurückreisen musste.

Nach der Kontrolle unserer Papiere warteten wir in Bussen auf das Zeichen der jordanischen Soldaten zur Weiterfahrt. Erst vier Stunden später durften wir endlich losfahren. Zwischen den beiden Grenzlinien hielt der Bus noch einmal an, und wir blieben, wiederum ohne ersichtlichen Grund, eine Stunde lang bei geschlossenen Fenstern in der prallen Sonne stehen. Der Bus war von Soldaten umstellt, die uns beobachteten, und wir wagten nicht, uns zu beschweren.

Endlich erreichten wir den israelischen Grenzposten. In einem grossen, kühlen Raum wurden unsere Papiere kontrolliert. Danach führte man uns zur Leibesvisitation. Wir, rund vierhundert Frauen, mussten unsere Schuhe ausziehen und vor den Untersuchungskabinen warten. Mit blossen Füssen, wie auf einem Fliessband nach vorne rutschend, sassen wir äussert angespannt auf langen Bänken.

„Zieh dich aus“, befahl die Soldatin, als ich endlich an der Reihe war.

„Was soll ich ausziehen?“

„Alles!“

„Ich schäme mich“, versuchte ich einzuwenden.

„Halt den Mund!“ tönte es zurück. Während sie meinen Körper mit einem elektronischen Abtaster untersuchte, hörte ich aus der Nebenkabine, wie eine Leidensgenossin aufgefordert wurde, auf die Bank zu steigen und vor den Augen der Soldatin die Binde zu wechseln. Ich hörte ihr Schluchzen und weinte mit. Als ich aus der Kabine trat, sah ich mitten im Raum einen grossen Karton mit den in der Zwischenzeit kontrollierten Schuhen, aus dem sich jede die ihren hervorsuchen musste. Wir warteten. Die Soldatinnen sprachen kaum Arabisch und drückten ihre Befehle mit unmissverständlichen Gesten aus. Die Atmosphäre war gespannt. Wir alle waren verängstigt und fürchteten, etwas falsch zu machen. Tief verletzt und gedemütigt kam ich spätabends zu Hause an.

Ich hatte mich sehr auf das Wiedersehen mit meiner Familie gefreut, insbesondere mit meiner Mutter, der ich als Erwachsene neu würde begegnen können. Aber ich konnte nur zwei Wochen bleiben. Nach der Heirat würde ich meine Familie nicht mehr sooft ich wollte besuchen können, obwohl sie nur zweihundert Meter von meinem zukünftigen Heim entfernt wohnte. Es fiel mir nicht leicht zu akzeptieren, dass ich von nun an zur Familie meines Mannes gehörte.

Anders als meine eigene, gehörte Munîrs Familie zur Oberschicht von Birseit. Diese hatte ihm verschiedene Mädchen aus vornehmen Kreisen zur Heirat vorgeschlagen, aber er hatte kein Interesse gezeigt. Seine eigene Wahl schockierte dann alle. „Sie ist ja schwarz wie ein Schürhaken“, entfuhr es einer seiner Tanten in meiner Anwesenheit. Auch der Vater zeigte sich enttäuscht über den Geschmack seines Sohnes: „Dabei hättest du das feinste blondhaarige Mädchen des Dorfes haben können!“ Munîr verteidigte mich. Wenn er sagte: „Sie ist die Beste, sie passt zu mir, und für mich ist sie die Schönste“, antworteten die Leute: „Ein Affe ist in den Augen seiner Mutter ein Reh.“

Heiraten war früher Sache der ganzen Familie gewesen. Ein Mädchen konnte zwar zustimmen oder ablehnen, aber frei entscheiden konnte es nicht. Der soziale und familiäre Druck war meist so stark, dass die jungen Frauen es selten schafften, sich zu widersetzen. „Traust du deiner Familie nicht?“ hiess es etwa. „Wir wissen, was für dich gut ist; wir werden dir immer beistehen.“ Oder: „Du setzt die Ehre der Familie aufs Spiel!“ – „Einen besseren Mann bekommst du ohnehin nicht.“ – „Was werden die Leute sagen, wenn du nein sagst! Es könnte der Verdacht entstehen, dass du dich in einen anderen Mann verliebt hast. Eine Schande wäre das.“ Die Mädchen, ohne Bildung und Arbeit, waren völlig von der Familie abhängig. Man gab ihnen zu verstehen, dass sie eine Last waren, welche die Familie so früh als möglich loswerden wollte. Deshalb war es klüger, sich zu fügen.

Heute entscheiden die jungen Menschen meist selber über ihre Heirat. Aber es bedarf im allgemeinen noch immer des Segens der Familie. Die Heiratsprozedur folgt in einem Dorf wie Birseit weiterhin der Tradition: Nachdem die Heiratswilligen ihren Entschluss der Familie mitgeteilt haben, wird der Termin vereinbart, an dem die Familie des Mannes offiziell um die Hand des Mädchens anhält. Dreissig bis vierzig Männer aus der Familie des Bräutigams besuchen gemeinsam das Haus des Brautvaters, wo sie von ebenso vielen Männern empfangen werden. Nach dem üblichen Begrüssungsritual, bei dem man sich gegenseitig nach Gesundheit und Ernte und nach Neuigkeiten aus dem Dorf erkundigt, bittet der Älteste der Gäste mit einem Hüsteln um Aufmerksamkeit. Er beginnt folgende Rede: „Wir sind heute hierher gekommen, um zu vollziehen, wozu uns Gott berechtigt. Wir möchten, so Gott will, für unseren Sohn um die Hand eurer Tochter bitten. Wir hoffen, dass ihr euren Segen dazu gebt." Darauf antwortet der Älteste der Brautfamilie: „Das Paar soll gesegnet sein." Die Mädchen des Hauses lauschen flüsternd und kichernd an der Tür. Kaum ist das Segenswort gesprochen, muss die Braut den Raum betreten und den Männern den bereits vorbereiteten Kaffee anbieten.

Mit diesem Besuch wird die Heiratsabsicht verbindlich gemacht. Das ganze Dorf erfährt nun davon. Der Bräutigam darf die Familie besuchen und mit dem Mädchen ausgehen, aber nur in Begleitung von Familienangehörigen. Die Hochzeitsvorbereitungen beginnen: Der Bräutigam muss Hausrat und Aussteuer anschaffen und für die Braut Goldschmuck kaufen, der ihr als Sicherheit für Notzeiten dienen wird.

Die Hochzeit, zu der das ganze Dorf eingeladen wird, dauert drei Tage. Die Gäste bringen Geschenke, es wird getanzt und getafelt. Am Vorabend der Trauung färben Frauen die Hände der Braut mit Henna, um das Böse zu vertreiben und Glück herbeizuwünschen. Danach wird im Haus des Bräutigams ein Fest gefeiert. Die Braut darf teilnehmen, wenn die Familie es erlaubt, ansonsten bleibt sie mit der Mutter, den Schwestern und Freundinnen zu Hause. Am Hochzeitstag versammeln sich meist unverheiratete junge Männer im Haus des Bräutigams, der von einem Friseur zurechtgemacht und rasiert wird; die Männer singen und tanzen um ihn herum. Danach wird der Bräutigam in einem grossen Zug von tanzenden Menschen bis zur Kirche begleitet. Manchmal folgt ihnen die Brautfamilie, doch erst vor dem Kirchentor wird die Braut dem Bräutigam von zwei männlichen Verwandten übergeben. Nach der Trauung wird das Paar beglückwünscht und verabschiedet, und alle gehen nach Hause.

Die Leute im Dorf waren gespannt, wie wir, die im Ausland studiert hatten, unsere Hochzeit gestalten würden. Sie mutmassten darüber, was für ein Kleid und was für einen Schleier ich tragen würde und ob vielleicht einen Hut. Inspiriert von den Diakonissen und beeinflusst vom Studentenleben, zog ich aber Einfachheit und Genügsamkeit vor. So wollte ich kein weisses europäisches Kleid tragen, sondern die palästinensische Bauerntracht meiner Mutter – war ich doch aus Liebe zu meinem Land und zu meinen Leuten nach Hause zurückgekehrt. Wie hätte ich mich da wie eine Fremde kleiden können!

In einem Punkt jedoch widersetzte ich mich der Tradition: Mein Bräutigam sollte nicht verpflichtet werden, mir Goldschmuck und andere Brautgaben zu überreichen. Es ist meine Überzeugung, dass der Wert einer Frau niemals mit Gold oder Geld aufgewogen werden kann. Ihr Wert liegt in dem, was sie gelernt hat, in ihren Fähigkeiten, ihrem Einsatz für andere Menschen und in ihrer Gabe, Menschen von den Idealen zu überzeugen, für die sie lebt. Die Brautgabe wäre mir wie ein Verrat erschienen.

Meine Mutter war entsetzt und schwor, meiner Hochzeit fernzubleiben. Ich versuchte, ihr meine Haltung verständlich zu machen. Aber sie meinte: „Wenn du keine Ansprüche stellst, werden die Leute sagen, du habest dich zu billig gegeben – und dabei bist du doch diejenige mit der besten Ausbildung!" – „Gerade deshalb", antwortete ich. „Warum sollte sich Munîr verschulden! Es würde Jahre dauern, bis wir die Schulden abgetragen hätten. Viel klüger ist es, mit diesem Geld ein kleines Haus zu bauen. Ich würde mich schämen, Gold zu tragen. Wozu auch! Ich habe einen Beruf und brauche mich vor Notzeiten nicht zu fürchten."

Meine ungewohnten Überlegungen lösten in unserem Haus erregte Diskussionen aus, an denen sich alle beteiligten. Sie endeten mit dem Einverständnis der Familie. Nach den vielen Tränen war das für mich eine echte Erleichterung.

Wie ein Lauffeuer verbreitete sich die Nachricht im Dorf. Gespannt warteten nun alle auf die Hochzeit. Wie es üblich ist, luden wir das ganze Dorf ein. Mit achthundert Gästen hatten wir gerechnet, mehr als zweitausend, auch aus umliegenden Dörfern, kamen. Es wurde ein richtiges Volksfest – ich in der palästinensischen Tracht, Wagen und Kirche geschmückt mit Körben voll wilder Blumen, mit Olivenzweigen, Weizenähren und Granatapfelzweigen. Auf dem Wagendach wehten grüne, rote, weisse und schwarze Bänder – die Farben der palästinensischen Fahne, die von Israel verboten worden war. Für die kurze Strecke vom Haus zur Kirche brauchten wir zwei Stunden. In Kreisen tanzten und sangen Frauen und Männer traditionelle und spontan improvisierte Gesänge. Der traditionelle Stil unserer Hochzeit war Ausdruck der Botschaft, die ich in mir trug: Ich wollte die Verbundenheit mit den Menschen im Dorf spürbar machen, unserer Kultur mit Respekt begegnen und diesen Respekt auch anderen vermitteln. Ich war die letzte Braut in Birseit, die in der palästinensischen Tracht getraut wurde.

Mich wieder ins Dorfleben einzufügen war jedoch nicht leicht. Die Tradition verlangte, an allen fröhlichen und traurigen Anlässen teilzunehmen – an Verlobungen und Hochzeiten, bei Geburten, Tauffesten und bei Todesfällen. Meist ging ich mit Familienangehörigen hin, um zu zeigen, dass der Familienverband intakt war. Oft war das für mich aufreibend: Ich wurde beobachtet und musste mich ständig vorsehen, um nicht ins Gerede zu kommen. Einmal pro Woche war der Besuch bei den Ältesten der Familie Pflicht. Die Schwiegereltern sahen wir täglich. Da es weder eine Alters- noch eine Krankenversicherung gibt, sind die Eltern im Alter völlig auf die Söhne und deren Familien angewiesen. Diese sind verpflichtet, Pflege und Fürsorge der Eltern bis zu deren Tod zu übernehmen.

Gemäss den Regeln der palästinensischen Gesellschaft, die nun auch für mich wieder galten, hatte ich wie jede Frau zu schweigen, wenn Männer zugegen waren. Sie allein führen in einer gemischten Gesellschaft das Wort. Eine Frau, die sich ins Gespräch einmischen will, muss sich mit schriller, aufdringlicher Stimme bemerkbar machen; dies wird ihr jedoch übelgenommen, und der Mann einer solchen Frau erntet von den anderen Männern herablassendes Mitleid. Daran hat sich bis heute nur wenig geändert.

Als meine Schwester ein Jahr nach mir aus Deutschland zurückkehrte und heiratete, unterstützte ich sie in ihrem Entschluss, wie ich auf das Festessen zu verzichten, zu dem jeweils eine Woche nach der Hochzeit vierzig Personen aus beiden Familien ins Haus der Brauteltern eingeladen werden. Dieser Verzicht hatte für meine Schwester unangenehme Konsequenzen. Unsere Familie habe der eigenen Tochter gegenüber keinen Respekt gezeigt, behauptet die Schwiegermutter noch heute, und deshalb verdiene sie auch in der Familie des Ehemannes keinen Respekt. Seit achtzehn Jahren ist meine Schwester nun verheiratet und muss sich noch immer derart beleidigen und kränken lassen.

Sich von den Schwiegermüttern zu distanzieren ist fast unmöglich. Oft mischen sie sich in alle Angelegenheiten ein. Damit im Haus Frieden herrscht, muss die Schwiegertochter stets nachgeben. Andernfalls gibt es Streit mit ihrem Mann, der sich verpflichtet fühlt, in erster Linie seine Mutter zufriedenzustellen. Zum Glück gibt es auch Schwiegermütter wie die meine, die sich niemals einmischt und die für das Haus ein Segen ist.

Um die Kraft zu haben, mit allen Widersprüchen und Problemen des Lebens zwischen Tradition und westlichem Lebensstil zurechtzukommen, schien uns ein eigenes gemütliches Zuhause wichtig. Es sollte ein Ort sein, wo wir allein, ohne Schwiegereltern und nach unseren eigenen Regeln leben konnten. Wir nahmen ein Darlehen auf und begannen gleich nach der Heirat mit dem Bau eines kleinen Hauses. Zur Geburt unseres Sohnes Anîs zogen wir ein. Jetzt sahen die Leute im Dorf ein, dass ich klug gehandelt hatte, als ich auf die Brautgabe verzichtete, und sie lobten unser Vorgehen. Ich hoffte, andere Frauen würden es nun ebenfalls wagen, auf die Brautgabe zu verzichten. Doch solange sie keinen Beruf haben, fehlt ihnen dazu die Sicherheit.

Während der ersten Jahre nach der Heimkehr ins Dorf fühlte ich mich in unseren vier Wänden sehr glücklich. Ein Jahr nach

Anîs kam unser zweites Kind, Ghâda, zur Welt. Gemeinsam mit meiner Familie genoss ich die Natur und das einfache Leben. Oft wanderten wir ins Tal hinunter oder zum Olivenhain jenseits des Dorfes, wo wir Terrassen bauten, Steine wegräumten und die Bäume pflegten. Doch wurden wir unweigerlich auch jedesmal, wenn wir das Haus verliessen, mit den Problemen konfrontiert, die durch die israelische Besatzung entstanden waren.

Es dauerte lange, bis ich mich an die ständige Militärpräsenz gewöhnt hatte. Im Dorf und in der unmittelbaren Umgebung erschreckten uns israelische Soldaten immer wieder mit grossangelegten militärischen Übungen, bis 1975 der palästinensische Widerstand sie daran hinderte. Manchmal wurden die Soldaten von Hunderten israelischer Zivilisten begleitet, die mit der israelischen Fahne durch unser Dorf zogen und patriotische Lieder sangen. Wir fühlten uns provoziert und erdrückt zugleich.

Mehrmals täglich fuhren Soldaten auf ihren Jeeps durchs Dorf, hielten junge Männer an und kontrollierten ihre Papiere. Kurz nach unserer Heimkehr stand mein Bruder Bassâm eines Abends mit Freunden an der Strassenecke vor der Kirche. Ein Militärwagen hielt, man befahl den Jungen, die Hände hochzunehmen und sich mit dem Gesicht zur Wand zu stellen. Drei der fünf, unter ihnen Bassâm, wurden verhaftet. Eskortiert von mehr als zwanzig Soldaten wurde er zu unserem Elternhaus gebracht. Einige Soldaten postierten sich vor dem Haus und auf dem Dach; andere durchsuchten das Haus von oben bis unten, die Schränke, Betten, den Kühlschrank; zwei machten sich über die Trauben an der hängenden Rebe her. Meine Mutter mit meinen beiden jüngsten Geschwistern stand verängstigt und verwirrt dabei; es war das erste Mal, dass israelische Soldaten in ihr Haus kamen. Bassâm wurde zur Vernehmung mitgenommen, und wir machten uns grosse Sorgen um ihn, ebenso wie um Munîrs Bruder, der eine Woche zuvor bei der Einreise an der Jordanbrücke verhaftet worden war. Erst nach achtzehn Tagen erfuhren wir, wo man sie hingebracht hatte, und erst dann konnte der Anwalt sie besuchen. Sie wurden beschuldigt, Mitglieder der palästinensischen Studentenvereinigung in Bagdad zu sein, wo sie studierten; man warf ihnen auch vor, dass sie sich politische Vorlesungen angehört hatten – die im Irak für alle Studenten Pflicht waren. Nur einmal monatlich konnten zwei Personen sie für eine halbe Stunde im Gefängnis besuchen. Damals erschien mir das unglaublich grausam, aber als viele Jahre später mein Sohn verhaftet und von einem Gefängnis zum andern verschleppt wurde, kam mir die erste Zeit der Besatzung geradezu harmlos vor.

Nach neun Monaten wurde mein Bruder entlassen. Er erzählte uns oft von seinen bitteren Erfahrungen. Er berichtete von den ersten Tagen in den Zelten vor dem Gefängnis von Ramallah; da die Gefängnisse überfüllt waren, wurden je rund vierzig Untersuchungsgefangene in einem Zelt untergebracht. Am dritten Tag legten sie ihm eine Binde um die Augen, steckten ihn in einen grossen Jutesack und warfen ihn auf einen überdachten Lastwagen. Um ihn herum sassen drei Soldaten, die ihn schlugen und traten. „Manchmal trafen sie meinen Bauch, das Gesicht, den Arm. Verkrampft und voller Angst wartete ich auf den nächsten Tritt, ohne zu wissen, wo er mich treffen würde. Die Fahrt war lang, und ich hatte keine Ahnung, wohin wir fuhren. Die Soldaten schienen sich zu langweilen und begannen, mit mir zu spielen. Sie sagten mir einen Spruch in ihrer Sprache vor, und ich musste ihn wiederholen; sie grölten und schlugen mich von neuem, weil ich ihn nicht richtig ausgesprochen hatte. Sie stellten mir Fragen, und ich sollte mir eine witzige Antwort ausdenken. Als sie gemerkt hatten, dass ich Christ war, fragte einer von ihnen, wer Jesus getötet habe. Ich fürchtete die Konsequenzen der von ihnen erwarteten Antwort und sagte darum: ‚Ganz genau weiss ich es nicht. Aber ich glaube, er ist mit dem Auto den Berg hinuntergekullert und war auf der Stelle tot.‘ Sie klatschten in die Hände und johlten. Danach schlugen sie mich nicht mehr, verlangten aber, dass ich die Antwort auf die Frage, wer Jesus getötet habe, immerzu wiederhole. Nach ungefähr zwei Stunden erreichten wir das Ziel, das Gefängnis von al-Dhachrîja bei Hebron. Dort blieb ich vier Wochen. Die Vernehmung war grausam."

Mein Schwager war, als er im Gefängnis schwer erkrankte, entlassen und sofort nach Jordanien deportiert worden. Er verlor damit das Recht auf seine Heimat.

Wir vermissten nach unserer Heimkehr zahlreiche Familienangehörige und Freunde. Am sechsten Tag des Krieges von 1967 waren die neuen Grenzen geschlossen worden, und Tausenden war dadurch die Heimkehr verwehrt. Die Volkszählung kurz nach Kriegsende legte fest, dass nur die an diesem Tag Anwesenden die Bestätigung ihrer Gebietszugehörigkeit bekommen sollten. Alle anderen, die zur Zeit des Krieges studien- oder besuchshalber im Ausland waren, oder im Krankenhaus in Amman, konnten nicht registriert werden. Als „Abwesende" verloren sie das Recht auf Heimkehr. Die Volkszählung gehörte zu den Strategien, mit denen die Besatzungsmacht gleich zu Beginn der Besatzung die Zahl der Wohnsitzberechtigten senken wollte. Sie führte ein eigenes Registriersystem ein. Zuvor waren wir Palästinenser in Jordanien registriert gewesen; Personalausweise oder Identitätskarten hatten wir keine.

Die Leute, die nie zuvor von Volkszählungen gehört hatten und die Richtlinien nicht verstanden, reagierten verwirrt und verängstigt. Manche verheimlichten ihre Söhne. Probleme gab es bereits mit den Namen: Die Leute gaben denjenigen Namen an, der ihnen persönlich richtig schien, weil sie nicht wussten, wie wichtig genaue Angaben waren; die Analphabeten unter ihnen konnten ausserdem nicht überprüfen, ob der Name richtig eingetragen wurde. Jede Person gab ihren Namen mündlich an, und ein Beamter schrieb ihn nieder. Ein Chaos entstand. Unter „Familienname" verstehen die Palästinenserinnen und Palästinenser Unterschiedliches: sei es den Namen der Frau, der Sippe, des Stammes oder – sehr häufig – einen Übernamen. Meine Grossmutter zum Beispiel heisst offiziell und laut Heiratsurkunde Mirjam. Im Dorf wurde sie Masuude – die Glückliche – genannt, weil sie immer fröhlich war. Bei der Volkszählung gab sie ihren Übernamen Masuude an. Ihre Tochter, meine Mutter also, gab den Taufnamen ihrer Mutter – Mirjam – an. Weil die beiden Papiere nicht übereinstimmten, verlor Mutter ihre Erbberechtigung.

In einem anderen Fall gab ein Mann aus dem Dorf als Familiennamen den Vornamen seiner Frau an. Danach trug er als einziger in der Familie diesen Namen, und es dauerte zwölf Jahre, bis er ihn korrigieren konnte und als Mitglied seiner Familie anerkannt wurde.

Die Mitglieder meiner eigenen Familie haben vier verschiedene Namen. Offiziell gelten wir noch heute nicht als Geschwister. Wer zufällig den Namen des Vaters bekam, war erbberechtigt, die anderen nicht. Mein Vater hat mehrmals versucht, eine einheitliche Schreibweise der Namen seiner Kinder zu erreichen, aber es ist ihm bis heute nicht gelungen. So erging es vielen; eine Berichtigung der Situation war selten möglich.

Wehmut und Trauer begleiteten uns, die Heimgekehrten, wenn wir die Städte Palästinas besichtigten. Das Land in seiner Schönheit war uns verloren. Überall begegneten wir der fremden Schrift und der fremden Sprache. Wie in West-Jerusalem wurden im palästinensischen Ostteil der Stadt Verkehrsschilder und Strassennamen auch hebräisch beschriftet, und amtliche Formulare gab es oft nur in Hebräisch. Einmal bin ich fast verzweifelt, bis ich auf dem Postamt in Ost-Jerusalem jemanden fand, der mir beim Ausfüllen der Formulare für Paketsendungen half. Bei Besorgungen in West-Jerusalem fühlte ich mich wie eine Ausländerin. Die Geschäftsschilder waren in Hebräisch, die Menschen europäisch gekleidet, die Strassen gepflegt; überall herrschte Ordnung. Ich getraute mich nicht, auf der Strasse jemanden anzusprechen, weil man mich aufgrund der Haarfarbe und des Aussehens als Palästinenserin hätte erkennen können; der Geheimdienst würde wissen wollen, was ich hier zu suchen hatte.

Jahre später ging ich in West-Jerusalem wieder einmal in mein bevorzugtes Schuhgeschäft an der Ben-Jehuda-Strasse. Dort arbeitete eine ältere Frau, die Deutsch sprach. Wir begegneten uns jeweils als Verkäuferin und Kundin, manchmal unterhielten wir uns, wenn auch vorsichtig und mit Distanz. Unsere Namen nannten wir nicht. Ich war mit meinen beiden Kindern, drei und vier Jahre alt, im Geschäft, als plötzlich die Sirenen losheulten und ein Lautsprecher zu Vorsicht mahnte; man hatte auf der Strasse einen Sprengsatz gefunden. Die Leute im Geschäft gerieten in Panik, und ich natürlich erst recht: Für mich als Palästinenserin war es besonders gefährlich. Da trat die Verkäuferin zu mir und sagte: „Haben Sie keine Angst! Ich weiss, was es für Sie bedeuten könnte. Ich weiss, was es heisst, als Unschuldige ein Versteck nötig zu haben; ich bin während des Krieges in

Holland versteckt worden. Bleiben Sie ruhig hier bei mir, bis alles vorbei ist.“ Ich schaute mir weiter Schuhe an, bis nach vierzig Minuten die Strasse wieder freigegeben wurde. Die Erinnerung an solche Begegnungen prägt meinen Umgang mit Menschen.

Meine Schwiegermutter wollte uns einmal ihr Elternhaus in West-Jerusalem zeigen, das bei der Teilung der Stadt 1948 verloren gegangen war. Sie erkannte die Umgebung kaum wieder; viele neue Häuser waren entstanden und alte niedergerissen. Das Haus wurde jetzt von einer jüdischen Familie bewohnt, die uns erlaubte, von der Tür aus einen Blick hineinzuwerfen; eintreten durften wir nicht. Meine Schwiegermutter erkannte den Sessel des Grossvaters und den Schrank. Nach fast dreissig Jahren standen sie noch immer am selben Ort.

1948 hatten die vorrückenden israelischen Truppen die arabischen Bewohner aus ihren Stadtteilen und Dörfern vertrieben und den Besitz der Geflohenen konfisziert. In den 1967 besetzten Gebieten waren die meisten Menschen an ihren Wohnorten geblieben; dennoch begannen die Militärbehörden sogleich, möglichst viel von unserem Land in ihren Besitz zu bringen. Dabei beriefen sie sich oft auf ungeklärte Besitzverhältnisse. Noch im letzten Jahrhundert waren in Palästina die religiösen Autoritäten, gemeinsam mit den Dorfnotabeln, für Rechtsfragen im Zusammenhang mit Grund- und Bodenbesitz zuständig gewesen. Sie stützten ihr Urteil nicht auf Urkunden, sondern auf die Aussage von Zeugen, die wussten, welche Familie ein Stück Land seit jeher bewirtschaftet hatte. Gegen Ende des letzten Jahrhunderts begannen die Türken vereinzelt Urkunden zu erstellen, die Grund und Boden erfassten. Die Engländer führten dann das Katasteramt ein, wollten die Registrierung intensivieren, aber ihre Zeit reichte nicht, um sich einen Überblick zu verschaffen. Während der jordanischen Zeit begannen die Palästinenser, ihren Besitz an Land und Häusern vermehrt registrieren zu lassen. Da aber nicht genügend Vermessungsbeamte zur Verfügung standen, konnten die jordanischen Behörden nur für einen Teil der Ländereien und Häuser offizielle Urkunden ausstellen. Viele Leute zögerten zudem mit der Registrierung, weil sie Steuern befürchteten.

Nach der Besetzung 1967 stoppten die israelischen Behörden die Registrierung sogleich und erklärten Grund und Boden, für die keine Urkunden existierten, zu Eigentum des Staates, also zu israelischem Besitz. Überdies enteigneten sie auch nach Belieben weiteres Land: Unsere Familie erhielt eines Tages einen Brief vom Militärgouverneur, der uns mitteilte, dass ein Stück Land von sechstausend Quadratmetern in „öffentlichem Interesse" konfisziert worden sei. Sechsundneunzig weitere Familien im Dorf bekamen einen ähnlichen Brief. Drei Tage danach, nur wenige Tage vor der Olivenernte, begannen Bulldozer ihr Werk. Olivenbäume wurden entwurzelt, um Baugrund für eine israelische Siedlung zu schaffen. Das ganze Dorf trauerte um die Bäume, die uns seit Jahrhunderten ernährt hatten. Aber niemand konnte etwas dagegen tun.

Land wurde auch beschlagnahmt, wenn es brach lag – etwa wegen Wassermangels oder weil die Besitzer nicht hatten nach Hause zurückkehren dürfen. Als Brachland galten auch die Weidegebiete. Weite Landstriche wurden auf diese Weise konfisziert und als Baugrund für Siedlungsstädte genutzt. An verschiedenen Orten in der Umgebung von Birseit wurden auf solchem Boden Fertighäuser erstellt. Zunächst dienten sie als Wohnstätten für Soldaten und später, mit der Erstellung von

Steinhäusern, für israelische Zivilisten. Ich musste oft an den israelischen Professor denken, den ich als Gastprofessor für Geographie während des Studiums in Hamburg kennengelernt hatte und den ich ab und zu heimlich in seinem Büro beim Keren Kajemet, dem Amt für Landnutzung, an der Ben-Jehuda-Strasse besuchte. Als er mich 1973 beim Abschluss meiner Examensarbeit über „Oliven in Palästina" betreute, zeigte er mir auf einer Landkarte der besetzten Gebiete hundertdreissig Stellen, an denen für die nächsten fünfzig Jahre Siedlungen, bereits mit Namen eingezeichnet, geplant waren. Ich nahm dies damals nicht allzu ernst. Doch jedesmal, wenn eine neue Siedlung aus dem Boden wuchs, musste ich an Professor Orni denken, und ich erkannte die Entschlossenheit der Besatzungsmacht und ihre langjährige Planung. Immer wieder wurden mir auch die Naivität, das Unwissen und die unrealistische Haltung der Palästinenserinnen und Palästinenser schmerzlich bewusst, die noch immer auf Recht und Legalität vertrauten oder ihre Hoffnung auf Befreiung durch die arabischen Länder setzten.

Zwischen Aufbruch und Entmündigung

Birseit: Universität in einem besetzten Land

Wie mein Mann begann auch ich nach unserer Heimkehr 1975 an der Universität Birseit zu arbeiten. Aus der einstigen Absicht, Talitha Kumi zu leiten, war nichts geworden. Zwar blieb dies bis zu meiner Rückkehr eine mögliche Perspektive, doch hatte sich an der Schule einiges verändert. Die Schwestern waren nach Deutschland zurückgekehrt, die Schule wurde jetzt von männlichen Kirchenleuten betreut.

Die Universität war in jenen Jahren gerade erst gegründet worden. Sie war eine Antwort auf die Besatzung, denn seit 1967 waren uns die umliegenden arabischen Länder und ihre Universitäten verschlossen. Unseren jungen Leuten blieb nur die Möglichkeit, in den USA oder in Europa zu studieren, doch war dies für die meisten zu teuer. Eine eigene Universität zu gründen wurde notwendig. In Birseit bestand bereits seit 1924 eine private Schule; dass an ihr sowohl Knaben wie Mädchen unterrichtet wurden, war für die damalige Zeit äusserst ungewöhnlich. Die Schule war von Nabiha Naser, einer Tante Munîrs, gegründet worden, die zunächst in ihrem Elternhaus unterrichtete. Als eine der frühen Feministinnen im arabischen Raum hatte sie die erste Frauenkonferenz, 1938 in Kairo, mitorganisiert. Aus der Schule entwickelte sich 1962 ein College, das den „Associate Degree“ vergab und den Übertritt an ausländische Universitäten ermöglichte. Das College war damals noch eine private, von Spenden begüterter Palästinenser finanzierte Bildungsstätte. Das wachsende Ansehen der Schule beruhte nicht zuletzt auf der Tatsache, dass der Schulleiter in den fünfziger Jahren als Minister nach Jordanien berufen worden war. 1972 wurde die Gründung der Universität Birseit durch die Militärbehörden genehmigt und das Vier-Jahres-Programm für den „Bachelor Degree" eingeführt. 1975 wurde sie international anerkannt. Im Vertrauensrat der Universität, der für die Finanzierung verantwortlich ist, sitzen bekannte Persönlichkeiten aus ganz Palästina, darunter auch solche, die im Exil leben. Bis in die achtziger Jahre wurde sie vorwiegend durch private Spenden finanziert, später dann zunehmend durch die PLO, die die Steuergelder von Palästinenserinnen und Palästinensern aus den Golfstaaten für solche Zwecke nutzte. Heute liegt die Finanzierung aller Bildungseinrichtungen in der Verantwortung der palästinensischen Autonomiebehörde. Noch heute versucht Birseit aber mit allen Mitteln, seine Unabhängigkeit zu bewahren.

Alle Kolleginnen und Kollegen, die an der Universität dozierten, hatten im Ausland studiert. Wir alle hätten dort mehr verdienen und auch eine fremde Staatszugehörigkeit bekommen können. Wer zurückkehrte, tat es, um mit seinen Ideen zum Aufbau der Universität und ihrer gesellschaftspolitischen Aufgabe beizutragen. Wir lebten als Gleichgesinnte gleichsam in einer Oase. Die Dozentinnen und Dozenten hatten ihre Ausbildung in Beirut, Kairo, Frankreich, England, Holland, den USA oder den Ostblockstaaten erhalten, ich als erste und einzige in der Bundesrepublik Deutschland. Wir waren mit vielfältigen Erfahrungen und Ideen zurückgekehrt, die sich gegenseitig ergänzten; viele von uns waren geprägt von der Studentenbewegung jener Jahre. Vor allem waren wir durchdrungen von den Ideen der Demokratie, der Menschenrechte und der Befreiung. Wir hatten vieles über Befreiungsbewegungen gelesen und gehört, was unser Denken und Suchen beeinflusste.

Ein lebhaftes akademisches Leben prägte die Universität: Politische Vorträge und Diskussionen waren an der Tagesordnung, soziale Probleme und Menschenrechtsfragen wurden erörtert, wissenschaftliche Ausstellungen fanden statt und vor allem Veranstaltungen und Aktivitäten zu Kunst und Literatur. Zur reinen Wissensvermittlung kamen die Belebung der palästinensischen Kultur, die kritische Betrachtung der gesellschaftspolitischen Situation und die Bestätigung palästinensischer Identität hinzu. Die Gesellschaft zu verstehen war eines unserer Ziele.

Zu jener Zeit wurde an der Universität auch die Regelung eingeführt, dass sich Studentinnen und Studenten verpflichten mussten, jährlich dreissig Arbeitsstunden für soziale Arbeit einzusetzen – in der Landwirtschaft, bei der Säuberung der Strassen, im Terrassenbau, beim Bau von Abwasserkanälen im Flüchtlingslager, bei der Pflege von Verletzten. Mit diesem sozialen, wirtschaftlichen und menschlichen Basisdienst sollte die Integration der Akademikerinnen und Akademiker in die Gemeinschaft gefördert werden.

Im Rahmen meiner Tätigkeit an der Universität war ich am Alphabetisierungsprogramm beteiligt. Dieses war von der Arabischen Liga in allen arabischen Ländern angestrebt worden. Da wir unter Besatzung leben und keinen Staat haben, der diese Aufgabe übernimmt, fühlte sich die Universität Birseit für die Alphabetisierung in Palästina verantwortlich. Eine erste Untersuchung 1976 ergab für ländliche Gebiete eine Analphabetenquote von 34,4 Prozent bei den Männern und 58,6 Prozent bei den Frauen; im Gebiet von Ramallah, wo es bereits seit längerer Zeit Schulen unter kirchlichem Einfluss gab, lag sie bei 20 beziehungsweise 28 Prozent. Die Universität bildete Lehrkräfte für die Erwachsenenbildung aus, gründete Klassen und betreute das Programm, das dann jeweils von lokalen Frauenorganisationen und Wohltätigkeitsinstitutionen übernommen wurde. Bücher und Material stellte die Arabische Liga zur Verfügung. Gegen Ende der siebziger Jahre besuchten bereits rund achttausend Frauen und zweitausendfünfhundert Männer die Alphabetisierungskurse. Neben lesen und schreiben sollten die Frauen über spezielle Bildungsprogramme auch Selbständigkeit lernen und befähigt werden, zu planen, zu organisieren, zu entscheiden, ihre Meinung zu äussern und ihre Fähigkeiten zu erkennen. Sie wurden, zusätzlich zur Vermittlung von Allgemeinwissen in den Bereichen Hygiene, Gesundheitsfürsorge, Erziehung, Politik und Rechnen, auch in Buchhaltung und Geschäftsführung unterrichtet. Seit 1975 sind mehr als tausendzweihundert Frauen als Kursleiterinnen ausgebildet worden; es bestehen rund hundertdreissig Zentren, die für vierhundert Dörfer zuständig sind.

Die Universität war der einzige Ort, wo über die Situation unseres Volkes frei gesprochen werden konnte. Wir waren gemeinsam mit den Studierenden wie eine Familie. Begeistert erzählten wir ihnen von unserer Studienzeit und von der Studentenbewegung in Europa und den USA. Wir diskutierten mit ihnen die Mitbestimmungsfrage und wiesen sie auf die Bedeutung ihrer Teilnahme an Gremien hin, wo es um ihre Interessen ging.

Der Lehrkörper forderte zu jener Zeit die Gründung einer Gewerkschaft, die unsere Interessen – in bezug auf Arbeitsbedingungen, Mutterschaftsurlaub, Krankenversicherung, Altersversicherung – wahren sollte. Dabei stiessen wir nicht nur auf behördliche Schwierigkeiten, sondern auch auf den Widerstand der Universitätsleitung. Zwar galt unsere Universität als sehr fortschrittlich, dennoch war die Idee einer Gewerkschaft noch sehr fremd und aussergewöhnlich. Die Leitung der Universität assoziierte damit – entsprechend einer weit verbreiteten Haltung – Sozialismus und Klassenkampf. Nach langen Verhandlungen einigten wir uns auf den Kompromiss, unseren Zusammenschluss statt Gewerkschaft „Verband der Lehrkräfte" zu nennen; dem konnte die Leitung zustimmen.

1976 war die Zeit auch reif geworden für die Gründung eines Studentenrates. Die Universitätsleitung war empört über die Dozenten, die diese Forderung unterstützten. Da die Dorfnotabeln die Leitung stützten, wurde es für Munîr und mich schwierig, Stellung zu beziehen. Unsere Haltung wurde von der Grossfamilie getadelt. Ich erinnere mich an intensive Diskussionen: Als Lehrkräfte versuchten wir, die Demokratieansätze in der Universität und deren Pionierfunktion zu erklären. Schliesslich liess sich die Leitung überzeugen.

Inzwischen waren das politische und das soziale Bewusstsein der Studierenden, des Lehrkörpers und der Angestellten der Universität so sehr gewachsen, dass die Stimmen gegen die Besatzung zunehmend lauter wurden. Verhaftungen von Studierenden und Dozenten häuften sich, und viele verloren ihr Leben durch Schüsse israelischer Soldaten oder durch Folterung im Gefängnis. Der israelische Slogan von der „liberalsten Besatzung der Weltgeschichte" wurde immer mehr zur Farce.

In den arabischen Nachbarländern hatte sich die PLO eine starke Stellung erkämpft. Ihre Losung vom bewaffneten Kampf zur Befreiung Palästinas machte vielen Jugendlichen grossen Eindruck, und manche beteiligten sich an der Vorbereitung von Anschlägen auf israelische Ziele, die auch zahlreiche zivile Opfer forderten. Sie erreichten damit zwar, dass die Palästinenser endlich von der Weltöffentlichkeit zur Kenntnis genommen wurden, doch der Preis war hoch. Unser ganzes Volk wurde mit Terrorismus gleichgesetzt. Die tägliche Angst der Israelis vor Bomben und Attentaten wurde zum verlässlichen Verbündeten der militärischen Führer und extremer Nationalisten. Die israelische Besatzungsmacht reagierte mit brutaler Gewalt: Da die Fedajin, die Freiheitskämpfer, kaum zu fassen waren, musste die gesamte Bevölkerung als Geisel herhalten. Massenverhaftungen wurden nun zur Regel, ganze Dörfer wurden zu nächtlicher Stunde umstellt und durchsucht, die Männer vor der Moschee zusammengetrieben, wo sie stunden-, ja tagelang ausharren mussten. Weil unsere Leute im Gefängnis selten freiwillig aussagten und Beweise fehlten, wurden Geständnisse durch Folter und Verhaftung von Angehörigen erpresst. Bis heute dienen den Militärgerichten solche „Geständnisse" als ausreichender Beweis, um die Angeklagten zu langen Gefängnisstrafen zu verurteilen – und dies oft wegen Nichtigkeiten wie der Teilnahme an einer Demonstration. Ende der siebziger Jahre wurde die Besatzung für uns zu einem Zustand des offenen Krieges.

Dank ihrer internationalen Beziehungen schaffte es die Universität, an die Öffentlichkeit zu gelangen und ihre Studien zur Situation der Bevölkerung unter der Besatzung bekanntzumachen. Damit war die von der Militärverwaltung verordnete Informationssperre durchbrochen, die vorwiegend indirekt funktionierte. Die Meinungsfreiheit gänzlich einzuschränken hätte dem demokratischen Image Israels geschadet; statt dessen wurden viele von denen, die sich äusserten, verhaftet oder deportiert.

Einer unserer Dozenten wurde wegen „Aufwiegelung zum Widerstand" für zwei Jahre inhaftiert. Er war beliebt wegen seines wunderschönen Flötenspiels, das viele Menschen anzog; auf dem Campus, an Familienfesten und ähnlichen Anlässen spielte er Volksweisen, die den Leuten Vertrauen und Stolz auf die eigene Kultur vermittelten. In der Vernehmungsphase wurde er gefoltert. Man bearbeitete seine Kehle abwechselnd mit kaltem und heissem Wasser, so dass seine Stimmbänder verletzt wurden. Noch heute verliert er gelegentlich die Stimme.

1974 wurde der Präsident der Universität, Hanna Naser, eines Tages zum Militärgouverneur zitiert und beschuldigt, die Unruhen an seiner Universität unterstützt zu haben. Nachdem er sich geweigert hatte, den Militärbehörden die Namen der politisch aktiven Studierenden und Dozenten bekannt zu geben, wurde er am selben Abend – zusammen mit einem Zahnarzt aus Ramallah und anderen Angeklagten – mit verbundenen Augen in einem Militärjeep in den Libanon deportiert. Während neunzehn Jahren leitete er von dort aus die Universität – per Post, Telefon und später per Fax, die über London umgeleitet wurden. Mit ihm und nach ihm sind Hunderte von Akademikern, Politikern, Schriftstellern und Journalisten deportiert worden. Viele Frauen wurden gezwungen, ihren Männern ins Exil zu folgen. Erst 1993, als eines der ersten Resultate der Friedensgespräche zwischen Israel und der PLO, durften Hanna Naser und andere Deportierte zurückkehren; er führt jetzt sein Amt an der Universität weiter.

Die Deportationen wurden durch Notstandsverordnungen legitimiert, die die Militärbehörden 1967 in den neu besetzten Gebieten in Kraft gesetzt hatten. Diese harten Bestimmungen hatten die Briten 1945 als Kriegsmassnahmen erlassen und 1948, einen Tag vor ihrem Rückzug aus Palästina, widerrufen. Menachem Begin, damals Führer einer radikalen jüdischen

Kampftruppe, bezeichnete diese Notstandsverordnungen als faschistisch, als sie sich auch gegen ihn und seine Mitkämpfer richteten. Nach der Staatsgründung und bis 1966 wurden sie indessen von der israelischen Regierung angewandt, um die palästinensische Minderheit im eigenen Land zu kontrollieren. Seit 1967 gelten sie in den besetzten Gebieten und legalisieren bis heute Verletzungen der Menschenrechte wie Deportationen und Inhaftierungen ohne Anklage oder Gerichtsverfahren, Sprengung der Häuser von „Verdächtigen" und Kollektivstrafen gegen ganze Dörfer.

Als Folge der Besatzung stellte das israelische Militär unsere Behörden und Gerichte. Der Militärgouverneur, der stellvertretend für den jordanischen Staat regierte, übernahm die legislative und exekutive Gewalt. Er allein bestimmte, welche Gesetze und Rechte für die Menschen in den besetzten Gebieten galten. Die Militärverwaltung war nun verantwortlich für die Aufgaben, die zuvor den lokalen jordanischen Behörden zugeordnet waren. Sie stellte Geburts- und Totenscheine aus, erteilte oder verweigerte Arbeits- und Ausreiseerlaubnis, Handels- und Baulizenzen und stellte das Lehrpersonal für die Schulen ein. Um einen Telefonanschluss zu beantragen, musste man beim Militärgouverneur von Ramallah eine Genehmigung einholen, die dieser nach der Einwilligung des Geheimdienstes erteilte. Erst dann durfte die Telefongesellschaft eine Leitung legen. Um den Antrag stellen zu können, musste ich ein dafür lizenziertes Büro aufsuchen; auch wer des dafür notwendigen Hebräisch kundig war, durfte die Formulare nicht persönlich ausfüllen. Selbst unseren eigenen Namen selber zu schreiben war nicht gestattet. Nach drei Jahren des Wartens kam endlich die Einwilligung. Ich bezahlte die Gebühren und bekam einen Telefonanschluss, den ich mit dreissig Familien von Birseit sowie mit den Poststellen der umliegenden Dörfer teilen musste. Ein Angestellter der Telefonzentrale im Postamt Birseit leitete die Verbindung zum gewünschten Haus. Stundenlang, manchmal tagelang mussten wir auf eine Verbindung warten, und eine freie Leitung zu finden war äusserst schwierig. Der Antrag auf ein eigenes Telefon mit eigener Nummer lief weiter, aber erst 1991, also zwanzig Jahre später, bekamen hundert Familien in Birseit einen eigenen Anschluss, unter der Bedingung, dass wir die dreifachen Anschlussgebühren bezahlten. Ein Drittel dieser Summe – die üblichen Gebühren, wie sie auch Israelis bezahlen – ging an die Telefongesellschaft Bazek, der Rest in die Kasse der Militärverwaltung.

Militärverordnungen kontrollieren jeden Aspekt des täglichen Lebens. Mittlerweile – Ende 1994 – sind sie auf die stattliche Zahl von 1414 für das Westjordanland und 1100 für Gasa angewachsen. Sie bleiben in den Autonomiegebieten auch nach den Vereinbarungen mit Israel während einer Übergangszeit von fünf Jahren in Kraft und müssen dort von den palästinensischen Behörden durchgesetzt werden. Die Verordnungen verbieten unter anderem den Bau von Landwirtschaftswegen, die uns leichteren Zugang zu unseren Feldern ermöglicht hätten, mit der Begründung, es gebe keine umfassenden Erschliessungspläne der Region. Gleichzeitig bauen die Israelis aber ein Strassennetz zu ihren Siedlungen durch unser Gebiet. Sie verbieten uns die Ausfuhr der Oliven und erlauben die Einfuhr von Olivenöl aus dem Ausland. Damit trafen sie den Lebensnerv unserer Landwirtschaft und haben viele Bauern in den Ruin getrieben. Sie verbieten die Installation von Strassenampeln, den Aufenthalt in Jerusalem und Israel bei Nacht. Seit 1991, nach verschiedenen Anschlägen, ist das Betreten Jerusalems und Israels auch tagsüber nur mit Genehmigung der Militärbehörden möglich. Es gibt Verordnungen, die festlegen, wann und wie auf Menschen geschossen werden darf; so wurden während der Besatzung insgesamt zweihundertvierundfünfzig Menschen erschossen, weil sie die palästinensische Fahne trugen. Für jede Gartenpflanzung von mehr als zehn Pflanzen muss eine Genehmigung eingeholt werden. Besonders unsinnig ist die Verordnung, die den Thymian betrifft: Die Behörden stellen den Thymian unter Naturschutz und belegen ihn mit einem Pflückverbot. Dabei ist diese Pflanze in den Hügeln des Westjordanlandes weit verbreitet und keineswegs vom Aussterben bedroht. Mit dem Verbot – das wir nicht einhalten – wollen die israelischen Behörden uns in unseren alltäglichen Bedürfnissen treffen: Thymian gehört, mit Olivenöl und anderen Kräutern, zu den wichtigsten Bestandteilen palästinensischer Speisen.

Zu den Militärverordnungen, die weiterhin in Kraft bleiben und jederzeit ergänzt werden können, gehören auch Zensurmassnahmen. Es gibt eine Liste mit mehreren hundert verbotenen Büchern und Zeitschriften, die laufend ergänzt wird. Sie nicht zu beachten kann bei einer der üblichen Hausdurchsuchungen üble Folgen haben. Viele Studierende und Dozenten wurden verhaftet, nachdem bei ihnen verbotene Literatur gefunden worden war. Aus Angst vor Repressalien verbrannten Munîr und ich eines Tages alle politischen Bücher, die uns seit dem Studium begleitet hatten. Selbstverständlich sind die bei uns verbotenen Bücher und Zeitschriften in Israel erlaubt und liegen möglicherweise zum Kauf aus.

Mit den tausend Schikanen, die isoliert betrachtet keinen Sinn ergeben, verfolgten die israelischen Behörden unausgesprochen zwei Ziele: Sie wollten die wirtschaftliche Entwicklung behindern und die Menschen, insbesondere die Intellektuellen, derart zermürben, dass sie auswandern.

Die wirtschaftlichen Bedingungen in unserem Land waren infolge der Besatzung unsicher und schwierig geworden; die Entwicklung stagnierte und stagniert weiter. Für neue Unternehmen Betriebslizenzen zu bekommen war fast unmöglich. Die Landwirtschaft, die 1967 noch zwei Drittel der Menschen beschäftigt hatte, geriet immer mehr unter Druck. Die traditionellen Exportgebiete für palästinensisches Gemüse, Obst und Oliven in den arabischen Ländern waren verschlossen, gleichzeitig drängten jedoch billigere israelische Produkte auf unsere Märkte. Die Besatzungsbehörde beanspruchte die Kontrolle über Quellen und Grundwasser. In Birseit liess sie die Wasserleitung des Dorfes anbohren, zweigte den Grossteil unseres Wassers ab, um neuerbaute Siedlungen zu versorgen. Gärten vertrockneten, und weite Landstriche lagen brach, vor allem im Jordantal, wo ohne Bewässerung nichts gedeihen kann. Neue Tiefbohrungen für israelische Siedlungen liessen die Brunnen der Dörfer versiegen. Den Werktätigen in den besetzten Gebieten blieben nur die Emigration oder der Arbeitsmarkt in Israel; Zehntausende von Palästinenserinnen und Palästinensern suchten dort ein Auskommen. Jeden Morgen vor Sonnenaufgang fuhr an unserem Haus ein gedeckter Lastwagen vorbei. Er holte Männer, Frauen und Kinder aus dem benachbarten Flüchtlingslager Dschalazon und brachte sie an die israelische Küste, wo sie täglich zwölf Stunden auf den Feldern arbeiteten – zu niedrigem Lohn und ohne Sozialleistungen. Nach Sonnenuntergang wurden sie zurückgebracht, denn niemand aus den besetzten Gebieten durfte die Nacht in Israel verbringen.

Die Dörfer und ihr Umland, also der grösste Teil der besetzten Gebiete, unterstanden der Militärverwaltung. Die Städte dagegen wurden von Notabeln verwaltet, die bereits in der jordanischen Zeit vor dem Krieg in ihr Amt gewählt worden waren; sie hatten sich auch 1972 wieder bestätigen lassen und blieben bis zu den Kommunalwahlen von 1976 im Amt. Die Kompetenzen der Stadträte beschränkten sich auf Dienstleistungsbereiche wie Wasser- und Elektrizitätsversorgung, Müllabfuhr und die Vergabe von Baulizenzen auf Stadtgebiet. Die israelische Regierung setzte 1976 Lokalwahlen an, weil sie eine Bestätigung der bisherigen Amtsträger erwartete, und damit eine Gegenkraft zur PLO. Erstmals durften auch Frauen an die Urne gehen. Insgeheim hofften die israelischen Behörden, dass die Stimmen der Frauen die bürgerlich-konservative Front stärken würden. Doch es kam anders: Zwar hatte man einige der populärsten Kandidaten, die der PLO nahestanden, bereits vor den Wahlen deportiert; dennoch verdrängten Leute, die inoffiziell der PLO zugehörten, alle bisherigen. Seither hat Israel in den besetzten Gebieten keine Wahlen mehr durchgeführt.

Die Regeln der Besatzung verhinderten, dass Menschen beider Völker sich kennenlernten. Es war mir als Palästinenserin verboten, in Jerusalem oder in Israel zu übernachten oder nach Eilat an den Strand zu fahren. Wie hätte ich aber Menschen aus Israel treffen können, wenn nicht in der Freizeit, nach der Arbeit oder in den Ferien? Die Israelis hörten von uns Palästinensern durch den Militärsprecher nur Negatives. Die Medien berichteten von Schreckenstaten, die Vorurteile und Stereotypen bekräftigten; selten sprachen sie von unserer Kultur, von Alltäglichem. Und wir kannten die Israelis praktisch nur als Soldaten; als normale Menschen, die einkaufen oder spazieren gehen, begegneten sie uns nicht. Nie hatte ich israelische Menschen beim Beten, Weinen oder Lachen gesehen, nie Jugendliche, wie sie tanzten und sich austobten. Wir lebten – und leben bis heute – in getrennten Welten.

Einmal fragte uns ein holländischer Freund, Journalist in Jerusalem, ob wir jemals mit Israelis gesprochen hätten. Wir verneinten. Darauf lud er uns zusammen mit israelischen Freunden zu sich nach Jerusalem ein. Der Abend war bedrükkend, weil wir das Gefühl hatten, etwas Verbotenes zu tun, und die Angst nicht loswurden, unter den Anwesenden könnten Leute vom Geheimdienst sein. Wir berichteten über unser Leben und die Menschenrechtsverletzungen. Man glaubte uns nicht und bezichtigte uns der Lüge. Wir versuchten klarzumachen, dass wir nur das beanspruchten, was für andere Völker normal ist: ein Recht auf Heimat, politische, nationale und menschliche Rechte. Wir wurden als Terroristen beschuldigt, und danach gab es nichts mehr zu sagen.

Eine weitere Begegnung mit israelischen Zivilisten wurde von einem Professor für Physik an der Universität Jerusalem in die Wege geleitet. Er hatte mit dem Präsidenten der Universität Birseit in den USA studiert, und sie waren Freunde geworden. Als dieser 1974 deportiert wurde, war der Israeli entsetzt. Er unternahm alles Erdenkliche, in der Hoffnung, die Deportation könnte rückgängig gemacht werden. Ihn schokkierte die Unwissenheit und Gleichgültigkeit seiner Landsleute. Er besuchte uns in Birseit und bat uns zu einem Gespräch über unsere Situation in einen Kibbuz bei Tel Aviv. Schon bei unserer Ankunft umgaben uns Bewaffnete. Sie begleiteten uns zum Versammlungssaal und beobachteten uns während des Gesprächs. Die Atmosphäre war unheimlich, dennoch waren wir froh über diese Gelegenheit zur Aussprache. Drei Stunden lang erzählten wir. Einige Männer und Frauen aus der

Gesprächsrunde griffen uns an, aber viele waren bereit zuzuhören.

Gegen zwei Uhr morgens waren wir wieder zu Hause. Der Tag war kaum angebrochen, als Soldaten unser Haus umstellten und meinen Mann sprechen wollten. Wir wohnten zu jener Zeit bei den Schwiegereltern. Natürlich gerieten wir in Panik und stellten uns alles Mögliche vor – Gefängnis, Deportation. Die Soldaten schlugen mit dem Gewehr an die Tür und drohten, sie aufzubrechen. Sie durchsuchten das Haus und nahmen Munîr mit. Er wurde auf einem Panzer durchs Dorf geführt und aufgefordert, die Namen und Adressen von Studierenden bekanntzugeben. Es war ein Versuch, ihn im Dorf und bei den Studierenden als Verräter hinzustellen. Sie eröffneten ihm, dass sie wüssten, wo er am Vorabend gewesen sei, und warnten ihn davor, jemals wieder ein solches Gespräch zu führen. Nach einigen Stunden brachten sie ihn zurück.

Eine Woche später wurde er vom Geheimdienst vorgeladen und über das Gespräch im Kibbuz befragt. Schliesslich wurde ihm jegliche Mitarbeit in Clubs, Komitees und Organisationen irgendwelcher Art verboten. Damals arbeitete er bei einer Zeitschrift für Kultur und Folklore der Palästinenser, und in einem Jugendclub gab er freiwillig Nachhilfestunden in Naturwissenschaften und organisierte Sportveranstaltungen.

Weitere Begegnungen mit Israelis haben sich in den ersten fünf Jahren nach meiner Rückkehr nicht ergeben. Erst Jahre später sollte der Leidensdruck für mich und andere Frauen so gross werden, dass wir zu einer inneren Freiheit fanden und bereit waren, in einem israelisch-palästinensischen Frauengespräch die verinnerlichten politischen Grenzen anzugehen und über unsere Realität zu sprechen.

Promotion und Weg in die Öffentlichkeit

Belastungen und Durchbrüche

Die politischen Ereignisse, die zunehmende Unterdrückung, das Unrecht, das uns täglich geschah, liess viele von uns Intellektuellen resignieren. Auch ich war oft niedergeschlagen und verzweifelt. Zwar konnte ich mit vielem zufrieden sein: Ich hatte noch immer meinen Idealismus, liebte mein Land und seine Menschen, war zufrieden mit meiner Arbeit, und die Familie gedieh. Dennoch stiess ich mit meinen Kräften, meiner Geduld und Belastbarkeit an Grenzen. Viele von uns suchten eine Veränderung, wanderten aus oder reisten ins Ausland, um zu promovieren. Zudem erforderten das Anwachsen der Universität, die steigende Zahl von Studierenden und Lehrveranstaltungen höher qualifizierte Lehrkräfte in der Universitätsleitung. Auch Munîr und ich beschlossen, uns weiter auszubilden. Ich hungerte nach geistiger Nahrung und brauchte Distanz; dass ich meine Ideen und meine Energie bremsen musste, erschöpfte mich. Auch in der Beziehung zwischen Munîr und mir schien eine Veränderung nötig.

Als Munîr nach dem Studium in Amsterdam ins Dorf zurückgekommen war, war er wie eine Perle, die von allen bewundert wurde. Die Leute im Dorf freuten sich mit seiner Familie über seine Rückkehr, weil sie dadurch auch die Hoffnung auf die Rückkehr ihrer eigenen Söhne belebt sahen. Wie alle litt er unter der Besatzung mit ihren vielen Zwängen; persönlich jedoch, in Dorf und Familie, fühlte er sich wohl und aufgehoben.

In den ersten Jahren unserer Ehe lernten wir Gewohnheiten, Lebensstil und Denkweise des andern kennen und versuchten, uns aufeinander einzustellen. Um des lieben Friedens willen musste ich oft Rückzieher machen und mich etwa damit abfinden, dass ich nicht jederzeit meine Familie besuchen konnte und dafür viel Zeit mit seinen Angehörigen verbringen musste. Eltern, Verwandte und Nachbarn sollten keine Spannungen bemerken, sonst hätten sie sich selbstverständlich eingemischt. Ich weinte oft heimlich, und bei meinen Migräneanfällen heulen zu können erleichterte mich. Munîr fürchtete, ich könnte ihn durch falsches Verhalten vor seinen Eltern, der Sippe und der Dorfgemeinschaft blossstellen – indem ich meine Meinung zu direkt aussprach oder durch Aussehen und Auftreten den Eindruck erweckte, ich führte zu Hause das Regiment. Er merkte, dass ich nach den langen Jahren im Internat mit deutscher Erziehung und den Jahren in Deutschland mit einigen Sitten und Gebräuchen nicht mehr vertraut war. Manchmal versuchte er mich zu belehren, wie ich mich in bestimmten Situationen zu verhalten habe. Er empfahl mir, so wenig wie möglich zu sprechen, um Fehler zu vermeiden; insbesondere politische Äusserungen wurden nicht gern gehört. Als etwa der Bischof der anglikanischen Kirche bei den Gemeindemitgliedern Geld sammelte, um sich ein goldenes Kreuz kaufen zu können, kritisierte ich ihn öffentlich und sagte: „Eigentlich wäre ein Kreuz aus Olivenholz schöner und passender." Die Gemeinde war empört und bezeichnete mich als Kommunistin. Mein Mann, der ebenfalls gegen den Kauf war, empfahl mir, mich nicht vor das Kanonenrohr zu stellen und ihn, der mit Geschick und Diplomatie vorzugehen wisse, reden zu lassen.

Es war für uns beide nicht leicht. Zwar schimpfte auch Munîr über gewisse Sitten – etwa die Verpflichtung, stundenlang bei den trauernden Familienangehörigen eines Verstorbenen zu sitzen –, doch konnte er sich dem gesellschaftlichen Druck nicht entziehen, ohne sich zu isolieren. An der Universität setzte er sich aktiv für Erneuerung und Fortschritt ein und galt als progressiv, doch für die Leute im Dorf war er einfach einer der ihren. Je länger, je mehr spürte ich, wie er den Meinungen der Männer wieder zunehmend Gewicht beimass. Ich fürchtete, er könnte wie die anderen Männer werden.

Ich machte mich auf die Suche nach einem Stipendium. Zufällig traf ich an der Universität einen Kulturattaché der BRD. Er erklärte mir, dass der „Deutsche Akademische Austauschdienst" (DAAD) über die jordanischen Behörden jährlich eine Anzahl Stipendien an Palästinenserinnen und Palästinenser vergebe. Es folgten mehrere Gespräche, auch in der Botschaft in Amman, bis geklärt war, dass bisher kein Studierender aus dem Westjordanland und aus Gasa von diesen Stipendien profitiert hatte. Wir erreichten, dass die BRD die Stipendien direkt an die damals noch einzige palästinensische Universität vergab, da wir ja keine eigene Regierung hatten. Ich war die erste Palästinenserin, die von der neuen Regelung profitierte. 1979 reiste ich mit Munîr, der von der Universität ein Stipendium erhielt, und mit den zwei Kindern nach Hamburg, um zu promovieren. Anîs war damals vier und Ghâda drei Jahre alt. Ich hatte Hamburg gewählt, weil ich dort Freunde und Freundinnen hatte, die uns beistehen würden, und ich freute mich, dass Munîr diese kennenlernen würde.

Es war schön, wieder in Hamburg zu sein – in einer vertrauten Stadt, in der ich mich frei bewegen konnte, einer sauberen, ordentlichen Stadt mit einem reichhaltigen Angebot an Dienstleistungen. Ich genoss es, dass es öffentliche Telefonkabinen gab, dass Züge und Busse pünktlich fuhren, dass es eine

Krankenversicherung und Kindergärten gab und ich studieren und normal leben durfte wie alle anderen. Es wurde eine reiche, aber sehr schwierige Zeit. Unsere Kinder lebten sich schnell ein und sprachen nach zwei Monaten Kindergarten gut deutsch. Morgens um sechs brachte ich sie hin und holte sie nach meiner Arbeit im Botanischen Institut gegen fünf Uhr abends wieder ab. Einmal sagte Anîs: „Die Deutschen tun mir so leid; wenn sie aufwachen, ist es dunkel, und wenn sie schlafen gehen, ist es noch immer dunkel – wo ist ihre Sonne?" Die Kinder fühlten sich sehr eingeengt in den vielen Kleidern, die sie im rauhen deutschen Klima tragen mussten. Als ich mit ihnen zum ersten Mal in ein grosses Warenhaus ging, fühlten sie sich in der Wärme wie zu Hause in Birseit. Sie zogen sich bis auf die Unterwäsche aus, begannen herumzutoben und krähten vor Freude. Die Leute starrten sie an, einige waren empört über so viel Ungezogenheit, andere freuten sich mit ihnen.

Für mich war die Belastung sehr gross: die Kinder, der Haushalt, unsere Forschungsarbeiten, die enge Zweizimmerwohnung, in der wir uns möglichst ruhig verhalten wollten, um die Vermieterin nicht zu stören – mit zwei Kleinkindern ein fast unmögliches und nervenaufreibendes Unterfangen. Die Forschungsarbeit meines Mannes am Institut für Biochemie gestaltete sich mühsam, liess ihn oft erst gegen Mitternacht nach Hause kommen und zeitigte erst nach eineinhalb Jahren erste Ergebnisse. Hinzu kam, dass uns nur wenig Geld zur Verfügung stand. All dies führte zu grossen Spannungen zwischen uns. Ich bekam Munîrs Probleme mit der Forschungsarbeit direkt zu spüren; alles, was ich machte oder sagte, war falsch. Ich reagierte auf die Vorwürfe mit Migräneanfällen und Magenschmerzen. Insbesondere das dritte Promotionsjahr wurde schwer: Jetzt galt es, die wissenschaftlichen Ergebnisse zusammenzufassen, die Dissertation zu schreiben und sich schliesslich auf die Prüfungen vorzubereiten. Hinzu kam, dass eine Freundin, die sich während meines Studiums wie eine Mutter um mich gekümmert hatte, an Krebs erkrankte und monatelang intensive Pflege brauchte. Sie wollte zu Hause sterben, und mir war es trotz aller Zeitnot ein Bedürfnis, mich an dieser menschlichen Aufgabe zu beteiligen. Ich schöpfte Kraft aus jeder Begegnung mit der Sterbenden. Jeden Morgen auf dem Weg zur Universität ging ich zu ihr – heimlich, denn Munîr sah es nicht gerne; ich beteiligte mich an der Pflege und blieb zu einem Gespräch.

Meinen Freundinnen von den Spannungen zwischen Munîr und mir zu erzählen fiel mir schwer. Als sich die Situation aber derart zuspitzte, dass wir kaum mehr miteinander reden konnten, schüttete ich einer Freundin mein Herz aus. Sie empfahl mir, Munîr einen Brief zu schreiben und ihm alles, was mich beschäftigte, mitzuteilen. Den Brief würde er sicherlich zu Ende lesen, meinte sie. So schrieb ich einen zwölfseitigen Brief, den ich folgendermassen begann: „Danke, dass Du bereit bist, mich anzuhören; so kenne ich Dich, und deshalb liebe ich Dich.“ Dann sprach ich von der Kraft, die mich zu ihm gezogen hatte und die die Wurzel unserer Liebe war – eine Kraft, die auf Respekt und Verständnis basierte. Ich erinnerte ihn an die vielen schönen Stunden im Dorf, die wir als Familie gemeinsam erlebt hatten. Ich zählte die grossen Aufgaben auf, zu denen wir uns mit der Geburt unserer Kinder verpflichtet hatten. Und schliesslich schrieb ich über die grosse Herausforderung unseres Lebens: dass wir beide, beladen mit der Last der Besatzung unseres Landes, dem Leiden unseres Volks und mit den beiden Kindern, ein so hohes Ziel – die Promotion – anstrebten. Wir müssten die dabei entstandenen Probleme überwinden und den Kopf oben behalten. „Eine andere Option gibt es für uns beide nicht", schrieb ich ihm. „Wenn Du nicht zu mir hältst und ich nicht zu Dir, wer kann es dann! Wir werden es schaffen! Geben wir uns dieses Versprechen von neuem! Wir dürfen in dieser schweren Stunde auf keinen Fall versagen, weder als Eltern noch als gebildete Menschen, die Land und Volk gegenüber verantwortlich sind."

Ich steckte den Brief in seine Aktentasche. Erst zwei Tage später, als er im Zug zur Universität fuhr, entdeckte er ihn. Als er abends nach Hause kam, schaute er mich lächelnd an und sagte: „Als ich deinen Brief gelesen hatte, war ich so erschrocken und verwirrt, dass ich mich am liebsten aus dem Zug geworfen hätte. Doch deine Bitte, uns neu zu besinnen, hat mich zurückgehalten. Verflucht sei Satan für das, was mit uns geschehen ist." Wir umarmten uns und erneuerten unser Versprechen und unsere Verbindung in Liebe, Respekt und Toleranz. Unsere Beziehung war zu wertvoll; sie durfte nicht an den momentanen Belastungen zerbrechen.

Unsere Freunde und Freundinnen brachten uns immer wieder viel Verständnis entgegen, und oft ergaben sich gute Gespräche über die Situation im Nahen Osten. Ich stellte fest, dass die Berichterstattung regelmässiger und manchmal auch objektiver geworden war, aber weiterhin voller Vorurteile und Halbwahrheiten. Jedesmal, wenn ich am Radio Nachrichten hörte, ärgerte ich mich. Später aber merkte ich, dass auch ich mich an gewisse Redewendungen und Ausdrücke gewöhnt hatte und weniger Anstoss daran nahm, wenn etwa von der „Sicherheitszone im Südlibanon" anstatt vom „besetzten Südlibanon" die Rede war, und von „verwalteten" statt von „besetzten" Gebieten, oder wenn man Überfälle auf den Libanon als „Säuberungsaktionen" bezeichnete und von „Judäa und Samaria" sprach anstatt vom Westjordanland oder von „palästinensischen Gebieten". Mit diesen verschleiernden Sprachregelungen wurde unsere Realität ausgeblendet und mit der Neubenennung der besetzten Gebiete die Annexion vorweggenommen. Die westliche Welt hatte die israelische Informationspolitik und Sprachregelung übernommen – ohne Rücksicht auf die Wahrheit und das palästinensische Rechtsempfinden. Bei jedem Terroranschlag wurde zudem damals noch auf die mögliche Urheberschaft der Palästinenser hingewiesen, wodurch sich mit „Palästinenser" immer selbstverständlicher der Begriff Terror verband und wir zu einem Volk von Kriminellen gestempelt wurden.

Mir wurde bewusst, wie wichtig es wäre, unseren Gesichtspunkt in den Medien und in Vorträgen darzulegen. Aber wie sollte ich die Zeit dafür finden, und wer würde mir zuhören?

Die erste Gelegenheit, bei einer Organisation über mein Volk und unser Leben zu sprechen, ergab sich 1980. Der „Christliche Friedensdienst" (cfd) in der Schweiz lud mich zu seiner Jahresversammlung ein. Seine Mitarbeiterinnen und Mitarbeiter kannten die Situation in den besetzten Gebieten und unsere Probleme durch ihre Hilfsprojekte seit Jahren und informierten auch die Öffentlichkeit darüber. So hatten sie beispielsweise bereits in den siebziger Jahren über die israelischen Siedlungspläne, wie sie später realisiert wurden, berichtet.

Nach meinem Vortrag wurden mir mit grossem Interesse Fragen gestellt. Ich fühlte mich sehr erleichtert. In der Schweiz war das Gespräch weniger belastet und von Misstrauen geprägt als in Deutschland. Die Menschen waren bereit zuzuhören und nicht gleich mit einem fertigen Urteil zur Stelle. Ich fühlte mich stark und war froh, dass es mir gelungen war, das Vertrauen dieser Menschen zu gewinnen. Das ermutigte mich, diesen Weg weiterzugehen – auch weil ich wusste, dass es im deutschsprachigen Raum kaum Palästinenserinnen und Palästinenser gab, die diese Aufgabe hätten übernehmen können.

Es war bei derselben Gelegenheit, als mich Rosmarie Kurz in einem Gespräch zu meiner Entwicklung befragte und mir die Augen für die Frauenfrage öffnete. Zum ersten Mal wurde mir die Internationalität der Frauenfrage bewusst, und ich sah ein, wie notwendig es war, öffentlich über die Probleme der Frauen zu sprechen. Aufgrund dieses Gesprächs schrieb ich meinen ersten Artikel. Ich hatte mich zuvor zwar viel mit der Situation der Frauen beschäftigt und auch konkrete Arbeit für Frauen geleistet, aber nur im stillen; sich öffentlich dazu zu äussern gehörte sich nicht. Zum ersten Mal wagte ich, ohne Hemmungen und Angst über die Nöte und Krisen meines eigenen Lebens zu sprechen und die besondere, einfache Art meiner Mutter mit Stolz zu erwähnen. Es war ein Reifeprozess, und ich fühlte mich wie erlöst. Über Reden und Schreiben können Lösungsansätze gefunden werden. Es mag für viele störend sein, wenn eine Frau über Persönliches schreibt, aber es kann andere Frauen ermutigen, ihre eigenen Probleme auszusprechen und anzugehen.

1982 fielen die Israelis im Libanon ein; Beirut wurde belagert, palästinensische Flüchtlingslager bombardiert. Tausende Libanesen und Palästinenser wurden getötet, Zehntausende in die Flucht getrieben. Die PLO und ihre bewaffneten Kräfte wurden aus dem Libanon vertrieben und liessen sich in Tunis nieder. Seit 1970, als sie nach schweren Kämpfen aus Jordanien verjagt worden war – und Tausende von Palästinensern getötet wurden –, war die Führung der PLO im Libanon stationiert gewesen und hatte einen Staat im Staate gebildet. Wo immer die Palästinenser lebten und Zuflucht suchten, waren sie aber bedroht. Im Libanon hatten seit 1948 rund dreihunderttausend palästinensische Flüchtlinge gelebt, zum grossen Teil in unwürdigen Verhältnissen. 1975 brach der Bürgerkrieg aus. Zuvor hatten israelische Tötungskommandos mehrere palästinensische Führer, darunter den Vetter meines Mannes, Kamal Naser umgebracht. Er war Sprecher der PLO gewesen und ein Dichter. Vierzig Tage lang hat unser Dorf Trauer gehalten. In dieselbe Zeit fiel auch das Massaker im Flüchtlingslager Tel al-Saatar; zwei Monate lang wurde dieses von Syrern und Libanesen belagert und beschossen. Hunderte verloren ihr Leben.

Und nun also erneut solche Schreckensmeldungen, die unser Gefühl der Ausweglosigkeit verstärkten. Unter den Augen der israelischen Armee massakrierten mit Israel verbündete libanesische Milizen Hunderte von palästinensischen Zivilisten in den Lagern von Sabra und Schatîla. Eine Freundin, die nach dem Massaker im Rahmen einer Hilfsaktion ins Lager gekommen war, berichtete mir: „Die Gegend war mit Leichen übersät. Überall Blut, an den Wänden, in den Räumen. Die Überlebenden waren sprachlos, vom Schock gelähmt, wie betäubt. Plötzlich hörten wir irgendwo Säuglinge schreien. Wir fanden sie im Müll. Ihre Mütter hatten sie anscheinend, als die Mörder sich Hütte um Hütte näherten, in Abfallbehältern versteckt. Einen der Säuglinge werde ich nie vergessen: Als ich ihn aus dem Müll zog, waren Nase und Ohren von Ratten angenagt." Vor kurzem habe ich erfahren, dass die Kinder, die das Massaker überlebten – unter ihnen auch diejenigen, die im Müll versteckt worden waren –, zu den rund hundert Kindern gehörten, die 1994 als „Arafats Kinder" mit ihm nach Gasa zurückgekehrt sind.

Der Libanonkrieg hat nicht nur Tausende von libanesischen und palästinensischen Menschenleben gefordert; er hat auch erneut die Lebensgrundlagen vieler Palästinenser zerstört.

Von neuem war die physische Existenz unseres Volkes bedroht. Wir sorgten uns um unsere Verwandten und Freunde im Libanon. Wir waren enttäuscht und verbittert, weil die Welt – und besonders die arabischen Länder und ihre Regierungen – nur sehr begrenzt Protest verlauten liessen. In Deutschland war man abwartend, reserviert; zwar hielt man das Vorgehen Israels nicht für richtig, aber man schien gespannt zu sein, was mit solchen „Säuberungen“ erreicht werden konnte.

Im Juli 1982 erlangten Munîr und ich unsere Promotionen und flogen nach Hause. Wir erreichten das Dorf, begleitet von fünf hupenden Autos voller Verwandter und Freunde, die uns am Flughafen abgeholt hatten. Der Grossvater stand vor der Haustür und empfing uns mit dem typischen Freudenschrei der Männer. Er sang mit voller Stimme: „Gott sei Dank für seine Güte. Leute von Birseit, hört zu: Mein Sohn, der Doktor, ist gesund heimgekehrt. Kommt alle her und freut euch mit mir!“ Die Leute kamen, brachten Geschenke, wir sangen und waren gerührt. Bezeichnend war aber, dass nicht nur der Grossvater, sondern alle Leute nicht wahrhaben konnten – und vielleicht auch nicht wollten –, dass auch ich, eine Frau, Doktorin geworden war, zudem die erste in Birseit. Sie gratulierten meinem Mann und sprachen ihn auch gleich mit Doktor an. Mich aber begrüssten sie als „Umm Anîs“ – Anîs' Mutter –, gratulierten mir zur Heimkehr und zum Titel meines Mannes. Manchmal wehrte ich mich und sagte: „Ich habe doch auch den Doktorgrad!“ – „Macht nichts!“ antworteten die Leute. „Hauptsache ist, dass der Mann ihn hat. Die Frau hat ihren Platz ohnehin im Haus.“

Munîr aber war immer stolz und gerührt, wenn jemand mich lobte. Die Kollegen an der Universität behandelten mich mit grossem Respekt und zeigten Anerkennung. Das imponierte ihm sehr, und ich spürte, wie sich das zunehmend auf meine Stellung zu Hause, an der Universität und in der Gemeinschaft auswirkte. Als ich später die Arbeit im Rahmen der Frauenorganisation aufnahm, nahm er an jedem Schritt Anteil und unterstützte mich – und die Arbeit der Frauen überhaupt – sehr. In die Hausarbeit hatten wir uns schon früher geteilt, da wir beide berufstätig waren; Munîr beteiligte sich gerne daran und wollte bewusst anderen Männern ein Vorbild sein. Als ich mit der Informationsarbeit zur palästinensischen Sache im Ausland und später auch für Touristengruppen im Inland begann, betreute er den Haushalt und besonders die Kinder; er kümmerte sich auch um meine Termine und einen reibungslosen Ablauf. Es dauerte eine gewisse Zeit, bis er sich überzeugt hatte, dass ich meine Sache gut machte. Einige Male zitterte er während eines Vortrags vor der Tür und war erleichtert, wenn er den langen, warmen Applaus hörte.

Frauen – kräftig wie Petersilie

Von der Wohltätigkeit zur Selbsthilfe

Nach unserer Rückkehr aus Deutschland nahmen Munîr und ich unsere Lehrtätigkeit an der Universität wieder auf. Unser drittes Kind, Hâla, wurde geboren, und wir hatten grosse Freude an ihr. Um das Mädchen impfen zu lassen, ging ich mit ihm zur medizinischen Fürsorge der Frauenorganisation, die ich bereits von den andern Kindern her kannte.

Während der Schulzeit hatte ich nie von organisierter Frauenarbeit in Palästina gehört. Erst als ich nach dem Studium wieder im Dorf lebte, erfuhr ich, dass sie eine lange Tradition hat. Die erste Frauenorganisation war 1903 noch unter osmanischer Herrschaft im Rahmen der griechisch-orthodoxen Gemeinde in Akka gegründet worden, mit dem Ziel, Hilfe an arme Mädchen zu leisten. Wenig später entstanden weitere christliche und muslimische Frauenorganisationen, die sich im Sozialbereich engagierten, unter anderem in Jerusalem und Jaffa. Die palästinensische Frauenbewegung hatte bis in die siebziger Jahre vorwiegend Wohltätigkeitscharakter. Gegründet und bestimmt wurden die einzelnen Vereine von Frauen aus wohlhabenden städtischen Familien, die über eine gewisse Schulbildung verfügten und nicht berufstätig waren.

Unter britischer Besatzung breiteten sich europäische Missionen aus, die vor allem unter der griechisch-orthodoxen Bevölkerung aktiv wurden. Sie erwarben sich grosse Verdienste im Bildungswesen. Die Frauenvereine anerkannten diese, befürchteten aber eine Entfremdung von der eigenen Kultur und Tradition, sowie Konflikte im sensiblen Zusammenleben der verschiedenen Religionsgemeinschaften. Um Spaltungen zwischen Frauen verschiedener Religionen zu verhindern, befürworteten sie einen Zusammenschluss der Frauengruppen. 1929 wurde an einer ersten Frauenkonferenz die überkonfessionelle „Palästinensische Frauenunion“ ins Leben gerufen, die Jahrzehnte später als Institution in die PLO aufgenommen wurde. Ihr Ziel war es, durch die Übernahme sozialer Aufgaben den Männern in ihrem Kampf für soziale und politische Gerechtigkeit beizustehen. Einzelne Frauen wurden selber im Schulbereich tätig, wie zum Beispiel Nabiha Naser in Birseit.

In den Küstenstädten Akka, Jaffa, Ramla begannen Frauen in den zwanziger Jahren, die Berufsbildung von Männern zu fördern und Werkstätten zu gründen. In den dreissiger und vierziger Jahren haben Frauen auch in Jerusalem, Ramallah, Bethlehem und Nablus Gebäude gemietet oder gebaut, in denen Handwerker ausgebildet und teilweise auch Schulen eingerichtet wurden. Sie trugen damit wesentlich zur Hebung des Lebensstandards und zur Begründung des Mittelstands bei.

Als sich in den dreissiger Jahren der Widerstand gegen die britische Herrschaft verstärkte und Palästina für die jüdische Einwanderung geöffnet wurde, verstärkten die Frauenorganisationen ihre Unterstützung der kämpfenden Männer. Sie engagierten sich als Freiwillige für Erziehung und Gesundheit und halfen den Familien der Kämpfenden und Gefangenen. Sie sammelten Geld und Bücher und nähten Kleider, die sie an Bedürftige verteilten.

Als Palästina 1948 geteilt wurde und die britische Herrschaft im Westjordanland durch die jordanische und schliesslich die israelische abgelöst wurde, wuchsen die Aufgaben der Frauen, die versuchten, die Lücken im Sozialbereich zu schliessen. Ihre Arbeit war der Genehmigung und Kontrolle der Behörden unterstellt und verbunden mit dem Verbot jeglicher politischer Tätigkeit. Die Frauen akzeptierten dies, weil sie selbst der Meinung waren, dass Politik Männersache sei.

Nachdem 1954 die allgemeine Schulpflicht für Mädchen eingeführt wurde, wuchs Ende der sechziger Jahre die erste Generation Frauen heran, die eine höhere Ausbildung genossen hatte. In den siebziger Jahren gab es bereits eine beträchtliche Zahl von Akademikerinnen, die im Ausland oder an der Universität Birseit studierten. Diese Frauengeneration war politisiert und sehr sensibilisiert für soziale, menschliche und gesellschaftliche Probleme. Sie wuchs unter der Besatzung heran und nahm Unterdrückung sehr bewusst wahr – auch die Unterdrückung der Frauen durch die Männer, die die eigene Gesellschaft dominierten. Sie erkannten, wie Tradition, Sitten und Religion missbraucht und wie die Frauen ihrer Rechte beraubt wurden – im Interesse der Männer und zur Festigung ihrer Herrschaft. Sie erkannten auch, dass es Mädchen und Frauen durch Ausschluss aus der Politik, durch begrenzte Bildungsmöglichkeiten, durch Gewalt in der Familie und sozialen Druck verunmöglicht wurde, frei zu entscheiden und ihre Rechte einzufordern.

Die jungen Frauen anerkannten die verdienstvolle Arbeit der bürgerlichen Frauen und wollten sich ihnen anschliessen, stiessen jedoch auf Ablehnung. Gegensätze prallten aufeinander: zwei Generationen, Frauen aus Dörfern und Flüchtlingslagern und Frauen aus Städten, aus unterschiedlichen sozialen Schichten, mit unterschiedlichem Bildungsstand und vor allem unterschiedlichen politischen Auffassungen. Während die konservativen Frauen aus der städtischen Mittel- und Oberschicht die karitative Tätigkeit und die Unterstützung der Männer in ihrem Kampf als Ziel ihrer Arbeit betrachteten, setzten sich die jungen Frauen auch für die Frauen in den Dörfern und Flüchtlingslagern ein. Ihre Arbeit war bewusst auf Förderung der Selbsthilfe ausgerichtet. Die Erkenntnis, dass nicht nur die Elitefrauen Fähigkeiten haben und dass es die Aufgabe aller Frauen ist, ihre Fähigkeiten zu entwickeln und zu fördern, war ein wichtiger Punkt der Auseinandersetzung. Ferner forderten die jungen Frauen, politische Arbeit zu leisten, die für sie ebenso wichtig war wie die Sozialarbeit, weil sie die Wurzeln der Probleme angeht und echte Veränderung bewirkt. Die Frauen sollten ihre Probleme selbst benennen. Sie sollten sich politisch betätigen, um etwas verändern zu können, und sie sollten nicht nur Beistand leisten, sondern gemeinsam mit den Männern entscheiden.

Die etablierten Organisationen lehnten aber die Aufnahme neuer Frauen ab. Neue Gedanken und Ideen könnten das seit Jahrzehnten funktionierende System gefährden und zur Konfrontation mit den einflussreichen Gruppen führen, hiess es. Die älteren Frauen befürchteten auch, ihre Macht und die Kontrolle über die Organisation zu verlieren. Die Auseinandersetzungen zwischen den bürgerlichen Frauenorganisationen und den jungen Frauen endeten mit der Gründung der Frauenkomitees in den Jahren 1978 bis 1982. Diese waren den politischen Parteien angegliedert: das „Komitee der arbeitenden Frau“ der Kommunistischen Partei, das „Komitee der palästinensischen Frau“ der Volksfront, das „Komitee für Frauen-Aktionen“ der Demokratischen Front und das „Komitee der palästinensischen Frau für soziale Arbeit“ der „Fatach“. Da zu dieser Zeit politische Parteien verboten waren, blieb ihre Mitgliederzahl beschränkt. Die Aktiven begannen dennoch mit der Aufklärungsarbeit in Dörfern und Lagern.

In Birseit gründete 1970 eine Handvoll bürgerlicher Frauen die „Birseit-Damen-Wohltätigkeitsorganisation“. Initiantin war eine Krankenschwester, die eine führende Position in der Gesundheitsfürsorge für Flüchtlinge beim UNRWA-Hilfswerk einnahm. Dieses Hilfswerk betreut seit 1949 palästinensische Flüchtlinge im gesamten arabischen Raum und insbesondere in den zahlreichen Flüchtlingslagern des Westjordanlandes – unter anderem in Dschalazon bei Birseit, wo rund siebentausend Menschen auf engstem Raum zusammenleben. Als diese Frau nach vielen Jahren nach Birseit zurückgekehrt war und sich im Elternhaus niederliess, sah sie, dass Gesundheitsfürsorge im Dorf völlig fehlte. Vor der Besetzung hatten Sozialämter und öffentliche Kliniken existiert, die für Schulen, Sozialhilfe, medizinische Versorgung und Impfprogramme zuständig waren. Mit der Besatzung entfielen viele dieser Dienstleistungen oder trugen der wachsenden Bevölkerung nicht Rechnung, da die Besatzungsbehörden sich nur begrenzt für die sozialen und menschlichen Belange verantwortlich fühlten. Die Frau setzte sich mit einigen einflussreichen Frauen zusammen und bot ihnen an, jeweils nachmittags als freiwillige Krankenschwester für Birseit tätig zu sein. Zwei weitere Krankenschwestern, später auch ein Arzt, schlossen sich an. Die Behörden erteilten ihnen die Lizenz unter der Bedingung, dass die Organisation sich selber finanzierte. Das Geld für die Arbeit kam von privaten Spendern und später auch von europäischen Organisationen; das Gesundheitsamt stellte lediglich nach einiger Zeit den Impfstoff zur Verfügung. Die Organisation übernahm die volle Verantwortung für Impfungen, Mütter- und Kinderfürsorge und die medizinische Versorgung von Birseit und weiteren dreiundzwanzig Dörfern. Sie richtete dafür in Birseit ein Ambulatorium ein.

Als ich durch meine Kinder ihre Arbeit kennenlernte, war

ich begeistert und bot meine Hilfe an. Ich erhielt abschlägigen Bescheid: Zwar könne ich als Mitglied eintreten, aber es sei zweifelhaft, ob ich helfen könne, da ich nur Lehrerin sei. Ich erwiderte, ich sei Biologin und hätte lange im Krankenhaus gearbeitet, könne also bestimmt etwas beitragen. Es war schwierig, an die Frauen heranzukommen, weil ich für einige von ihnen immer noch „Tochter aus armer Familie“ war. Sieben Frauen hatten die Organisation gegründet und leiteten sie seit Jahren. Sie lehnten es ab, Wahlen unter den Mitgliedern abzuhalten, Vorstellungen von Demokratie und vom Teilen der Arbeit und Verantwortung betrachteten sie als anarchistisch. Ihre Denkweise und Lebenshaltung waren das eigentliche Problem; Machtgebaren, Überheblichkeit und egoistisches Denken sind das Erbe der Feudal- und Patriarchalstruktur unserer Gesellschaft. Bis 1979 blieb ich für diese Frauen nur eine Frau vom Dorf, die Dienstleistungen der Damenorganisation dankbar entgegenzunehmen hatte.

Wie anders verliefen doch die Begegnungen mit einfachen Frauen! Im Rahmen der Alphabetisierungsprogramme der Universität kam ich mit vielen von ihnen in Kontakt. Ich hielt Vorträge über Gesundheit und Umwelthygiene, half bei der Einrichtung der Klassen und beim Herstellen von Kontakten im Flüchtlingslager Dschalazon und im Dorf Dura. Die Frauen waren begeistert, als sie lernten, wie Buchstaben geschrieben werden, und sie genossen das neu Gelernte. Als der Militärgouverneur uns verbot, das Schulgebäude des Dorfes nach Schulschluss zu benutzen, sagte eine der Frauen: „Wir lassen uns nicht einfach kleinkriegen und dummhalten, wir wollen lernen und müssen dafür kämpfen. Wir Palästinenserinnen sind wie Petersilie: Je mehr man sie beschneidet, desto stärker und kräftiger wächst sie.“ Sie bot uns ihre Wohnung für den Unterricht an – dreimal wöchentlich drei Stunden. Die vierzig Frauen erschienen mit einem eigenen Stuhl zum Unterricht. Ich liebte diese Frauen in ihrer Einfachheit und Fröhlichkeit, wegen ihrer Freude am Lernen und der Dankbarkeit, die sie erfüllte. Sie lernten lesen und schreiben. Ganz besonders freuten sie sich, dass sie nun endlich die Briefe ihrer im Ausland lebenden Kinder lesen und ihnen auch schreiben konnten. Sie wurden zu echten Freundinnen, von denen ich viel lernte und die mich den Leuten im Dorf näherbrachten. Ich bewunderte ihre Stärke und ihr Durchsetzungsvermögen, das sie für die tägliche Arbeit brauchten. Das Dorf Dura zum Beispiel hat eine intensive Landwirtschaft mit Bewässerungskulturen. Die Gärten liegen im Tal, das von Bergen überragt wird. Die Quellen liegen oberhalb der Gärten, und von dort fliesst das Wasser in Kanälen und wird nach strengen Regeln verteilt. Nachmittags sind alle Frauen in den Gärten. Sie bewässern, hacken, pflücken Gemüse, bündeln Petersilie und unterhalten sich dabei. Mal hier, mal dort lässt eine Stimme einen Vers erklingen, und eine andere Stimme antwortet. Gelegentlich stimmt eine Hirtenflöte am Hang oben mit ein. Am folgenden Morgen sind die Frauen schon vor Sonnenaufgang mit ihrem Gemüse auf dem Markt in Ramallah.

Nach unserer Rückkehr aus Deutschland bemühte sich die Frauenorganisation um mich. Die älteste und einflussreichste Dame der Organisation redete mir ständig zu, die Ernennung ins Frauenkomitee anzunehmen, da sie glaube, ich könne viel beitragen; die Zeit sei gekommen – junges Blut müsse die Verantwortung mittragen. Wieder betonte ich die Notwendigkeit demokratischer Wahlen und erklärte, aufgrund meiner Prinzipien könne ich eine Ernennung nie akzeptieren. Darauf hiess es dann: „Die Frauen im Dorf sind naiv und unwissend und verstehen nicht, was Wahlen sind. Sie fragen nicht danach. Warum sollte man sie darauf aufmerksam machen, es würde unsere Arbeit nur durcheinander bringen!“ Aber zunehmend mehr Frauen wiesen auf die Notwendigkeit hin, so viele Frauen wie möglich zu erreichen, sie von der Bedeutung ihrer Teilnahme am Aufbau der Gesellschaft zu überzeugen und ihnen beizubringen, wie sie sich demokratische Verhaltensweisen aneignen können. Es ging nicht nur darum, die medizinische Versorgung zu sichern, sondern Aufklärung, Bildung und Emanzipation der Frauen damit zu verknüpfen. Es hat – nach langen Verhandlungen und intensiver Aufklärungsarbeit – vierzehn Jahre gedauert, bis es möglich wurde, erste Wahlen für das Exekutivkomitee durchzuführen. Das war 1984. Ich gehörte zu den Kandidatinnen, erhielt die zweithöchste Stimmenzahl und wurde zur Vizepräsidentin gewählt. Voller Begeisterung begann ich meine Arbeit.

Bis 1987 war ich im Bereich der Planung, Zielsetzung und Durchführung von Projekten tätig, die an die Zusammenarbeit mit dem Community Health Department der Universität Birseit geknüpft waren. Die Leiterin dieser Abteilung, Rita Giacaman, war wie ich in Talitha Kumi zur Schule gegangen und hatte danach in den USA Pharmazie und in England Public Health studiert. Ihre Abteilung hatte die Aufgabe, Probleme der Gemeinschaft in bezug auf Gesundheit, Frauen und Umwelt zu erforschen.

Aufgrund ihrer Erkenntnisse wurden gemeinsam mit den Betroffenen, vorwiegend Frauen, Lösungsansätze entwickelt und umgesetzt. Rita und ich sind gute Freundinnen geworden, wir ergänzen uns in Kenntnissen und Denkweise, haben ähnliche Erfahrungen und Lebensvorstellungen und arbeiten auch heute noch viel und gerne zusammen. Die eine ist für die andere eine Stütze. Die Dozentinnen und Dozenten der Universität in die Gemeinschaft zu integrieren war uns ein zentrales Anliegen.

Den Zustand der medizinischen und gesundheitlichen Versorgung empfanden wir, trotz aller Bemühungen der Frauenorganisationen, als alarmierend, und eine Lösung der Probleme schien uns dringlich. Doch ebenso wichtig, wenn nicht gar wichtiger und nutzbringender, war es für uns, an den Ursachen der Probleme zu arbeiten. Die Frauen tragen die Verantwortung für die Gesundheit der Familie, leiden am stärksten unter fehlender medizinischer Versorgung, und deshalb schien es uns notwendig, die Arbeit mit Frauen für Frauen zu überdenken.

Das Ambulatorium der Frauenorganisation in Birseit wurde täglich von über hundert Personen, meist Frauen, besucht. Vormittags kamen sie mit dem einzigen Bus aus den umliegenden Dörfern. Sie trugen ihre Kinder auf den Armen und mussten oft weite Strecken zu Fuss zurücklegen. Im Sommer schwitzten und im Winter froren sie und kamen durchnässt an. Die Überlegung drängte sich auf, Frauen in ihren Dörfern zu erreichen und ihnen dort Kinderfürsorge und medizinische Hilfe anzubieten. So entwickelten wir das „Out Reach Programme“ für sechs Dörfer. Täglich machte sich ein medizinisches Team, bestehend aus einem Arzt, einer Krankenschwester und einer Apothekerin, in eines der Dörfer auf und hielt in einem dafür gemieteten Raum Sprechstunde. Die Frauen waren sehr glücklich über die Erleichterung, die ihnen viel Zeit, Geld und Mühe ersparte. Das Vertrauen in unsere Arbeit wuchs, und die Frauen begannen, über ihre Probleme zu sprechen. Auf diesen Moment hatten wir gewartet; wir stellten das von der Frauenorganisation Birseit und dem Community Health Department gemeinsam entwickelte Programm vor. Es beinhaltete hauptsächlich die Bildung und Ausbildung von

Frauen und ihre Sensibilisierung für die Belange der Frauen, mit dem Ziel, die allgemeine Lebenssituation zu verbessern. Die Frauen wünschten sich einen Nähkurs und danach einen Stick- und Strickkurs. Nach langen Diskussionen einigten wir uns darauf, dass das Programm wie folgt ablaufen müsste: zunächst ein Erste-Hilfe-Kurs, dann Körper- und Umwelthygiene, Säuglingspflege und Ernährung und als Krönung ein Nähkurs. Dem Nähkurs zuliebe machten die Frauen alle wichtigen Kurse mit. Das ganze Programm dauerte zwei Jahre. Während des Nähens wurden Gespräche über Frauenrechte, Frauenrollen, Menschenrechte sowie politische und soziale Fragen geführt.

Mit der Zeit gewöhnten sich die Frauen an die regelmässigen Treffen und fanden Freude daran. Sie schätzten es, zum ersten Mal als Frauen angesprochen zu werden und als einzige Gruppe im Dorf aktiv zu sein. Sie spürten, dass sie an Bedeutung gewannen, und dadurch wurde ihr Selbstvertrauen gestärkt. Nun forderten sie, dass eine tägliche medizinische Grundversorgung und nicht nur einmal wöchentlich Kindersprechstunde gewährleistet werde. Dies organisierten wir folgendermassen: Zwei Frauen, die den Erste-Hilfe-Kurs mitgemacht und danach drei Monate im Ambulatorium gelernt hatten, übernahmen die medizinische Grundversorgung im eigenen Dorf. Die Miete der Räumlichkeiten bezahlte die Frauenorganisation, die Löhne die Frauen im Dorf. Diesem Beispiel folgten fünf weitere Dörfer. Die Männer anerkannten die Errungenschaft der Frauen und hatten nichts dagegen, dass sie die Kurse besuchten.

Nach einiger Zeit jedoch, als die Frauen bewusst mitzureden und Wünsche zu äussern begannen und die Teilnahme an den Frauentreffen sehr wichtig nahmen, begehrten die Männer auf und wollten ihre Frauen davon abhalten, zu den

Versammlungen zu gehen. Sie würden die Hausarbeit vernachlässigen und seien nicht zu Hause, wenn der Mann von der Arbeit komme, argumentierten sie. Für die Männer war es im übrigen selbstverständlich, dass die Frauen Schwerarbeit leisteten. Einmal sprachen wir in einem Dorf von der Notwendigkeit, eine Wasserleitung zu installieren, damit alle Häuser fliessendes Wasser bekämen und eine Verbesserung der Gesundheit erreicht werden könnte. Als es um die finanzielle Beteiligung ging, meinten die Männer: „Wozu brauchen wir eine Wasserleitung? Unsere Frauen haben seit jeher das Wasser von der Quelle geholt, und wir haben dabei überlebt – warum sollten wir das nicht weiterhin können?"

Wir erkannten, dass wir eigentlich die Männer erziehen müssten. Doch dies laut auszusprechen wagten wir nicht. Nie würden sie sich von Frauen etwas beibringen lassen, und erst recht würden sie keine Vorschriften von Frauen befolgen. Nach langem Überlegen fanden wir eine Lösung: Wir besprachen unsere Pläne mit einem Arzt, der als politischer Häftling lange im Gefängnis gesessen hatte und nun im Ambulatorium arbeitete. Er war bereit, das Programm, das wir mit Absicht sehr vornehm benannten, zu übernehmen. Es hiess „Health Education For Men". Zwei Wochen verbrachte dieser Arzt in den Cafés von zwei Dörfern mit Kaffeetrinken, Kartenspielen und Erzählen und liess ganz nebenbei Fragen fallen, die die Männer zum Nachdenken veranlassten: „Was würdest du tun, wenn dein Sohn von einer Schlange oder einem Skorpion gebissen würde? Was würde passieren, wenn du mitten in der Nacht einen Schlaganfall bekommst? Wisst ihr, warum jener Mann neulich starb? – Weil ihm keine Erste Hilfe zuteil wurde!" Indem er die Sorgen der Männer um die eigene Gesundheit ansprach, hat der Arzt ihre Bereitschaft, an zwei Kursen teilzunehmen, erreicht. Die Männer erkannten auch, dass das, was die Frauen lernten, der ganzen Familie zugute kam.

Solche Versuche müssten überall und fortlaufend durchgeführt und weiterentwickelt werden. Aber es fehlen die Mittel und eine Gesamtplanung sowie die Durchsetzungskraft der Verantwortlichen.

Im Rahmen meiner Tätigkeit als Vizepräsidentin der Frauenorganisation Birseit leitete ich auch Umstrukturierungen innerhalb der Organisation ein; ich regelte die Arbeitsverhältnisse sowie die Arbeits- und Rollenverteilung der Angestellten neu und führte eine ordentliche Buchführung ein. Damit stiess ich bei einigen Frauen der Gründergeneration auf grossen Widerstand. Es fiel ihnen schwer, von jüngeren Frauen etwas Neues oder, erst recht, Kritik anzunehmen. Sie fürchteten um ihre Macht und ihre Position. Es folgten drei lange Jahre hartnäckigen Kampfes. Ich war zutiefst verletzt und verbittert und litt vor allem deshalb, weil es Frauen waren, die der Sache der Frauen schadeten. Es war besonders schwer zu ertragen, weil ich gegen Frauen aus der Generation meiner Mutter kämpfen musste. Es tat mir weh, dass diese Frauen am Sonntag als erste zur Kirche gingen und eine von ihnen sich sogar immer vordrängte, um das Evangelium zu lesen. Ich schämte mich. Zwei der Frauen standen in besonderer Rivalität zur Präsidentin, der Krankenschwester. Weil diese sich dankbar von mir helfen liess, als sie in Verwaltungsfragen Probleme hatte, warfen sie ihr schlechte Absichten vor und verbreiteten böse Gerüchte. Unser Leben im Dorf wurde fast unerträglich, auch meine Familie spürte die Spannung, die ich täglich heimbrachte. Mein Schwiegervater wollte sich für die Beendigung der Streitigkeiten einsetzen und bat deshalb den Pastor um zehn Minuten der Sonntagspredigt. Der Pastor erteilte ihm das Wort, da mein Schwiegervater zum Kirchenvorstand gehörte, und er hielt eine Ansprache über Versöhnung, Vergebung und Menschlichkeit. Wir alle fanden ihn mutig und wunderbar. Wir baten auch den Bischof und den Pastor von Jerusalem, uns bei diesem Problem zu helfen, doch sie weigerten sich. Danach habe ich meine Beziehungen zur anglikanischen Kirche abgebrochen und ging nicht mehr hin.

1986 wurde mir an der Universität das Amt der „Assistentin des Vizepräsidenten für akademische Angelegenheiten" angeboten. Es war einer der höchsten Posten, den eine Frau je bekommen hatte. Der Vizepräsident für akademische Angelegenheiten ist zuständig für internationale Kontakte in den verschiedensten Bereichen: Forschung, Stipendien, Fortbildung, Konferenzen, Austausch und Kooperation mit anderen Universitäten. Für mich war es eine grosse Herausforderung, und ich nahm die Aufgabe an. Nie zuvor hatte ich einen Brief auf englisch geschrieben, und nun sollte die gesamte Korrespondenz auf englisch geführt werden. Bis tief in die Nacht las ich in den Akten und lernte wichtige Begriffe und Sprachwendungen auswendig. Ich fand die Arbeit sehr interessant und hatte einen äusserst aufrichtigen, angenehmen und respektvollen Vorgesetzten. Seine Anerkennung meiner Arbeit und sein wachsendes Vertrauen ermutigten mich. Neue Verantwortung wuchs mir zu, und ich nahm sie mit Freude an. Gerade nach der bitteren Erfahrung mit der Frauenorganisation tat mir diese Bestätigung gut.

Als die nächsten Wahlen der Frauenorganisation stattfanden, lehnte ich es ab, nochmals zu kandidieren. Viele Frauen im Dorf baten mich zwar darum, doch sagte ich ihnen, ich sei durch die Arbeit mit den schwierigen Frauen richtig krank geworden. Ich könne nicht mehr; es sei schade um meine Zeit und meine Kraft. Dennoch blieb ich aktives Mitglied und arbeitete weiter mit; die Streitigkeiten betrafen ja hauptsächlich die Machtstrukturen.

In dieser Zeit, Ende 1986, in der ich grosse Aufgaben zu bewältigen hatte, erlitt mein Schwiegervater einen schweren Schlaganfall, war danach halbseitig gelähmt und konnte nicht mehr sprechen. Es war auch für die Kinder eine sehr traurige Erfahrung zu sehen, wie der grosse, lustige, kluge Grossvater plötzlich so hilflos und schwach geworden war und wie eine Kerze langsam, aber stetig erlosch. Wir nahmen ihn und die Schwiegermutter in unser Haus auf, pflegten ihn während achtzehn Monaten und umgaben ihn mit Liebe und Fürsorge. Wie oft wollte ich einige meiner Aufgaben aufgeben, um zu Hause sein zu können! Doch mein Mann war nicht einverstanden: Die Pflege des Vaters sei die Aufgabe der ganzen Familie, und wenn wir uns gut organisierten, verteile sich die Last. In der Tat haben alle geholfen, besonders auch Munîr, der seinen Vater mit viel Zuwendung bis zum Tod begleitete. Fast jeden Tag wurde der Kranke im Rollstuhl auf die Veranda gefahren, und abends brachten wir ihn ins Wohnzimmer. Wir erzählten und spielten, und oft sangen und tanzten wir um ihn herum. Da er Fröhlichkeit liebte, beteiligte er sich an unserem Tanz, indem er mit seinem Rosenkranz in der Hand wedelte. Wir waren tief gerührt, und manchmal kamen uns die Tränen. Als er dann starb, trauerte das ganze Dorf mit uns.

Die Trauerzeit dauert bei uns vierzig Tage. Während dieser Zeit steht das Haus allen offen, und auch Leute aus benachbarten Dörfern kommen, um Anteil zu nehmen. Die nächsten Verwandten und die Nachbarn, bis zu vierzig Personen, essen in der ersten Woche gemeinsam. Der Reihe nach bereitet eine der Familien das Essen für alle. Die Frauen beweinen den

Toten, sie singen dabei ergreifende Lieder, und keine der Anwesenden bleibt ohne Tränen. Wenn es einer Frau schwer fällt zu weinen, werden spontan Gesänge gedichtet, die an Verstorbene dieser Frau erinnern. Haben die Frauen ausgeweint, ruhen sie sich aus und beginnen zu erzählen. Das gemeinsame Trauern und Weinen bringt Trost und hilft den Hinterbliebenen, ihre Trauer auszudrücken. Bis der Verstorbene begraben wird, bekommen die versammelten Frauen keinen Kaffee oder Tee zu trinken. Die Männer hingegen, die in einem andern Raum oder Haus versammelt sind, trinken ständig Kaffee und Tee. Sie weinen nicht, weil es sich für Männer nicht gehört, Schwäche zu zeigen. Sie diskutieren über Politik, tauschen Gerüchte aus und machen sogar Witze. Nach dem Begräbnis, in aller Frühe, gehen die Frauen zum Grab und beweinen den Toten nochmals bitterlich. Inzwischen haben Frauen der Nachbarschaft das Frühstück bereitet, und jede hat eine Auswahl von Köstlichkeiten mitgebracht. Von nun an wird nicht mehr laut geweint und werden keine Trauergesänge mehr gesungen. Am dritten, neunten und vierzigsten Tag sowie nach sechs Monaten und nach einem Jahr werden Trauergebete gehalten. Die meisten Leute des Dorfes beteiligen sich daran.

1986 wurde ich erstmals zu einem Fernsehgespräch eingeladen. In der Sendung „Unterm Funkturm“ des deutschen Fernsehens sollten in Berlin zum ersten Mal Palästinenser und Israelis für ein öffentliches Gespräch an einem Tisch zusammensitzen. Es war nicht einfach gewesen, vom damaligen Vorsitzenden der jüdischen Gemeinde die Einwilligung zu bekommen. Erst nachdem er Erkundigungen über mich eingezogen hatte, stimmte er mit der Bemerkung zu: „Sie ist ja nur eine Biologin!“ Er machte zur Bedingung, dass die ebenfalls eingeladene deutsche Politologin nicht direkt mitdiskutieren dürfe, da sonst der palästinensischen Seite zu viel Gewicht gegeben werde. Um dies zu vermeiden, sollten zwei Israelinnen und nur eine Palästinenserin teilnehmen. Das Fernsehen war damit einverstanden. Drei Frauen sollten sich also begegnen: eine israelische Zeitungsredakteurin, eine israelische Schriftstellerin und ich, die Palästinenserin. Eigenartige Gefühle erfüllten mich. Eigentlich war es der israelischen wie der palästinensischen Seite verboten, miteinander zu diskutieren. Mit dem Feind sprechen bedeutet, ihn zu akzeptieren. Ich entschloss mich aber dazu, weil ich überzeugt war, dass solche Gespräche stattfinden müssten.

Im Vorgespräch konnte ich mich zum ersten Mal israelischen Menschen gegenüber als normaler Mensch vorstellen, und wir hörten einander zu. Sie stellten mir immer neue Fragen und konnten nicht fassen, dass ich deutsch sprach. Ebenso wunderten sie sich, dass ich höflich und ruhig war. Insgeheim hatte ich Angst und fragte mich, wer wohl diese Frauen seien und ob sie mit dem Geheimdienst zu tun hätten. Ich fasste Mut beim Gedanken, dass ich doch eigentlich nur Gutes für beide Seiten wollte. Aber konnte ich bestehen vor diesen beiden gebildeten älteren Frauen, die viel Erfahrung mit öffentlichen Auftritten hatten? Fragen über Fragen, und um uns herum wimmelte es von Sicherheitsbeamten. Zu Beginn der Sendung hörte ich nur das übliche: Beschuldigungen und Angriffe, Vorurteile und Unwissenheit. Ich nahm mir vor, ruhig zu bleiben und einfach von dem zu sprechen, was ich als Mutter erlebte und wie ich als Mensch behandelt wurde. Ich erwähnte einige Beispiele klarer Menschenrechtsverletzungen und stellte immer wieder die Frage: „Wissen Sie überhaupt, was tatsächlich bei uns geschieht?“ Ich machte deutlich, dass ich die deutsch-jüdische Geschichte kenne, dass ich Faschismus verurteile und dass ich mich für ein Leben in Würde für beide Völker in unserer Heimat einsetze. So gewann ich die Menschen, und sie hörten mir zu. Ich sagte voraus, dass wir auf einem Pulverfass sässen und dass es nicht mehr lange dauern werde, bis die Situation in den besetzten Gebieten explodieren würde. Die Sendung war ein Erfolg, ja geradezu eine Sensation. Danach wagten auch andere Sender, solche Gespräche auszustrahlen. Vor allem wurde offenbar vielen bewusst, dass es Palästinenserinnen und Palästinenser gab, die sich für den Frieden einsetzten.

In Deutschland lebende Palästinenser wurden durch die Sendung ermutigt, da unsere Stimme jetzt zu hören war. Viele Freunde und Unbekannte schrieben mir und drückten ihre Freude über meinen Auftritt aus. Sie bestätigten die Notwendigkeit solcher Gespräche. Gestärkt durch die vielen guten Reaktionen nahm ich mir vor, nie wieder zu schweigen. Ich sagte mir: Junge Menschen zerbrechen an der Besatzung, verlieren ihr Leben, werden eingesperrt, verlieren ihre Zukunft. Ich habe die Gabe zu reden und deshalb die Aufgabe, den Menschen und meinem Land mit dieser Gabe zu dienen – Unrecht aufzudecken, Vorurteile abzubauen und ein Bewusstsein für die Situation der Palästinenserinnen und Palästinenser zu schaffen. So reiste ich mehrmals jährlich nach Deutschland, in die Schweiz, nach Holland und Österreich. Meine Freundinnen und Freunde organisierten Vortragstourneen in verschiedenen Städten. Je mehr Vorträge ich hielt, desto grösser wurde die Nachfrage.

Intifada

Ausbruch aus den Zwängen der Besatzung

Am 9. Dezember 1987 fuhr in Gasa ein israelisches Militärfahrzeug vier Palästinenser zu Tode. Ihr Begräbnis wurde zu einer Volksdemonstration, an der sich Tausende beteiligten. Israelische Soldaten versuchten, den Demonstrationszug aufzuhalten. Als einer der Soldaten einem jungen Mann das Gewehr vor die Brust stiess, riss dieser sein Hemd auf und sagte: „Erschiess mich, wenn du willst – ich habe nichts zu verlieren ausser meinem Leben." Und der Soldat erschoss ihn. Die Menschenmenge geriet in Aufruhr. Am selben Tag flüchtete in Jerusalem ein vierzehnjähriger Junge vor den Soldaten in den Hof eines Hauses, wo eine Frau Wäsche aufhängte. Sie sah ihn unter den Schüssen fallen. Im Flüchtlingslager Balata bei Nablus im Norden des Landes versuchte zur gleichen Zeit eine Grossmutter, ihren Enkel vor den ihn verfolgenden Soldaten abzuschirmen; beide wurden erschossen. Die Nachrichten von mehreren solchen Vorfällen an einem einzigen Tag durchzogen das Land wie ein Lauffeuer, und überall liefen die Menschen auf die Strasse, wütend und entschlossen zu kämpfen. Studierende und Schüler zerrissen ihre Bücher, errichteten auf den Strassen Barrikaden und riefen zum Aufstand auf. Die Intifada brach aus – zwanzig Jahre nach Beginn der Besatzung.

Die Bilanz dieser zwanzig Jahre war für uns Palästinenser katastrophal: Erziehung und Bildung waren behindert, die Entwicklung blockiert, unsere Jugend psychisch und physisch gebrochen und ohne Perspektiven.

Mehr als die Hälfte der palästinensischen Gebiete war bereits durch die Besatzer enteignet und besiedelt worden. Während sich israelische Siedlungen stetig ausbreiteten, war die Ausweitung palästinensischer Dörfer und Städte durch Militärverordnungen unterbunden. Die Menschen waren voller Verbitterung, Wut und Hass – gegenüber der ganzen Welt, gegenüber den arabischen Staaten, die teilnahmslos zuschauten, aber auch gegenüber sich selbst, die sie sich in ihrer Ohnmacht gezwungen sahen, das Brot bei den Unterdrückern zu verdienen, mit ihren eigenen Händen den Bau von Siedlungen auf ihrem Boden voranzutreiben und sich damit selbst an der Verwirklichung der Pläne der Besatzer zu beteiligen.

Zwanzig Jahre lang hatten wir vergeblich auf Hilfe von aussen gehofft – auf die PLO, auf die arabischen Staaten, auf ein Machtwort der Grossmächte. Zu lange hatten wir darauf vertraut, dass das Recht siegen würde. Längst aber hatte sich die Weltöffentlichkeit an die täglichen Meldungen von Menschenrechtsverletzungen in den besetzten Gebieten gewöhnt, und wir begriffen, dass wir es selber schaffen müssen. Lange genug hatten wir die Besatzung wie ein unabwendbares Schicksal ertragen.

Während dieser zwanzig Jahre war jedoch eine gebildete und emanzipierte Generation von Palästinenserinnen und Palästinensern herangewachsen, die die Lebenssituation und Rechtslage in Israel und bei uns zu vergleichen vermochte: Ein demokratisches System sicherte dort den Menschen ein würdiges Leben; uns verordneten dieselben Politiker ein unterdrückendes, unmenschliches Militärsystem. Die Israelis pflegten ihr kulturelles Leben und ihren Stolz auf nationale Identität; uns Palästinensern war dies verboten. Meinungsfreiheit, politische Parteien, Gewerkschaften, Krankenversicherung, Alters- und Sozialfürsorge, Arbeitslosenschutz waren für Israelis selbstverständlich, für Palästinenser jedoch nicht existent. Doch je mehr wir unsere Kultur und Identität der Gefahr der Auflösung und Vernichtung ausgesetzt sahen, desto mehr klammerten wir uns an sie.

In den besetzten Gebieten war der Einfluss der PLO ständig gewachsen, und die Politisierung der Menschen schritt stark voran. Die Besatzung verhinderte jedoch, dass eine lokale politische Führung entstehen und öffentlich auftreten konnte; Akademiker, Politiker, Journalisten und Schriftsteller, die mit der PLO sympathisierten, liefen Gefahr, verhaftet, deportiert oder Opfer von Anschlägen zu werden. Doch im Untergrund organisierten sich die Menschen, und es entwickelte sich eine Widerstandskultur, die sich auf das Recht der Menschen auf Befreiung berief. Seit Anfang der achtziger Jahre entstanden im Untergrund Frauenorganisationen, Studenten- und Schülerräte, Gewerkschaften, Menschenrechtsgruppen und politische Parteien. Der Widerstand erfasste immer weitere Bevölkerungsschichten und führte schliesslich zum Aufstand, zur Intifada.

Das Wort Intifada bedeutet „etwas von sich abschütteln, was man loshaben möchte"; es meint auch das Beben des Körpers, der vor Wut und Aufregung von Krämpfen geschüttelt wird. Intifada wurde zur Bezeichnung für die palästinensische Volkserhebung gegen die israelische Besatzung. Die Intifada war weder geplant noch terminiert – sie war eine spontane Reaktion auf die ständigen Demütigungen. Die palästinensische politische Führung in Tunis wie auch die Parteien, Gewerkschaften, Verbände und Organisationen im Innern wurden vom Ausmass der Erhebung überrascht. Die im Untergrund agierenden Parteien sahen sich gezwungen, sich in der „Vereinigten nationalen Führung" zusammenzuschliessen, und sie begannen, den Aufstand zu koordinieren. Diese Organisierung im Innern schuf auch ein notwendiges Gegengewicht zur PLO im Exil; die Sicht der Menschen in den besetzten Gebieten bekam dadurch grösseres Gewicht. Die Intifada war nicht nur Protest und Widerstand gegen die Besatzung, sondern ebenso ein Prozess des Umdenkens, der Selbstkritik und der Entschlossenheit, Gegenwart und Zukunft in die eigenen Hände zu nehmen. Der Aufstand wurde mit gewaltlosen Mitteln geführt: Verweigerung der Steuerzahlung, Boykott israelischer Produkte und der israelischen Militärverordnungen, Demonstrationen und Kundgebungen. Verschiedene Bevölkerungsgruppen planten in wechselnder Folge Protestaktionen: An einem Tag blieben die Geschäfte geschlossen, am nächsten wurden Schulen und Universitäten bestreikt, am dritten Tag streikten die Handwerker und am vierten weitere Berufsgruppen.

Zum Symbol des Aufstands wurden die Steine – in Anbetracht der Waffen der israelischen Soldaten eine bescheidene Gegenwehr. Die Steine sind darüber hinaus für uns ein Symbol palästinensischer Existenz überhaupt. Mit den Steinen leben wir. Fels und Steine prägen die kargen Hügel; aus dem Stein quillt das Wasser, das Land und Leute belebt. In Häusern aus Stein leben wir. Die Kinder spielen mit Steinen. Wir stolpern über sie auf unseren Wegen, schlagen uns die Zehen wund – diese Schmerzen kennen alle. Mit den Händen räumen wir die Steine aus den Feldern, schichten sie am Feldrand zu Mauern. Sie dienen aber auch als Barrikaden und zur Verteidigung wie zum Angriff. Sie symbolisieren Unbarmherzigkeit und verweisen auf Hindernisse. Sie verbinden das Leben mit dem Tod. Sie werden gefürchtet und geliebt.

Die israelischen Militärs, denen die Rolle der Besatzer längst selbstverständlich geworden war, begegneten dem

Aufstand der Steine mit aller Härte und Brutalität: Es kam zu Tränengaseinsätzen, sogar in Schulen und auf Gemüsemärkten, sowie zu Hausdurchsuchungen; Hunderte von Häusern wurden als Strafmassnahme gesprengt und lange Ausgangssperren und andere Kollektivstrafen verhängt. Den Jugendlichen die Knochen zu brechen war ein ausdrücklicher Befehl des damaligen Verteidigungsministers Rabin. Für die Verhaftung von Tausenden von Menschen mussten Schulen zu Gefängnissen umfunktioniert werden. Wer beim Verteilen von Flugblättern mit Stellungnahmen der im Untergrund arbeitenden Parteien oder beim Anbringen von Parolen und Graffiti an Mauern erwischt wurde, riskierte sein Leben. Die Militärbehörden legalisierten das Erschiessen fliehender Menschen, die die Befehle von Soldaten missachteten, von Kindern, die Palästinafahnen trugen, von Menschen, die ihr Gesicht verhüllten. Jede Familie litt unter den brutalen Massnahmen. Gemäss Angaben der 1979 im Westjordanland gegründeten Menschenrechtsorganisation al-Hakk waren zur Zeit der Intifada mehr als neunzig Prozent der Jugendlichen mindestens ein Mal im Gefängnis – es war die Ausnahme, wenn einer nie verhaftet wurde.

Während der Intifada ging eines Tages in Ramallah ein Mann mit seinem Esel auf der Strasse. Soldaten hielten ihn an und forderten die vorbeigehenden jungen Männer auf, den Schwanz des Esels hochzuheben und ihm den Hintern zu küssen. Wer sich weigerte, wurde brutal geschlagen und verhaftet.

Nach Birseit kamen eines Nachts Soldaten, weckten die Studenten und forderten sie auf, im Nachthemd auf der Strasse Volkstänze aufzuführen. Andernfalls würden sie verprügelt. Die Soldaten krümmten sich vor Lachen.

Im April 1990 stand ich eines Tages vor einer Metzgerei in

Ramallah. Plötzlich liefen einige bewaffnete Zivilisten an mir vorbei und stiegen in die dritte Etage des Gebäudes. Kurz darauf wurde von dort ein Schuss abgefeuert. Er traf einen jungen Mann, der mir gegenüber stand, in den Kopf. Die Zivilisten, unter ihnen der allseits bekannte Geheimdienstoffizier von Ramallah, kamen aus dem Haus gerannt und verschwanden. Es war die Aktion eines Mordkommandos im Auftrag des israelischen Geheimdienstes; der Junge war sofort tot. Mehrere Jugendliche eilten herbei, hoben den Toten auf ihre Schultern und wollten weglaufen, doch schon nahten Militärfahrzeuge mit Sirenengeheul. Ich reagierte sofort; ohne viel zu überlegen stellte ich mich schreiend mitten auf die Strasse und forderte die Autofahrer auf, sich den Militärwagen in den Weg zu stellen, damit der Tote geborgen werden konnte. Eine Frau, die am Strassenrand Auberginen verkaufte, kippte ihren Korb auf die Strasse, um die Autos zum Anhalten zu veranlassen. Es war verboten, Verletzte zu bergen, und wer es doch tat, riskierte, ebenfalls erschossen zu werden. Die Militärbehörden brachten die Leichen zur Obduktion, angeblich um gemäss Gesetz die offizielle Todesursache zu bestimmen. Indem der Leichnam einige Tage entfernt wurde, verhinderten die Behörden, dass es bei der Beerdigung zu Demonstrationen kam, verunmöglichten aber gleichzeitig, dass der Tote in Würde bestattet werden konnte. Den Jugendlichen gelang es jedoch, mit der Leiche zu verschwinden, und ich atmete auf. Ein Mann brachte einen Eimer Wasser. Wir wuschen das Blut weg und heulten. In meinem Schockzustand wiederholte ich immer wieder: „Er ist tot, wer mag es sein?" Die Menschen um mich herum und in den Autos fragten: „Wie sah er aus? Trägt er ein rotes Hemd? Ein weisses? Hat er lockige Haare? Ist er blond? Ist er dunkel? Wie alt ist er?" Alle fürchteten, es könnte der eigene Sohn oder Bruder sein.

Als ich zu Hause ankam, hatte ich hohes Fieber. Da hörte ich die Lautsprecher im benachbarten Flüchtlingslager Dschalazon eine Ausgangssperre verkünden. Ich ahnte gleich, dass der getötete Junge aus dem Flüchtlingslager stammte. Später erfuhr ich, dass es der siebzehnjährige Mustafa Al Jaru war. Ich dachte an seine Mutter, die allein trauern musste, weil während der Ausgangssperre niemand sie besuchen durfte, um sie zu trösten und ihr beizustehen. Nicht einmal das Trauern lässt man uns, dachte ich. In der Nacht konnte ich nicht schlafen. Auf einmal hörte ich draussen Geräusche und schaute vom Balkon auf die Strasse hinunter. Ein junger Mann bat mich um ein sauberes weisses Leintuch. Ich brachte es in der Annahme, die Jungen wollten Spruchbänder anfertigen. Am nächsten Tag hörte ich, dass die Ausgangssperre im Flüchtlingslager für eine Stunde aufgehoben war, und kurz darauf sah ich junge Leute an meinem Haus vorbei in Richtung Friedhof rennen. Ein Licht ging mir auf: Die jungen Leute von Birseit hatten den Leichnam in das weisse Tuch gehüllt, aus dem Versteck zur Familie gebracht, damit sie Abschied nehmen und ihn in aller Würde begraben konnte. Ich habe die Mutter des Jungen darauf mehrere Male besucht. Jedesmal wollte sie von mir wissen, was ich gesehen hatte und ob ihr Sohn noch etwas gesagt, geweint oder geschrien habe.

Seit Beginn der Intifada mussten wir täglich mit Strassensperren rechnen. Autos und Fussgänger wurden kontrolliert, Koffer, Tüten und Säcke durchsucht, Identitätskarten zur Kontrolle eingezogen. Manchmal warteten wir mehrere Stunden – die Frauen im Auto, die Männer in der heissen Sonne auf der Strasse stehend oder hockend, die Hände hinter dem Kopf. Oft warteten wir bis zum Abend. Dann durften die einen nach Hause, die anderen landeten im Gefängnis. Unsere Kinder mussten für ihren fünfzehnminütigen Schulweg zwei Stunden rechnen. Schon um sechs Uhr verliessen sie das Haus, suchten immer neue Wege, um die Sperre zu umgehen und rechtzeitig zur Schule zu kommen. Oft gelang es ihnen nicht. Den Kindern verging die Lust zu lernen; der Unterricht würde sowieso ausfallen, weil viele Schüler die Schule nicht erreichen könnten, meinten sie. Siebenundzwanzig Schultage verpasste unsere achtjährige Tochter Hâla 1991 wegen der Sperren. Die Angst war kaum zu ertragen: Jeden Morgen, wenn die Kinder sich auf den Weg gemacht hatten, stand ich am Fenster und versuchte zu erkennen, ob die Menschen sich normal oder hektisch bewegten und ob Autos die normalen Strassen oder Nebenstrassen benutzten. Ich wartete auf ein erlösendes Zeichen, dass die Kinder es geschafft hatten, und empfand ohnmächtige Wut über diese gezielte Demütigung. Nie verlief ein Tag wie geplant. Ich mahnte mich jedesmal zur Geduld, aber immer wieder verlor ich die Nerven und mein Herz klopfte vor Aufregung und Angst, dass an der Sperre etwas Unerwartetes passieren könnte. Wer seufzte oder klagte, riskierte Schläge oder gar Verhaftung. Die Soldaten hätten dem Alter nach meine Söhne sein können, und sie hatten das Recht, uns zu schikanieren. Auch wenn sie mir leid taten, fürchtete ich mich vor ihnen. Wie oft passierte es, dass ein Soldat einen Menschen erschoss, weil dieser den Befehl anzuhalten nicht befolgt oder einfach überhört hatte. Wenn ältere Soldaten an der Sperre waren, hatte ich weniger Angst vor Kurzschlussreaktionen.

Ausgangssperren wurden regelmässig für mehrere Stunden oder Tage verhängt. Nachts oder in den frühen Morgenstunden fuhren Militärfahrzeuge durch die Strassen, und aus Lautsprechern erklang die Aufforderung: „An die Einwohner von Birseit: Auf Befehl des Militärgouverneurs ist die Ausgangssperre für unbestimmte Zeit und bis auf Widerruf verhängt. Wer die Sperre bricht, begibt sich in Lebensgefahr und muss mit dem Tod rechnen.“ Oft mussten sich alle Männer über vierzehn Jahre vor der Kirche, dem Postamt oder dem Stadthaus versammeln und stundenlang – einmal gar vierzehn Stunden – auf dem nackten Boden sitzen, während Militäreinheiten ein Haus nach dem andern durchsuchten. Die versammelten Männer wurden kontrolliert und einzelne von ihnen verhaftet.

Als unsere Kinder klein waren, hatte ich während der Ausgangssperren Angst um meinen Mann, die Brüder und Schwäger, die Nachbarn und Freunde. Ich fürchtete, dass Soldaten in unser Haus eindringen könnten, und machte mir Sorgen um die Kinder, die mit Hass und Wut konfrontiert wurden und Ängste ausstanden. Ich fühlte mich ohnmächtig, wenn ich ihnen erklären musste, was vor sich ging. Hinzu kam die Wut, dass durch die Ausgangssperre mein Tagesablauf durcheinandergeriet.

Später dachte ich nicht mehr an meine Pläne, an Arbeit oder Essen, sondern sorgte mich lediglich darum, ob jemand verletzt, verhaftet oder getötet wurde. Ich geriet der Kinder wegen, die jetzt oft auf der Strasse waren, in Panik. Verstekken? Aber wo? Werden sie erwischt, werden sie brutal geschlagen und verhaftet? Ich versuchte ihnen zuzureden, sich den Soldaten gegenüber höflich zu verhalten, um diese milde zu stimmen. Die Kinder tadelten mich und warfen mir Feigheit und Kapitulation vor. Oft verschwand unser Sohn Anîs mit anderen Jugendlichen im Tal, bevor sich die Soldaten überall verteilten. Ich rannte von einem Fenster zum andern und hielt Ausschau. Einmal sah ich zwei Jungen mit blauen Jacken und in der Nähe mehrere Soldaten. Mit Pfiffen warnte ich die Jungen, und sie rannten weg. Da näherten sich die

Soldaten dem Nachbarhaus und holten drei Studenten heraus, die blaue Jacken trugen, in der Annahme, sie seien diejenigen, die auf der Strasse gewesen waren. Die drei hatten keine Gelegenheit, ein Wort zu sagen; sie wurden derart brutal zusammengeschlagen, dass sie nachher ins Haus getragen werden mussten.

In den Flüchtlingslagern waren die Ausgangssperren häufiger und grausamer. 1988 dauerte sie einmal gar vierzig Tage und wurde nur alle drei Tage für zwei Stunden aufgehoben, damit die Leute Essen und Wasser besorgen konnten. Den siebentausend Bewohnern und Bewohnerinnen des Lagers Dschalazon war es oft unmöglich, innerhalb der zwei Stunden ihre Besorgungen zu erledigen – oder einen Angehörigen zu beerdigen.

Wann immer möglich, begaben sich sogleich, wenn eine Ausgangssperre ausgerufen wurde, Ärzte der in den siebziger Jahren gegründeten Palästinensischen Nothilfe in die Flüchtlingslager, um dort im Versteckten medizinische Hilfe zu leisten. Nachts gingen junge Menschen aus Birseit heimlich ins Flüchtlingslager und brachten den Menschen Nahrung und Medikamente. Diese Jungen riskierten, angeschossen oder verhaftet zu werden.

Während der Ausgangssperren hörte ich manchmal nachts Schritte auf der Treppe. Es klopfte, und eine Stimme sagte: „Bitte kein Licht machen! Und mach die Tür erst nach unserem Verschwinden auf. Wir sind die Schabâb und bitten dich, die Sachen, die wir gebracht haben, zu verteilen." Später ging ich hinaus und fand einen grossen Sack voll Brot, den die Schabâb – „die Jugend" – uns hingestellt hatte. Eine Nachbarin fand Zucker, Reis und Trockenmilch, eine andere Medikamente. Die Verteilung ging mit Hilfe der Frauen heimlich vor sich, von Haus zu Haus. So versuchten wir, die schwierigen

Situationen zu bewältigen. Wir schöpften Kraft und Mut aus der gegenseitigen Hilfe und Solidarität.

Immer wieder führten verlängerte Ausgangssperren während der Erntezeit zum Verderben von Früchten und Gemüse.

Zur Zeit der Intifada hatte eine Freundin aus dem Flüchtlingslager ihren Mann nach langer Krankheit verloren. Als sie aus dem Lager fuhr, um einiges für die Trauerfeier einzukaufen, stiess ein Militärwagen mit ihrem Auto zusammen; in der Folge litt sie an schweren Lähmungserscheinungen. Die Frau hatte sieben Kinder. Der älteste Sohn, neunzehnjährig, war seit seinem zwölften Lebensjahr sechsmal verhaftet worden. Er bereitete sich eben in einem zweiten Anlauf auf das Abitur vor und kämpfte mit aller Kraft dafür, dass er es schaffte. Ein Jahr zuvor war er am Lagereingang, auf dem Weg zur Prüfung, von Soldaten aufgehalten worden, so dass er den Termin versäumte; er hatte deswegen noch einmal ein ganzes Schuljahr absolvieren müssen. Ich versuchte ihn zu überzeugen, sich diesmal während der Prüfungszeit nicht bei seiner Familie aufzuhalten. Ich besorgte ihm in Ramallah einen Platz, wo er sich während der zehn Prüfungstage in Ruhe vorbereiten konnte. Er war sehr froh darüber, aber am Abend vor seiner Abreise sagte er mir, er habe kein Recht, das Lager im Stich zu lassen, er sei nicht besser als die anderen. Er müsse bei der Familie bleiben und sie verteidigen, falls die Soldaten kämen. Am nächsten Tag, als ich von der Arbeit zurückkehrte, lief mir Hâla entgegen und flüsterte mir ins Ohr: „Muhammad ist gekommen, er ist den Soldaten entwischt.“ Er hatte sich auf der Flucht die Hand verletzt und war mit Munîr beim Arzt gewesen. Glücklicherweise war es die linke Hand, und er würde bei den Prüfungen dennoch schreiben können. Wir einigten uns darauf, dass er für eine Woche bei uns bliebe.

Niemand sollte wissen, wo er sich aufhielt, auch seine Mutter und Geschwister nicht. Er sagte: „Seit einer Woche habe ich meine Schuhe Tag und Nacht anbehalten, damit ich jederzeit fliehen kann.“ Er schaute von unserem Balkon ins Tal hinunter und sagte: „Oh, wie schön ist Palästina. Ich glaube, ich habe zum ersten Mal Zeit und Ruhe, es mir anzusehen!“ Er erzählte mir, dass er sein Leben im Flüchtlingslager zugebracht habe – Tag für Tag nur der Anblick von Blechdächern und von Soldaten und ständig vor Überfällen auf der Hut. Er habe nie die Ruhe gehabt, die Landschaft zu betrachten. Darauf nahm er seine Bücher und ging ins Zimmer, um zu lernen.

Gegen Mitternacht wurde ich von Autolärm und Schüssen geweckt. Scheinwerferlicht drang in unser Haus. Ich ging auf die Veranda und sah, dass Soldaten in den Häusern ringsum Razzien durchführten. Viele Jugendliche hatten sich versammelt und bewarfen die Soldaten mit Steinen, eine heftige Auseinandersetzung war im Gang. Ich hatte Angst um Muhammad, der ahnungslos schlief. Würde er bei mir erwischt, könnte unser Haus versiegelt und Munîr und Anîs verhaftet werden. Muhammad und Anîs würden sich nicht verstecken wollen, wenn sie aufwachten, sondern hinausgehen. Ich zitterte vor Aufregung und hoffte, dass keiner aufwachte. Nach drei Stunden zogen die Soldaten endlich ab. Am nächsten Morgen um fünf Uhr weckte ich Muhammad, damit er vor der Errichtung der Strassensperre nach Ramallah zur Prüfung gehen konnte. Zum ersten Mal seit drei Jahren habe er gut geschlafen, sagte er. Ohne die Ereignisse der letzten Nacht zu erwähnen, brachte ich ihn unbehelligt zum Prüfungssaal. Am Nachmittag kam einer seiner Freunde, holte seine Sachen ab und sagte, Muhammad wolle uns nicht in Gefahr bringen und werde sich irgendwann melden. Er hatte vom nächtlichen Geschehen erfahren und blieb deshalb fern. Am letzten Prüfungstag wurde er verhaftet und zu zwei Jahren Gefängnis verurteilt. Seine Zukunft war zusätzlich bedroht – ohne Abitur konnte er keinen Beruf lernen und würde sich als Hilfsarbeiter durchs Leben schlagen müssen. Als ich ihn später nach seinen Plänen fragte, schaute er mich spöttisch an: „Nicht mal für die nächste Stunde weiss ich, was mit mir geschehen wird, wie soll ich mir da vorstellen, was aus meiner Zukunft wird!“

Von 1989 an waren die Schulen während achtzehn Monaten und die Universitäten gar während zweiundfünfzig Monaten geschlossen. Der Schliessungsbefehl galt jeweils für einen Monat und wurde dann verlängert. Anfänglich glaubten wir, es handle sich wirklich nur um einen Monat. Doch bald erkannten wir, dass mit der Befristung nur Proteste aufgefangen werden sollten. Trotz des Verbots wurde der Unterricht im Untergrund weitergeführt. In Birseit unterrichteten vierundzwanzig Lehrer und Lehrerinnen rund vierhundert Kinder; Munîr übernahm die Organisation. Alle machten mit, obwohl es verboten war, zu Hause zu unterrichten. Kein einziges Kind blieb weg. Der Unterricht fand in der Kirche, in der Moschee, unter Bäumen und in Privathäusern statt. In unserem Haus und seiner nächsten Umgebung hatten wir vier Klassen eingerichtet. Wenn Soldaten anrückten, wurden wir durch Pfiffe gewarnt, und die Schüler rannten ins Tal und versteckten sich. Es war beeindruckend zu sehen, mit welcher Begeisterung die Kinder lernten und wie kritisch sie an die Lernprogramme herangingen. Die Schulleitung forderte die Lehrer auf, der Situation angepasste palästinensische Lehrpläne und Lehrprogramme zu entwickeln. Manche Schulen fertigten Mappen für den Selbstunterricht an. Auch der Universitätsunterricht lief trotz Verhaftung von Studierenden, Mitarbeitern und Professoren im Untergrund weiter. Obwohl es verboten war, drang ich mit zehn Studenten heimlich in die Universität ein und erteilte Laborunterricht. Einige meiner Studenten waren zu Haftstrafen von drei Jahren auf Bewährung verurteilt. Sie nahmen das Risiko einer erneuten Verhaftung auf sich, um endlich ihr Studium abschliessen zu können. Vor Sonnenaufgang betraten wir das Gebäude und arbeiteten bis Sonnenuntergang hinter zugezogenen schwarzen Vorhängen. Im Untergrund zu unterrichten war eine Herausforderung; es war ein Notbehelf, hart und unbefriedigend, aber er stärkte uns in unserem Kampf für das Recht auf Bildung.

Einmal, als eine Schulklasse auf unserer Veranda arbeitete, sahen wir einen Militärjeep näherkommen. Ein Pfiff, und im Nu rannten alle Schüler ins Tal und versteckten sich in den Olivenbäumen. Als der Jeep wieder weg war, kehrten sie zurück.

An einem der folgenden Abende, gegen Mitternacht, hörte ich vor dem Haus Geräusche. Ich blickte hinaus, sah einen Schatten und vermutete, es sei ein Hund oder ein Esel, die nachts jeweils durchs Dorf streunten. Am nächsten Morgen lag unser Hund tot vor der Tür – ein beunruhigendes Zeichen, denn wenn ein militärischer Überfall geplant war, kam es vor, dass zuvor die wachenden Hunde zum Schweigen gebracht wurden.

Am Abend waren wir unruhig und zögerten, schlafen zu gehen. Plötzlich hörten wir erneut Geräusche und sahen, wie fünf vermummte junge Leute den Telefonmast hochkletterten und die Telefonleitung durchschnitten. Ich hielt die Vermummten für politisch aktive Jugendliche, die die Intifada unterstützten, und rief: „Was ihr macht, ist falsch! Das Telefon dient uns allen. Seid vernünftig und konstruktiv.“ Sie aber schnitten alle Leitungen durch und begannen dann, unser

Haus mit Steinen zu bewerfen. Sie zertrümmerten die Fensterscheiben des Wohnzimmers und warfen grosse Steine gegen die Haustüre, so dass ich fürchtete, sie könnte zersplittern. Die Steine flogen ins Zimmer, in dem Munîr und ich uns aufhielten. Der schlafenden Kinder wegen wagte ich nicht zu schreien. Eine schreckliche Befürchtung erfüllte uns: Wir glaubten im ersten Moment, die Angreifer seien PLO-Kräfte – was bedeutet hätte, dass sie uns für Kollaborateure hielten. Die Ungewissheit und Angst waren unerträglich. Munîr hatte starkes Herzklopfen und Schweissausbrüche; ich glaubte, uns stünde eine Katastrophe bevor. Dann nahmen wir uns zusammen und versuchten, uns gegenseitig zu beruhigen und zu trösten.

Eine halbe Stunde später ging Munîr zum Nachbar, einem Vetter, um mit ihm diese Sache zu bereden. Ich blieb zu Hause. Plötzlich hörte ich wieder Schritte und sah die fünf Gestalten zurückkommen und mit Molotowcocktails in den Händen auf das Nachbarhaus zugehen, in dem sich Munîr aufhielt. Sie warfen Molotows durch die Fenster, und Flammen schlugen aus dem Haus. Sie warfen auch Steine in die Zimmer. Die Kinder des Nachbarn schrien fürchterlich. Ich hatte Angst, Munîr könnte auf dem Rückweg getötet werden. Einige Minuten später hörte ich eine andere Nachbarin schreien: „Sie töten meinen Sohn!“ In diesem Moment trieb mich eine unheimliche Kraft auf den Balkon, und ich rief so laut ich konnte um Hilfe. In wenigen Minuten versammelten sich viele Menschen vor unserem Haus. Ich aber zitterte nur noch und verlor meine Stimme; vier Tage lang konnte ich keinen Ton mehr herausbringen. Es stellte sich heraus, dass diese Männer den Sohn der Nachbarin und den Wächter des Rathauses mitgenommen hatten. Die Nachbarin hatte sich an einen der Männer geklammert, ihm die Vermummung weggerissen und ihn erkannt – er wohnte nur ein paar Häuser weiter. Damit war klar, dass es sich um Kollaborateure handelte.

Sie hatten die beiden Jungen auf dem Dach des Hauses an einem Fernsehmast festgebunden. Es war ein Wintermorgen im Februar 1989, im Dorf lag Schnee, und die beiden Jugendlichen waren der eisigen Kälte ausgesetzt. Das ganze Dorf versammelte sich, aber niemand konnte etwas tun, denn die Täter drohten, die beiden zu töten. Es war eine der schwersten Stunden meines Lebens. Munîr und einige Gleichgesinnte beschlossen, den Militärgouverneur um Hilfe zu bitten. Nach den Regeln des Widerstands war dies verboten, weil es Zusammenarbeit mit dem Feind bedeutete, doch war uns die Rettung der beiden Menschen höchstes Gebot. Innerhalb einer halben Stunde waren der Militärgouverneur, der Chef des Geheimdienstes und mehrere Soldaten da. Der Gouverneur rief einem der Männer zu: „Machmûd, es ist genug, lass sie jetzt frei." Danach gingen die Militärs fort, ohne sich darum zu kümmern, dass Molotowcocktails geworfen worden waren. Dies erstaunte uns, weil normalerweise bei Entdeckung von Molotows tagelange Ausgangssperren verhängt wurden. Die beiden Opfer lagen zwei Wochen im Krankenhaus. Sie waren mit Rasierklingen im Gesicht verletzt worden, hatten Verbrennungen von Zigaretten auf dem Rücken und Wunden von schweren Schlägen am Kopf.

Die Dorfbewohner fassten den Beschluss, den bewaffneten Kollaborateur zu verstossen; er wohnt seither in einem israelischen Ort. Sein Onkel, der am Vorfall beteiligt war, musste dem Dorf sechs Monate fernbleiben und sich öffentlich zur Reue bekennen. Die Telefonleitung blieb achtzehn Monate unterbrochen, der Militärgouverneur erlaubte die Reparatur nicht; die Grundgebühren mussten wir jedoch trotzdem weiterbezahlen.

Der Einsatz von Kollaborateuren in Birseit war ein Versuch gewesen, uns zum Schweigen zu bringen, zu entmutigen und schlecht zu machen. Doch die Menschen aus dem Dorf und der Umgebung besuchten uns und stärkten uns mit ihrem Respekt und ihrer Anteilnahme.

Die Kollaborateure, von denen es einige tausend gibt, spielen noch heute bei der Aufrechterhaltung der Besatzung eine wichtige Rolle. Es gibt Kollaborateure, die sich freiwillig zu dieser Tätigkeit bereit erklärten, aus finanzieller Not, sozialem Elend oder persönlicher Schwäche. Andere wurden unter physischem oder psychischem Druck gezwungen, mit dem israelischen Geheimdienst zusammenzuarbeiten. Viele Jugendliche, auch Kinder und Frauen, sind Kollaborateure geworden. Sie betätigten sich als Schnüffler, gaben Informationen an die Militärbehörden weiter; andere wurden zur Verhaftung von Palästinensern, zur Folterung von Gefangenen oder sogar zur Erschiessung von Menschen veranlasst. Wer sich eindeutig eines Verbrechens schuldig gemacht hatte, wagte nicht mehr, sich in seinem Dorf zu zeigen. Israel sorgte damals noch für ihren Schutz, doch ihre Ansiedlung in Nazareth und anderen Orten in Israel stiess auf den Widerstand der israelischen Bürger, die sich – auch aus Furcht – weigerten, sie in ihre Dörfer aufzunehmen. Oft werden diejenigen, die aus dem Kollaborationsgeschäft aussteigen wollen, von den eigenen Komplizen oder dem Militär beseitigt.

Viele Mütter gaben dem Druck des Geheimdienstes nach: Vor die Alternative gestellt, den Sohn für fünf Jahre hinter Gittern zu wissen oder in einigen Wochen auf freiem Fuss, waren einige von ihnen bereit, Informationen weiterzugeben oder jemanden in eine Falle zu locken. Kam der Sohn unerwartet schnell frei, schien sich der Verdacht zu bestätigen, dass Kollaboration im Spiel war, und wie der Blitz verbreitete sich die Nachricht. Viele Söhne verliessen daraufhin ihre Dörfer und kamen nie wieder. Die Enttäuschung über den Verrat der Mutter oder die Angst, selbst in Verruf zu kommen, vertrieben sie. Diese Leute haben es heute sehr schwer. Sie sind nicht eigentliche Verbrecher, gelten aber als Verräter. Ihr Selbsthass ist gross, weil sie sich bewusst sind, dass sie ihre eigenen Leute verraten haben und eine Abrechnung befürchen müssen; Israel jedoch kümmert sich nicht mehr um ihre Sicherheit. Ihre Rehabilitation ist dringend notwendig. Uns alle, Eltern, Erzieher und Jugendliche, begleitet dieser Alptraum noch immer: Der Kollege am Arbeitsplatz, die Kameradin auf der Schulbank, der Nachbar, die Schwester oder die Mutter könnte ein Verräter, eine Verräterin sein.

Vierzehn Monate, nachdem unser Sohn Anîs durch den gezielten Schuss eines Soldaten schwer verletzt worden war, an einem Morgen im kalten Februar 1992, wurde vor Sonnenaufgang die Ausgangssperre ausgerufen. Die Lautsprecher rissen uns aus dem Schlaf. Hâla, die Jüngste, kroch zu mir ins Bett und versteckte sich. Die beiden Älteren rannten aufgeregt von einem Fenster zum andern und wollten wissen, was los ist. „Wie lange wird die Sperre bleiben? Wen suchen sie?“ fragten sie. Munîr war krank; er litt an einer Nervenentzündung, die eine schmerzhafte Versteifung des Rückens und des Armes bewirkte. Er drehte das Radio an, um vielleicht auf einem der Sender etwas über die Gründe der Ausgangssperre zu erfahren. Um Essen und Trinken brauchte ich mir keine Sorgen zu machen; ich hatte für solche Situationen vorgesorgt. Mehl, Trockengemüse, Oliven, Öl und Thymian hatten wir genug. Ich fürchtete nur, jemand könnte krank werden oder die Diabetes- und Blutdruckmedikamente der Grosseltern könnten ausgehen. Den Tag und darüber hinaus zu planen war sinnlos. Meine Wut musste ich verdrängen, um einen klaren Kopf zu bewahren für das, was auf uns zukommen mochte. Mir bangte davor, dass die Kinder auf den Balkon gehen und sich in Gefahr begeben könnten. Die physischen und psychischen Wunden seiner schlimmen Erfahrungen waren bei Anîs noch frisch und quälten ihn. Was, wenn sie ihn bei uns fänden und ihn mitnähmen?

Zwei Stunden später hämmerte es an die Tür. Sechs Soldaten standen davor und verlangten nach meinem Mann. Ich wollte ihn schützen und sagte, er sei krank. Doch Munîr kam, gekrümmt vor Schmerzen, zur Tür, um sie davon abzuhalten, das Haus zu betreten. Die Soldaten wollten Munîr zwingen, auf die Strasse hinunterzugehen, um Graffiti an der Mauer zu übermalen. „Hol deine Identitätskarte und folge uns!“ Munîr war wegen seiner Erkrankung sehr behindert und konnte sich kaum bewegen. Deshalb nahm ich meine Identitätskarte und folgte ihnen. Nach einigem Hin und Her akzeptierten sie schliesslich, dass ich an seiner Stelle mitging, und forderten mich auf, die Graffiti zu übermalen. Ich bat sie um weisse Farbe und einen Pinsel. Einige lachten über meine Naivität, die anderen wurden wütend: „Weisst du nicht, dass es Pflicht ist, Farbe und Pinsel im Haus zu haben?“

„Meines Wissens ist es verboten, Farbe im Haus zu haben“, erwiderte ich, „damit die Kinder keine Graffiti schreiben.“

„Halt den Mund und besorg dir Farbe!“

Ich ging Richtung Postamt und begegnete fünf jungen Männern, die man ebenfalls gezwungen hatte, Parolen zu übermalen. Niemand sprach ein Wort; ich ging an ihnen vorbei und kehrte dann zu den Soldaten zurück. „Wo ist die Farbe?“ fragten sie.

„Die Geschäfte sind wegen der Ausgangssperre geschlossen“, antwortete ich. Wütend befahl mir einer der Soldaten, Erde mit Wasser zu vermischen und damit die Graffiti zu überstreichen. Ich tat es, obgleich ich wusste, dass das Beschmieren der Wände mit Erde in der palästinensischen Tradition einen Trauerfall ankündigt. Ich tat es, um Munîr und Anîs zu schützen. Wie alle anderen, die an diesem Tag während der sechzehnstündigen Ausgangssperre gezwungen wurden, Wände zu beschmieren, fühlte ich mich tief gekränkt und gedemütigt.

Sechzehn Monate später wurde Anîs verhaftet. Diese schreckliche Zeit bleibt tief im Inneren unauslöschlich eingegraben – mein fünfzehnjähriger Sohn angeschossen, gefoltert und der Verfolgung ausgesetzt. Mehr noch als seine Gefangennahme trafen mich die Demütigung, die Schikanen und der fehlende Respekt. Während er in Untersuchungshaft war, litt ich an psychosomatischen Verkrampfungen mit starken Schmerzen. Jedesmal, wenn Leute sich versammelten, erwartete ich, dass etwas Schreckliches passierte. Nachts wachte ich mehrmals auf, lauschte angstvoll, ob jemand kommt, und befürchtete das Schlimmste. Die jüngere Tochter Hâla, heute elf Jahre alt, leidet noch immer an Schlaflosigkeit und nächtlichen Angstzuständen.

Mitten in dieser schweren Zeit, als auch der Arbeitsmarkt in Israel zeitweise verschlossen blieb, entwickelten sich viele Initiativen. Die jahrzehntelange Abhängigkeit von Israel wurde durch Eigeninitiative und Selbstversorgung vermindert, was uns auch ermöglichte, den israelischen Markt zu boykottieren. Alle waren zur Mithilfe und zum Einsatz von Zeit, Kraft, Mitteln und Fürsorge bereit. Ärzte gründeten Organisationen, um die medizinische Versorgung der Bevölkerung zu gewährleisten. Agronomen und Wirtschaftsexperten entwikkelten landwirtschaftliche Projekte, die den Menschen ihre Lebensgrundlage sicherten und gleichzeitig ökologischen Überlegungen Rechnung trugen. So war ich etwa an verschiedenen Aufforstungsprojekten beteiligt, die die Versorgung mit Holz und Futter verbessern sollten und die zugleich auch erzieherische Funktion in bezug auf ökologische Fragen und die Erhaltung der Artenvielfalt hatten. Gemeinsam mit Jugendlichen bauten wir auch in Birseit kleine Projekte auf, um die Selbstversorgung zu stärken, zum Beispiel eine kleine Milchkooperative, die heute von den Jugendlichen selbst verwaltet wird. Viele dieser Projekte wurden durch finanzielle Hilfe aus dem Ausland ermöglicht – durch Bundesgelder aus Deutschland und der Schweiz zum Beispiel, sowie durch die Unterstützung zahlreicher humanitärer Organisationen.

Viele, die sich zuvor als Arbeiter und Arbeiterinnen in Israel verdingt hatten, pflanzten nun Gemüse für den Eigenbedarf oder züchteten Hühner. Bauernkooperativen wurden gegründet, und verschiedene Komitees kümmerten sich um die Vermarktung der Erzeugnisse innerhalb der besetzten Gebiete. Überall wurden auch Komitees gegründet, die sich um die Familien von Gefangenen, Verletzten und Ermordeten kümmerten. Intensive Gespräche ermöglichten Selbstkritik und spornten uns zum Nach- und Umdenken an. Die Infrastruktur der heutigen palästinensischen Selbstverwaltung baut auf den zur Zeit der Intifada geplanten und entwickelten Einrichtungen für Bildung, Landwirtschaft, Gesundheit und Politik auf.

Die Frauen beteiligten sich aktiv am politischen Leben und am Widerstand. Viele wurden verhaftet, unter Haus- und Stadtarrest gestellt, geschlagen, gefoltert, einige gar erschossen. Im Alltag mussten sie sich vielfältigen Herausforderungen stellen: Die Realität zwang sie, mit Traditionen zu brechen und sich im öffentlichen Leben zu engagieren. Sie übernahmen die Aufgaben der verhafteten und verletzten Männer und sorgten für den Familienzusammenhalt, für Kinderernährung, Haushalt und die Pflege der Alten. Sie besuchten die Gefangenen, besorgten Anwälte, sprachen beim Roten Kreuz vor – mussten vieles leisten, was sie sich früher nicht zugetraut hatten. Da zahlreiche Männer aus dem politischen Kader ins Gefängnis kamen, mussten immer häufiger Frauen die Lücke füllen, Führungsaufgaben übernehmen und politische Entscheidungen fällen. Sie entwickelten zudem verschiedene Selbsthilfeprojekte: Kinderkrippen und Kindergärten, Strick- und Stickereikooperativen, Projekte für Kleintierhaltung und die Herstellung von Kindernahrung und Einmachprodukten. So entstand in Birseit etwa eine Stickereikooperative, die bis heute mit ihren Erträgen den Kindergarten mitfinanziert. Die Projekte verbesserten die wirtschaftliche Lage der Frauen und lehrten sie, ihre eigenen Lebensgrundlagen zu bestimmen.

Viele Männer waren begeistert von der Arbeit der Frauen, wohl weil sie uns all dies nicht zugetraut hatten. Sobald die Frauen aber den Mund aufmachten, um soziale Rechte und Gleichberechtigung zu fordern, antworteten ihnen die Männer mit den üblichen Parolen: jetzt sei die Zeit der nationalen Befreiung; die soziale Befreiung sei eine Sache für später. Die politisch bewussten, aber von den Parteien unabhängigen Frauen wiesen ständig darauf hin, dass beides parallel laufen müsse, die politisch-nationale Befreiung einerseits, die sozial-menschenrechtliche Befreiung andererseits. Die Frauen, die Mitglieder von Parteien waren, deren Ideologie für sie verbindlich war, fühlten sich zu schwach, um an zwei Fronten zu kämpfen, und resignierten. Sie erkannten die Notwendigkeit dieses Kampfes für Gleichberechtigung erst, als sie erfahren mussten, wie sie nach der Intifada und bei Beginn des politischen Verhandlungsweges umgangen und zurück ins Haus und zur Familie geschickt wurden.

Solche Erfahrungen führten zur Gründung verschiedener unabhängiger Frauenzentren, deren erstes das Zentrum für Frauenfragen „Women's Affairs“ in Nablus war. Es wurde 1989 von der Schriftstellerin Sahar Khalifa initiiert, die kurz zuvor aus Amman in ihre Heimatstadt Nablus zurückgekehrt war. Sie setzte sich mit mehreren von uns politisch engagierten akademischen Frauen zusammen, um – mit dem Rat und der Hilfe italienischer Frauen – ein Projekt ins Leben zu rufen, das Frauen für Führungspositionen in der palästinensischen Gesellschaft ausbilden sollte. Denn der Kampf um gleichberechtigte Teilhabe der Frauen bedingt, dass Frauen zur Verfügung stehen, die dieser Aufgabe gewachsen sind. Rund dreissig Frauen sind seither ausgebildet worden, von denen einige bereits wichtige Positionen innerhalb ihrer Parteien einnehmen. Das Zentrum von Nablus, an dem ich seit Beginn mitarbeite, bietet den Frauen praktische, nicht-ideologische Schulung; sie lernen, ihre Probleme eigenständig anzugehen, Entscheidungen zu treffen, ihre Situation selbst zu definieren. Auch Sprachkurse, Englisch und Arabisch, Sprechkurse und Weiterbildung zu Themen wie Demokratie, politische Strukturen und Frauenrechte gehören zur Ausbildung.

Die alltäglichen Schrecken der Intifada lehrten uns Frauen, auf eigene Weise und mit der uns eigenen Stärke Widerstand zu leisten – gewaltlos und klug. Dies wurde mir in meinem eigenen Verhalten deutlich: Ich hatte mit meinen Töchtern Ghâda und Hâla verabredet, dass ich sie um zwölf Uhr am Schultor abhole. Es war zu gefährlich, sie allein auf die Strasse zu lassen; zu oft geschah es, dass eine Kugel einen vorbeigehenden Menschen traf. Damals arbeitete ich in Ramallah im Notquartier der Universität, die geschlossen worden war. Um halb zwölf hörte ich in meinem Büro Schüsse und Schreie. Voller Panik eilte ich Richtung Schule. Die Strassen waren von Barrikaden versperrt, Steine flogen durch die Gegend, alte Autoreifen brannten, Soldaten rannten hinter Jugendlichen her und feuerten Schüsse ab. Während sich ein wuchtiges Militärfahrzeug näherte, forderte ein junger Mann uns Vorbeigehende auf, uns in eine Ecke zu kauern und aneinander zu rücken. Ich befolgte wie alle anderen seinen Rat. Darauf kamen mehrere junge Männer herbeigerannt und deckten mit ihren Körpern die zusammengedrängte Schar. Einige von ihnen wurden verletzt, als das Militärfahrzeug bei uns anlangte und aus seinem Rüssel pflaumengrosse Steine auf uns zu speien begann. Es war eine unglaubliche, schockierende Erfahrung: Eine Maschine wurde eingesetzt, um uns zu steinigen.

Ich lief weiter Richtung Schule. An einer Strassenkreuzung hatten sich sechs Soldaten aufgestellt und schossen wild um sich. In Panik klammerten sich vier kleine Schulmädchen, die am Strassenrand standen, aneinander fest und schrien vor Angst. Ich warf meine Tasche zu Boden, lief mit erhobenen Händen auf die Soldaten zu und sagte auf englisch: „Bitte, hört mit Schiessen auf, nur fünf Minuten, damit die Mädchen nach Hause gehen können. Danach könnt ihr, wenn ihr wollt, weiterschiessen.“ Auf einmal war Stille. Die Soldaten starrten mich an. Ich ging auf die Mädchen zu, nahm sie bei der Hand, überquerte mit ihnen die Strasse und hiess sie schnell weiterzugehen. Dann ging ich zu den Soldaten zurück, hob meine Tasche auf und sagte: „Vielen Dank! Jetzt könnt ihr weitermachen.“ Sie schauten einander an und verliessen den Ort.

Danach versuchte ich zu verstehen, was geschehen war. Ich glaube, dass die Soldaten sich als Menschen angesprochen fühlten und entsprechend menschlich reagierten. Das Wagnis einer schwachen, unbewaffneten Frau, die sich ihnen unter Lebensgefahr näherte und sie ansprach, hatte sie verwirrt. Eine Frau, eine „schwache Kreatur“, zu attackieren hätten die Soldaten als Verletzung ihrer Männlichkeit empfunden. Hätte ein Mann dasselbe gewagt, wäre er vermutlich sogleich erschossen worden. Männer begegnen sich als Rivalen, trauen einander Gewalttaten zu und scheuen sich nicht, einander anzugreifen. Den Frauen hingegen trauen Männer weder Mut noch politische Handlungsfähigkeit zu. Dieses Verständnis von stark und schwach ist für uns Frauen von Bedeutung. Wir nutzen es zum Wagnis und lassen aus dieser „Schwäche“ unsere „Stärke“ wachsen. Bewaffnet mit „Schwäche“, erlangen wir Mut zum Handeln. Wir setzen unser Frausein bewusst für unseren Kampf ein.

Zur Zeit der Intifada hielten einmal zwei Soldaten einen Mann fest und schlugen brutal auf ihn ein. Eine Frau mit einem Säugling auf dem Arm trat hinzu und forderte die Soldaten auf, den Mann noch stärker zu verprügeln, da er es verdiene. Und sie drückte ihm den Säugling in die Arme. Die Soldaten zögerten und hörten auf zu schlagen. Die Frau fing an zu klagen, dieser Mann sei ihr Ehemann, er helfe ihr nicht, bringe kein Geld nach Hause und kümmere sich nicht um die Kinder. Während die Soldaten zuhörten, machte sich der Mann mit dem Kind davon. Dann zogen auch die Soldaten ab, und die Frau eilte dem Mann nach, der ihr das Kind zurückgab und sich für seine Rettung bedankte.

In Nablus pflegten sich Frauen, sobald sie eine Konfrontation zwischen Soldaten und Jugendlichen sahen, aus dem Fenster zu lehnen und aus voller Kehle um Hilfe zu schreien. Ihre Stimmen verjagten sowohl die Soldaten wie die Jugendlichen, sie ertrugen das Schreien nicht. Schreien und Weinen gelten als typisch weibliche Verhaltensweisen. Frauen, die schreien und weinen, gelten leicht als hysterisch. Doch ist es die Stärke der Frauen, dass sie diese „Schwächen“ einsetzen, um Leben zu retten.

Seit dem Golfkrieg ist den Palästinenserinnen und Palästinensern der Aufenthalt in Jerusalem nicht nur nachts, sondern auch tagsüber verboten. Man kann zwar beim militärischen Geheimdienst eine Genehmigung beantragen, doch dauert es mehrere Wochen, bis die – meist negative – Antwort eintrifft. Als Grund für eine Erlaubnis gilt, laut Militärverordnung, sich einer Operation im Krankenhaus unterziehen zu müssen, jedoch nicht, ein Familienmitglied im Krankenhaus zu besuchen. Um Freunde zu treffen oder um in Jerusalem zu beten, bekommt man keine Genehmigung. Dies könne man alles auch im Dorf erledigen, heisst es dann. Doch Jerusalem hat die besten Krankenhäuser und die einzige Augenklinik. Es ist zudem das historische und religiöse Zentrum. Ost-Jerusalem ist die regionale Hauptstadt, kulturelles und wirtschaftliches Zentrum, Sitz aller sozialen Organisationen – Bindeglied zur Aussenwelt. Ost-Jerusalem ist der Wohnort von weit über hunderttausend Palästinenserinnen und Palästinensern. Und es gibt keine anderen Verbindungsstrassen zwischen dem Norden und dem Süden der besetzten Gebiete als die Strassen durch Jerusalem. Es ist deshalb sehr schwer für uns, dass diese Stadt mit Gewalt von uns getrennt wird. Es zwingt uns, die Gesetze zu brechen, mit dem Risiko, erwischt zu werden. Wer bei dem Versuch, nach Jerusalem zu kommen, ertappt wird, muss eine Strafe von rund zweihundert Franken bezahlen. Männer riskieren ausserdem Gefängnis und werden vor Gericht gestellt. Es kam mehrmals vor, zuletzt im September 1994, dass ein Mann, der auf eine entsprechende Aufforderung hin nicht sofort stehenblieb, erschossen wurde.

Ich fahre mehrmals monatlich nach Jerusalem und zähle darauf, dass man nicht so leicht auf eine Frau schiesst. Ich steige vor der Sperre aus und gehe zu Fuss zu einer Stelle, von der aus ich mich in die Stadt schmuggeln kann. Einmal jedoch taten mir die Füsse so weh, dass ich mir nicht vorstellen konnte, die weite Strecke auf dem Feldweg bis zu meinem Schlupfloch zu gehen. So blieb ich bis zur Sperre im Sammeltaxi sitzen. Ein Soldat verlangte meinen Ausweis und die Genehmigung. Ich gab ihm den Ausweis und sagte, ich hätte keine Genehmigung.

„Warum nicht?"

„Weil ich alt bin", antwortete ich.

Er schaute in meinen Ausweis und sagte: „Sie sind fünfundvierzig, das ist noch jung. Wären Sie fünfzig, wäre es etwas anderes."

Das seien eben die beiden unterschiedlichen Gesellschaften mit ihren unterschiedlichen Normen, erwiderte ich: „In Israel sind die Frauen mit fünfzig alt, bei uns eben schon mit fünfundvierzig."

Er lächelte, blickte weiter in meinen Ausweis, bestand aber darauf, dass ich eine Genehmigung holen müsse; das Gesetz schreibe es vor.

„Schau mir bitte ins Gesicht und in die Augen", sagte ich zu ihm, „sieh meine grauen Haare. Ich bin mindestens so alt wie deine Mutter, stimmt's?"

Da lächelte er wieder und sagte: „Geh schon durch."

Die Jahre der Intifada hinterliessen tiefe Spuren in meinem Leben. Sie weckten ungeahnte Kräfte und zwangen mich zu Wagnis und Einsatz, doch zugleich erschütterten sie meine Gefühle und verletzten oft meine Seele. Sie zerstörten den Traum vom friedlichen Zusammenleben und von einer normalen Entwicklung und Bildung meiner Kinder. Gewalt und Rechtlosigkeit lähmten mich oft und blockierten meine Gedanken. Ich lebte in ständiger Unruhe und Angst. Oft war ich am Verzweifeln und versuchte immer wieder, nicht zu richten, zu klagen und anzuklagen. Doch schon das nächste schreckliche Geschehnis trieb mich erneut zum Handeln. Überlebensdrang und ein tiefer Instinkt, die Kinder vor dem totalen Zerbrechen zu bewahren, weckten aber auch Kräfte in mir, gaben mir Geduld und hielten einen Funken Hoffnung wach.

Die Intifada klang mit der Aufnahme der Friedensverhandlungen im Oktober 1993 ab. Sie hat erreicht, dass das Palästina-Problem aus der Vergessenheit geholt und in der Weltpolitik zu einem wichtigen Thema wurde. Sie erreichte die Anerkennung der PLO als Verhandlungspartnerin. Sie bewies die Bedeutung und die Kraft der Volkserhebung, und dass Kraft und Wille der Menschen mehr bewirken können als militärische Auseinandersetzungen. Die humanitären Forderungen und die nationalen Rechte wurden erkannt, und eine breite internationale Solidaritätsbewegung stützte die politische Rolle der PLO. Und nicht zuletzt hat die Intifada die Israelis gezwungen, uns als Volk wahrzunehmen. Wir selbst haben durch das Teilen von Freud und Leid Selbstvertrauen und Selbstrespekt gewonnen und waren bereit, auf Verhandlungen einzugehen.

Palästinensische und israelische Frauen im Gespräch

Anspruch und Wirklichkeit

Je länger die Besatzung dauerte und je schwerer die Verluste und Niederlagen waren – ohne spürbare Verbesserungen unserer Situation –, desto deutlicher erkannten wir, dass es ohne Überleben der Israelis auch für uns kein Überleben gab. Die palästinensische Seite musste sich dieser Tatsache, die lange verdrängt worden war, endlich stellen. Von den arabischen Staaten war keine Hilfe zu erwarten, und unsere Jugend wurde zerstört. Auf der Suche nach Identität und Heimat, im Bestreben nach Existenzsicherung und Selbstbestimmung wurde die Notwendigkeit erkannt, diese legitimen Ziele auch der anderen Seite zuzugestehen. Eine realistische Linie setzte sich durch: die Anerkennung des Existenzrechts Israels. Die PLO beschloss 1988 im Nationalrat in Algier, beeinflusst von den Menschen in den besetzten Gebieten, eine Kursänderung: Gründung zweier Staaten für zwei Völker, Anerkennung des Staates Israel und Lösung der Probleme auf politischem Wege. Diese Überlegungen waren nicht neu: Seit den siebziger Jahren fanden, zumeist in Europa, Gespräche zwischen Israelis und Vertretern des gemässigten Flügels der PLO über eine politische Lösung des Konflikts statt.

Auf israelischer Seite setzte sich zuerst in der „Rakah", der kommunistischen Partei, die Einsicht durch, dass eine gerechte Lösung nur in der Gründung von zwei Staaten für zwei Völker erreicht werden könne. Ihr folgten andere politische Gruppierungen. Sowohl israelische wie palästinensische Friedensbefürworter gingen Risiken ein, denn auf beiden Seiten sahen radikale Kräfte dieses Bemühen um eine Annäherung als Verrat. Von 1986 bis 1993 waren Kontakte israelischer Bürger mit Vertretern „feindlicher Organisationen“ verboten. Der israelische Friedensaktivist Elieser Feiler und andere Mitglieder einer Delegation, die sich 1986 in Rumänien mit PLO-Vertretern getroffen hatten, wurden 1988 zu Gefängnisstrafen verurteilt. Einige Vertreter der PLO wurden unter ungeklärten Umständen ermordet, als sie sich für eine politische Lösung einsetzten, so etwa der in Paris lebende palästinensische Arzt und Vertraute Arafats, Issam Sartawi, der sich jahrelang unter Lebensgefahr mit israelischen Politikern getroffen hatte. Wer, wie der palästinensische Physikprofessor Taysir Aruri von der Universität Birseit, öffentlich für eine gerechte Lösung mit zwei Staaten für zwei Völker plädierte, wurde deportiert.

Weder Israel noch die übrige Welt wollten 1988 zur Kenntnis nehmen, was der Beschluss der PLO bedeutete. Anstatt diese positiven Ansätze zu fördern und zu entwickeln, wurden sie ignoriert oder geleugnet. Erst fünf Jahre später war Israel bereit, zu verstehen und zu akzeptieren, dass die palästinensische Seite eine Wandlung vollzogen hatte.

Die Friedensgespräche waren von vielen Menschen, Israelis und Palästinensern, vorbereitet worden, die seit Jahren im Untergrund und im Hintergrund gegen die bestehenden Gesetze gekämpft und sich für Versöhnung und Verständigung eingesetzt hatten. Zwar standen bei den Verhandlungen Männer im Vordergrund, doch die Friedensarbeit auf der Ebene der Verständigung wurde vorwiegend von Frauen getragen.

Ein kleiner Beitrag zur Verständigung war 1988 in Tabgha am See Genezareth möglich geworden. An einem Besinnungsort für Pilger, der zum Dormitio-Kloster von Jerusalem gehört, gab es ein Erholungszentrum für behinderte Kinder. Es gelang mir, mit dem Prior des Klosters und mit dem deutschen Leiterpaar ein Projekt für invalide und verwundete palästinensische Jugendliche zu verwirklichen, die an den Folgen von Schussverletzungen und Folterungen litten. Palästinensische Ärzte liessen sich zur Zusammenarbeit motivieren und überwiesen Patienten zur Behandlung. Oft habe ich selber Gruppen von fünfzehn bis dreissig Verletzten aus Gasa, Jerusalem und Nablus nach Tabgha geschmuggelt. An diesem humanitären Einsatz beteiligten sich erstmals gemeinsam palästinensische und israelische Ärzte und Ärztinnen, Krankenschwestern und Pfleger, Therapeuten, Psychologen und Orthopäden. Die Jugendlichen waren zu Beginn nur widerwillig bereit, sich von israelischem medizinischem Personal behandeln zu lassen. Zum ersten Mal begegneten sie Israelis in anderen Rollen als der der bewaffneten Soldaten. Wichtig war auch, dass durch dieses öffentlich zugängliche Zentrum unübersehbar wurde, was Israelis den Palästinensern angetan hatten. Deutsche Touristen, die den Erholungsort besuchten, kamen mit Verletzten ins Gespräch und halfen, soweit es möglich war. Das deutsche Fernsehen berichtete über unsere Arbeit, und Rita Süssmuth, damals Ministerin für Jugend, Familie, Frauen und Gesundheit, machte bei ihrem Israelbesuch bei uns Station. Die Begegnung mit ihr war ermutigend.

Das Projekt hatte leider nur etwa zwei Jahre Bestand. Die Kirche zog sich aus der Arbeit zurück – wegen mangelnder finanzieller Mittel, vor allem aber, weil es politisch zu brisant wurde. Immerhin hatten wir mehr als zweihundert Verletzten helfen können, und die Idee von Verständigung und Versöhnung war wenigstens für eine gewisse Zeit praktisch umgesetzt worden.

Im Rahmen dieses Rehabilitationsprojekts ergab sich meine erste Zusammenarbeit mit israelischen Frauen. Unsere Gespräche beschränkten sich dabei auf den Zustand der Patienten und auf organisatorische Fragen. Es dauerte mehrere Wochen, bis die israelische Physiotherapeutin und ich einander etwas Persönliches erzählten. Zwischen uns war eine Kluft: Sobald ich über die Lage in den besetzten Gebieten oder vom Verhalten israelischer Soldaten zu sprechen begann, wurde die Stimmung gereizt. Das seien Lügen, bekam ich dann oft zu hören. Die gegenseitigen Vorurteile verletzten und erschwerten das Gespräch. Es war sehr bald für beide Seiten klar, dass wir gegensätzliche Informationen hatten – und auch ein unterschiedliches Geschichtsbild. Wir einigten uns darauf, dass wir beide recht hatten und beide zugleich im Unrecht sein könnten.

Als ich Prior Immanuel Jacobs vom Dormitio-Kloster in Tabgha kennenlernte, gab ich ihm gegenüber meiner Enttäuschung Ausdruck, dass dieses Kloster nun schon seit achtzig Jahren in Jerusalem existierte, seit langer Zeit Theologen ausbildete und noch kaum je Palästinenser zu Vorträgen eingeladen hatte. Wir wurden einfach nicht zur Kenntnis genommen. Ich bot ihm an, einen Vortrag zu halten, und seither arbeitete ich mit anderen Palästinensern und Palästinenserinnen regelmässig an den Programmen des Klosters mit. Gemeinsam beschlossen wir dann, ein Treffen von israelischen und palästinensischen Frauen zu organisieren. Prior Immanuel suchte israelische Gesprächsteilnehmerinnen und ich palästinensische.

In dieser Zeit hatte sich auf der palästinensischen Seite der Widerstand verstärkt, und in der Folge wiederum die Repression. Täglich wurden Menschen angeschossen oder getötet, und die Soldaten traten zunehmend brutaler auf. Als am

Fernsehen zum ersten Mal gezeigt wurde, wie demonstrierenden Kindern bei der Verhaftung systematisch Knochen gebrochen wurden, gab es weltweit empörte Reaktionen. Zum ersten Mal sahen auch die Israelis die Brutalität ihrer Armee mit eigenen Augen. Dass sie gegen Übergriffe protestierten, sobald sie davon Kenntnis hatten, und sich mit uns solidarisierten, überraschte uns sehr. Es wurde uns bewusst, wie wichtig es war, Informationen auszutauschen. Wir sagten uns, wenn israelische Frauen wüssten, was bei uns geschieht, würden sie sich bestimmt auch für unsere Rechte einsetzen. Auch sie hatten ja Kinder und Männer und müssten unsere Gefühle verstehen. Im Gespräch mit Vertretern der PLO vertraten meine Kolleginnen aus der Frauenbewegung die Ansicht, dass es unsere Aufgabe sei, die israelische Öffentlichkeit von der Gerechtigkeit unserer Forderungen zu überzeugen und mit Israelis in persönlichen Kontakt zu treten. Unsere besten Alliierten könnten Israelis sein, sagten wir. Die PLO hatte keine Einwände, und verschiedene Frauen erklärten sich bereit, an solchen Gesprächen teilzunehmen.

Die Bereitschaft war auch bei Israelinnen vorhanden, und so kam im Jahre 1988 unser erstes Treffen zustande. Sechs Palästinenserinnen aus verschiedenen politischen Parteien wurden in Ost-Jerusalem vom Fahrer des Klosters Dormitio abgeholt; sie hätten es nicht gewagt, allein in den Westteil der Stadt zu gehen. Viele meiner vorwiegend muslimischen Kolleginnen waren zum ersten Mal in einem Kloster. Sie blieben in der Vorhalle stehen und betrachteten die Wände – lauter christliche Bilder, das Kreuz und eingerahmte hebräische Texte. Es war, als würden sie von der fremden Kultur und der eigenartigen Atmosphäre überwältigt. Ich fürchtete, sie könnten in ihrer Verunsicherung sogleich wieder umkehren wollen, deshalb drängte ich sie schnell die Treppe hoch. Wir traten in einen Raum, der eine wohltuende Atmosphäre ausstrahlte: gedeckte Tische mit Blumen, Kerzen und Kuchen und im Hintergrund leise Musik. Sechs Israelinnen erwarteten uns. Wir setzten uns; die Anwesenden – die meisten Akademikerinnen – schauten einander an, es herrschte grosse Spannung. Unter den Palästinenserinnen war ich die Älteste; die Israelinnen waren alle älter als wir. Wir hatten Angst, die Frauen könnten dem Geheimdienst angehören, und die Tatsache, dass sie erfahrene, würdige Damen waren, schüchterte uns ein. Im Alltag hatten wir ja nur mit jungen Soldatinnen zu tun, die meist respektlos mit uns umgingen.

Wir stellten uns vor und baten die Israelinnen, den Anfang zu machen. Sie gaben ihrer Freude über dieses Treffen und ihrer Solidarität mit uns Palästinenserinnen Ausdruck. Das gefiel uns, und wir erwiderten im gleichen Sinne, ergänzten aber, dass es uns auf die Anerkennung der politischen und nationalen Rechte ankomme, denn darin sähen wir die Verwirklichung der Solidarität. Darauf wurde die Diskussion hitzig, und Vorurteile und Anschuldigungen prasselten auf uns herunter. Wir Palästinenserinnen schauten einander betroffen an, und eine flüsterte: „Was fällt denen ein – wir sind hierher gekommen, um Möglichkeiten für den Frieden zu diskutieren, und sie beleidigen uns."

„Wir müssen durchhalten", erwiderte ich. „Lassen wir sie ausreden, danach sind wir an der Reihe. Es gibt so viele Vorurteile, so viel Misstrauen, Hass und Unwissen. Alles muss ausgesprochen werden, damit wir wissen, wie und wo wir beginnen sollen."

Die Israelinnen sprachen fast zwei Stunden, und wir danach gar noch länger. Je länger wir redeten, desto ruhiger wurde das Gespräch und desto konzentrierter die Frauen. Als wir geendet hatten, schien uns das Gefühl zu verbinden, dass wir gleichermassen besorgt und bedrückt waren. Obgleich wir nicht dieselben Probleme hatten, steckten doch beide Seiten in einer tiefen Misere. Jede Seite wollte ihr Recht auf Existenz anerkannt sehen und sich von den Zwängen der Besatzung befreien, die beide Gesellschaften zerstörte. Wir wollten in Würde leben, in Frieden und Sicherheit. Viele von uns hatten Tränen in den Augen. Wir stellten fest, dass unser Problem nicht darin lag, dass wir uns weigerten, miteinander zu sprechen. Keine von uns empfand Hass gegenüber den andern, wir kämpften aus Liebe zum Leben. Ich werde nie vergessen, wie eine Israelin sagte: „Sumaya, ihr seid ja ganz normal! Ihr könnt logisch denken! Ihr seid wunderbar! Seit wann gibt es euch? Gibt es noch mehr Frauen wie ihr? Nie haben wir uns vorgestellt, dass Palästinenserinnen so sind." Ich erwiderte, dass dies unsere erste Gelegenheit gewesen sei, uns selbst vorzustellen. „Alle unsere Frauen sind so, wir wissen nur nichts voneinander."

Wir beschlossen, uns regelmässig zu treffen, und taten dies in der Folge ein- bis zweimal monatlich. Wir einigten uns auf das Prinzip, dass jede Seite für die andere das gelten lassen musste, was sie für sich selbst beanspruchte. Als gemeinsames Ziel unserer Arbeit formulierten wir: zwei Staaten für zwei Völker, Selbstbestimmungsrecht für beide Völker, das Recht beider Völker, ihre eigene Vertretung zu wählen; Frieden bedeutet Gleichwertigkeit, Gleichberechtigung und Kooperation. Solche Zugeständnisse hatten wir Palästinenserinnen und auch die Israelinnen nie vorher von der anderen Seite vernommen.

Im Verlauf unserer Zusammenarbeit wurde jedoch auch deutlich, dass Friedensbemühungen von Frauen nicht gleichermassen ernst genommen wurden wie die von Männern. Abi

Nathan, ein israelischer Friedenskämpfer, wurde mehrere Male verhaftet, weil er sich zuerst mit Sadat und später mit Arafat getroffen hatte. Einmal hatten zwei Männer – der Israeli Moshe Amirav und der Palästinenser Faisal Husseini, der später bei den Friedensverhandlungen eine wichtige Rolle spielte – einen Zeitungsartikel veröffentlicht, in dem sie sich vorzustellen versuchten, was aus Jerusalem werden sollte, wenn wir zwei Staaten für zwei Völker hätten. Sie schlugen vor, dass Jerusalem die Hauptstadt beider Staaten sein sollte, mit zwei Stadträten und einem gemeinsamen Obersten Rat, der für die Administration und für Dienstleistungen zuständig wäre. Diese Idee wurde von der Regierung als Verrat angesehen, und beide Männer wurden bestraft: Amirav wurde aus der Likud-Partei ausgeschlossen, obwohl er Parlamentarier war, und Husseini war neun Monate ohne Gerichtsverfahren in Administrativhaft.

Uns Frauen gab diese Reaktion der Regierung zu denken: Wagen es Männer, sich zu treffen und politisch zusammenzuarbeiten, werden sie hart bestraft. Man erwartet von ihnen, dass sie die Gesetze respektieren und streng befolgen. Frauen jedoch können sich über längere Zeit regelmässig treffen und gemeinsame Aktivitäten organisieren; man duldet also, wenn Frauen die Gesetze brechen. Als wir später gemeinsam mit den israelischen „Frauen in Schwarz" Kundgebungen durchführten und sogar vor dem Gefängnis in West-Jerusalem protestierten, übersahen uns die Polizisten und Soldaten. Männer wären sogleich abgeführt worden. Wir werden nicht bestraft, weil man uns nicht ernst nimmt. Es sind nur Frauen, heisst es. Diese Denkweise gab uns den Anstoss zu sagen: Frauen haben die Möglichkeit, die starren Fronten zu durchbrechen. Hier liegt unsere Stärke, und wir müssen mehr wagen!

Die Friedensbemühungen von Frauen, ihre Wahrnehmung und Perspektiven weckten auch im Ausland zunehmend Interesse. Im November 1989 wurde ich vom „Christlichen Friedensdienst“ (cfd) wieder einmal in die Schweiz eingeladen – diesmal zusammen mit der israelischen Historikerin Rachel Freudenthal-Livné aus Jerusalem. Der cfd hatte bewusst zwei parteiunabhängige Frauen eingeladen.

Obschon wir nur fünfundzwanzig Kilometer voneinander entfernt lebten, beide Universitätsdozentinnen sind und in Deutschland studiert hatten, waren wir uns nie zuvor begegnet. Vor vollbesetztem Saal mit einem interessierten Publikum versuchten wir am ersten gemeinsamen Abend, unsere unterschiedliche Betroffenheit darzustellen, unsere Ängste, Probleme und Einsichten. Es fiel uns leicht, einander mit Sympathie und Offenheit zu begegnen; dennoch wurde deutlich, dass wir in verschiedenen Welten leben, die durch unterschiedliche Erfahrungen geprägt sind. Uns war beiden klar, dass es niemals um eine israelisch-palästinensische Liebesgeschichte gehen konnte, sondern um die für beide Völker existentielle Notwendigkeit, Ängste und Vorurteile abzubauen, einander mit Respekt zu begegnen und die uns je zustehenden Rechte gegenseitig anzuerkennen.

Dieser erste gemeinsame Auftritt war ein Erfolg, und es folgten im März 1990 weitere Begegnungen, Interviews, ein Fernsehgespräch mit der deutschen Friedensforscherin Hanne Birkenbach und später auch Veranstaltungen in Deutschland. Unser gemeinsames Auftreten stiess in Deutschland auf grössere Schwierigkeiten als in der Schweiz. Viele Deutsche wollten nicht wahrhaben, dass Rachel Freudenthal-Livné und ich Gemeinsamkeiten hatten. Sie waren gewohnt, sich auf eine Seite zu stellen. Sie sahen die Dinge im Schwarzweiss-Schema, und Zwischentöne wahrzunehmen fiel ihnen schwer.

Anfangs wurden wir beide angegriffen und beschuldigt und bekamen sämtliche Vorurteile zu hören, die gegen unsere beiden Völker bestehen. Viele Zuhörer und Zuhörerinnen glaubten, alles über den Konflikt zu wissen. Manche fanden uns langweilig, weil wir uns nicht zankten. Wir sagten, wir hätten dies lange Zeit getan und es habe nichts gebracht. Heute gälten andere Regeln: Nicht nur eine Seite habe Rechte, sondern beide Seiten hätten das Recht, in Palästina-Israel zu leben, in Würde und Sicherheit. Es dauerte lange, bis wir dem Publikum klar machen konnten, dass wir aus Liebe zum eigenen Volk und aus Sorge um dessen Überleben einen gemeinsamen Nenner finden mussten.

Treffen zwischen palästinensischen und israelischen Frauen fanden weiterhin regelmässig statt, meist in einem Hotel in Ost-Jerusalem. Nach zwei Jahren wuchs allmählich das Gefühl, dass wir uns nur mehr wenig Neues zu sagen hatten: Die Palästinenserinnen berichteten von Menschenrechtsverletzungen, und die Israelinnen sprachen ihre Solidarität aus und fügten bei, dass sie als Oppositionelle im eigenen Land wenig ausrichten könnten. Das Gespräch erschöpfte sich, und das Bedürfnis, endlich Taten zu sehen, war gross. Auf der palästinensischen Seite mehrten sich die kritischen Stimmen: „Das Treffen mit den Israelinnen erweckt den Eindruck, es herrsche Übereinstimmung und die Probleme seien gelöst." Es gab in der Tat Übereinstimmungen, insbesondere zur Frage der Wahrung der nationalen politischen Rechte, der Selbstbestimmung, der Befreiung und der Verwirklichung der Menschenrechte. Und das war ein Erfolg!

Doch dann brach 1991 der Golfkrieg aus, der unserem Volk die dritte Katastrophe seiner Geschichte bescherte. Ich befand mich damals in Deutschland; Anîs lag nach der Schussverletzung mit einem gelähmten Bein in einem Bonner Krankenhaus. Ich fühlte mich ohnmächtig wie noch nie und war Tag und Nacht von den verschiedensten Ängsten geplagt. Ich hatte Angst um meine Familie, um die Menschen zu Hause und um die Familienangehörigen in Kuwait, Saudiarabien und im Irak. Ein Vetter von mir kämpfte wie viele andere palästinensische Amerikaner als US-Soldat am Golf. Egal, wer tötete oder wer getötet wurde, unsere Menschen waren Zielscheiben für beide Seiten. Die Palästinenser in den besetzten Gebieten waren wie die Israelis von den Raketen- und Gasangriffen bedroht. Sie hatten aber weder Gasmasken zugeteilt bekommen noch waren in ihren Wohngebieten Vorkehrungen für den Kriegsfall getroffen worden. Viele neigten zu Fatalismus. Manche empfanden Schadenfreude und triumphierten, als Skud-Raketen auf Tel Aviv fielen; diese machten deutlich, dass auch das mächtige Israel nicht unverletzbar war. Es war eine irrationale Reaktion, die schwer zu verstehen und zu rechtfertigen war und die den ohnehin schon komplizierten Nahost-Konflikt mit zusätzlichen Problemen belastete. Szenen der Schadenfreude, an denen nur einige wenige Menschen beteiligt waren, haben uns Palästinensern sehr geschadet; sie bestätigten im Ausland das Bild vom brutalen palästinensischen Volk. Solche Verhaltensweisen beschämen mich, weil ich weiss, dass Gewalt Gegengewalt erzeugt und dass letztendlich stets unsere Kinder die Opfer sind.

In der Golfregion lebten rund siebenhunderttausend Palästinenserinnen und Palästinenser. Jede palästinensische Familie hatte Angehörige in Kuwait, Saudiarabien, Irak oder Bahrain. Dreihunderttausend von ihnen wurden durch den Golfkrieg vertrieben, verarmten und wurden einmal mehr heimatlos. Lange Zeit hatten diese Leute das ökonomische Rückgrat der Palästinenser in den besetzten Gebieten wie auch in Syrien und dem Libanon gebildet. Die Steuern, die sie in den Golfstaaten bezahlten, wurden von den jeweiligen Regierungen an Jordanien und später an die PLO weitergegeben, die damit unter anderem das palästinensische Gesundheits- und Sozialwesen, Schulen und Universitäten in den besetzten Gebieten finanzierte. Durch den Golfkrieg wurde die PLO deshalb nicht nur politisch desavouiert, sondern auch ökonomisch zugrunde gerichtet.

In meiner Bedrücktheit empfand ich es als besonders verletzend, dass die Menschen in Deutschland – und überhaupt in Europa – die Golfkrise wie ein Sportereignis verfolgten und voller Spannung darauf warteten, dass der Krieg losging. Anîs litt sehr unter dieser Situation und forderte mich auf, etwas zu tun. Ich nahm dann jede Anfrage an, trat innerhalb eines Monats viermal im Fernsehen auf und hielt im Januar und Februar 1991 mehr als fünfundzwanzig Vorträge in Deutschland. Ich konnte nicht still bleiben, ich wäre sonst zerbrochen.

Der Golfkrieg weckte neue Alpträume und zerstörte beinahe die keimenden Friedensansätze und das wachsende Vertrauen. Beide Seiten, Israelinnen und Palästinenserinnen, mieden das Gespräch. Die alten Anschuldigungen tauchten wieder auf, und viele kränkte es, dass alle Bemühungen so schnell zunichte gemacht werden konnten. Die israelischen Friedenspartnerinnen waren für eine kriegerische Intervention, die palästinensischen dagegen. Wie kann man für den Krieg sein, wenn man sich Friedensfront nennt, sagten wir uns. Wie sollen wir unsere Kinder vor Gewaltanwendung warnen und ihnen friedliche Mittel predigen, wenn die Mächtigen den Krieg für notwendig und gerechtfertigt erklären? Vieles war unlogisch und verwirrend. Der Zugang zu Jerusalem für uns Palästinenser wurde noch restriktiver gehandhabt, und die Begegnungen stiessen auf physische und psychische Schranken.

Dennoch suchten einige Frauen erneut das Gespräch – im Wissen, dass es im Interesse beider Völker lag. Und sie wagten gleich einen grossen Schritt: Die belgische Jüdin Simone Süsskind, die Friedensgespräche unter Frauen stark gefördert hatte – unter anderem mit einem ersten Treffen israelischer und palästinensischer Frauen 1989 in Brüssel –, lud jetzt erneut palästinensische und israelische Frauen, unter ihnen auch israelische Politikerinnen, nach Brüssel ein. Die palästinensischen Frauen nahmen die Einladung unter der Bedingung an, dass auch PLO-Parlamentarierinnen teilnahmen, da das Prinzip der Gleichheit die Grundlage des Gesprächs darstellen sollte. Kurz zuvor hatten in Israel Wahlen stattgefunden, bei denen vier unserer israelischen Gesprächspartnerinnen in die Knesset gewählt worden waren. Ihr Friedensprogramm hatte für ihre Wahl den Ausschlag gegeben. Obwohl das Gespräch mit der PLO noch immer verboten war, waren die israelischen Frauen mit diesem Treffen einverstanden. Sie hatten ihr Vorhaben vertraulich mit einigen Regierungsmitgliedern besprochen, die bereit waren, ein Auge zuzudrücken. Vermutlich wollten sie die Reaktion der Öffentlichkeit auf solche Begegnungen abtasten. Fiele die Reaktion negativ aus, so würde man das Treffen als „Begegnung unter Frauen" darstellen – und also als unbedeutend; würde es positiv aufgenommen, könnte dies der Anlass sein, das Verbot, mit der PLO zu sprechen, in Frage zu stellen.

So trafen sich also 1992 zwanzig israelische und zwanzig palästinensische Frauen, darunter zehn Politikerinnen des PLO-Parlaments aus Tunis, für eine Woche in Brüssel und Brügge. Für mich war dies ein bewegendes Erlebnis, da ich selbst zum ersten Mal mit Politikerinnen der PLO zusammentraf. Denn auch mir war es offiziell verboten, mit PLO-Mitgliedern zu sprechen. Wichtig war auch die Begegnung mit palästinensischen Frauen aus Israel; sie und wir Frauen aus den besetzten Gebieten hatten bisher wenig miteinander zu tun gehabt: Nach 1967 und bis Anfang der siebziger Jahre war die Universität Birseit oft Schauplatz von Begegnungen zwischen palästinensischen Künstlern und Politikern aus Israel und dem Westjordanland gewesen. Viele Palästinenser in Israel fühlten sich damals „der Volksgemeinschaft zugehörig". Als sich Mitte der siebziger Jahre an der Universität der Widerstand bildete, verhinderten die Militärbehörden solche Begegnungen, indem sie eine Bewilligung vorschrieben, die nur restriktiv erteilt wurde. Auch die Palästinenser in Israel haben unter ihrer Zugehörigkeit zum palästinensischen Volk zu leiden, doch sind sie anders und weniger existentiell betroffen. Als Staatsbürger Israels kämpfen die Palästinenser dort für die Gleichberechtigung mit den jüdischen Bürgern. Die Palästinenser im Westjordanland kämpfen um ihr Überleben, für die Anerkennung ihrer Existenz und für ihre nationale Befreiung. Beide Bevölkerungsgruppen sind mit ihren eigenen täglichen Problemen vollauf beschäftigt, so dass meist wenig Raum übrig bleibt, um Kontakte und Zusammenarbeit aufrechtzuerhalten, die auch physisch erschwert sind.

Ich war politisch aktiven Palästinenserinnen aus Israel zum ersten Mal bei einer öffentlichen Veranstaltung während der Intifada begegnet. Sie standen als „Frauen in Schwarz" in den Reihen der israelischen Frauen und demonstrierten gegen die Besatzung. Ich freute mich über ihre Teilnahme, war zugleich aber erstaunt, dass sie sich bei den Israelinnen einreihten. Vielleicht kennen sie einander, sagte ich mir, und eigentlich sind wir ja alle gegen die Besatzung, kämpfen für den Frieden und bilden eine gemeinsame Front. Auch an Seminaren und

Veranstaltungen in Jerusalem traten sie als Teil der israelischen Frauendelegation auf. Bei der grossen internationalen Friedensdemonstration im Frühling 1990 bildeten wir gemeinsam die Menschenkette um die Altstadt von Jerusalem.

Auch bei dem Treffen zwischen israelischen und palästinensischen Frauen in Brüssel gehörten die anwesenden Palästinenserinnen aus Israel der israelischen Frauendelegation an. Wir empfanden sie als weniger frauenbewusst und ängstlich darum bemüht, die Zugehörigkeit zur israelischen Delegation nicht zu gefährden. Wir spürten ihre Zerrissenheit – sie fühlen sich teils als Palästinenserinnen, teils als Israelinnen. Sie hängen in der Luft. Sie gehören weder zur palästinensischen Frauenbewegung, noch haben sie eine eigene organisierte Frauenbewegung entwickelt.

Der erste Tag der Konferenz war Gesprächen innerhalb der einzelnen Delegationen gewidmet. Das war wichtig, um sich kennenzulernen, die unterschiedlichen Erfahrungen auszutauschen und die Prinzipien des Friedensweges gemeinsam festzulegen und zu bestätigen. Die weiteren Gespräche während der Woche waren geprägt von Respekt und Verständnis. Wir sprachen uns aus und stellten fest, dass die meisten der Anwesenden bereits früher heimlich und trotz des Verbots miteinander Gespräche geführt hatten. Wir hatten das Gefühl, uns seit Jahren zu kennen; wir wollten den Frieden unter Wahrung der Rechte und Würde für beide Völker und erkannten, dass Austausch und Information für die Zusammenarbeit sehr wichtig sind.

Die Europäische Gemeinschaft, die das Treffen von Brüssel finanziert hatte, unterstützte dann auch das aus dem Treffen hervorgegangene gemeinsame Projekt „The Jerusalem Link“ – denn über Gespräche hinaus wollten wir gemeinsam konkrete Arbeit leisten. „The Jerusalem Link“ besteht aus zwei

Kommunikationszentren – eines für israelische Frauen in West-Jerusalem und eines für Palästinenserinnen in Ost-Jerusalem. Die wichtigsten Aufgaben dieser Zentren sind: Informationen austauschen, den Friedensweg stützen und sich für die Wahrung und Verwirklichung der Menschenrechte einsetzen. Aktivitäten im Bereich der Bildung und Erziehung sind Bestandteil des Programms und zielen darauf, Frauen für die politische Führungsarbeit vorzubereiten. Frauen beider Seiten sollen sich die Grundlagen für das gemeinsam vereinbarte Friedensziel aneignen, um danach auch in Führungspositionen gemeinsam arbeiten zu können. Dies wäre die richtige Basis für den Aufbau des Friedens. Offiziell eröffnet wurde „The Jerusalem Link" bis heute nicht, doch sind beide Zentren in Betrieb, und mehrmals pro Jahr finden gemeinsame Veranstaltungen statt.

Mit der Unterzeichnung des israelisch-palästinensischen Grundsatzabkommens im September 1993 in Washington sind die Beziehungen zwischen israelischen und palästinensischen Frauen in eine neue, keineswegs einfachere Phase getreten. Die Basis für den Frauendialog zwischen israelischen und palästinensischen Frauen bildeten die Prinzipien der Gleichwertigkeit und Gleichberechtigung, auch was Jerusalem anbelangt: Es sollte Hauptstadt für beide Staaten werden – der Ostteil die Hauptstadt für Palästina, der Westteil die Hauptstadt für Israel. Solche Übereinstimmungen schafften Vertrauen und Verständigung.

Die neuesten Entwicklungen zielen jedoch darauf ab, Jerusalem für Palästinenser zu schliessen; die israelische Regierung hat ein Gesetz erlassen, wonach Palästinenser in Ost-Jerusalem keinerlei politische Gespräche führen und keine politische Repräsentation haben dürfen. Bis vor kurzem war das Orient-Haus, Sitz der palästinensischen Delegation bei den Friedensverhandlungen, ein Ort der Begegnungen mit internationalen Delegationen und ein Ort der Friedensplanung. Heute dürfen dort ohne Zustimmung der israelischen Regierung keine Begegnungen mehr stattfinden. Diese Massnahme ist ein Schlag gegen den Friedensprozess, weil sie die palästinensischen Rechte in Ost-Jerusalem einschränkt.

Als die Knesset über dieses Gesetz abstimmte, haben wir Frauen sehr genau beobachtet, wie sich unsere Freundinnen in der Knesset entschieden, die sich mit uns ja seit Jahren treffen und das Prinzip des beiderseitigen Rechts auf Jerusalem anerkannt haben. Zu unserer grossen Enttäuschung ergab die Abstimmung folgendes Ergebnis: Nur eine der vier Frauen stimmte gegen das Gesetz, eine verliess den Saal, ohne abzustimmen, die zwei anderen stimmten dafür. Von überall erreichten uns Anrufe von Palästinensern und Palästinenserinnen: „Glaubt ihr noch immer an den Dialog? Wenn es darauf ankommt, sind eure Freundinnen gegen uns, sie halten sich nicht an Prinzipien." Solche Vorfälle schaden in der Tat der Beziehung und werfen uns im Prozess der Vertrauensbildung an den Nullpunkt zurück.

Bei einer Begegnung am 6. Januar 1995 erklärten wir unseren israelischen Kolleginnen, weshalb wir solche Verhaltensweisen verurteilen, und liessen sie wissen, dass die Verbindlichkeit unserer Zusammenarbeit verletzt worden sei. Eine Knesset-Abgeordnete versuchte sich zu rechtfertigen, indem sie ausführte, innerparteiliche Auseinandersetzungen wie auch wahltaktische Überlegungen hätten sie zu ihrer Position gedrängt. Man verlangt von uns nun also, falsches Verhalten zu dulden, damit die jetzige Regierung die nächsten Wahlen gewinnt und zumindest der Friedensprozess im Gang bleibt. Diese Logik können wir nicht akzeptieren. Es gibt in

Israel jedoch weiterhin Menschen, die mit aller Kraft unsere Rechte unterstützen und eine gerechte Lösung für beide Völker suchen. Auch wenn wir heute in einem Tief stecken, so wissen wir im Innersten, dass wir zueinander finden müssen. Wir haben keine andere Wahl.

Friede – und doch kein Friede

Streiflichter auf eine ungeklärte Situation

Eine vorläufige Bilanz zu ziehen fällt schwer. Der Ausgang der Friedensverhandlungen, die sich hinschleppen „wie eine Schnecke durch die Wüste", ist ungewiss. In ihrer Folge sind die gesellschaftlichen Entwicklungen blockiert oder zumindest von Unsicherheit und Aggression geprägt. Zum jetzigen Zeitpunkt, im Frühjahr 1995, sind nur Streiflichter auf eine ungeklärte Situation möglich, ein normales Leben zu führen bleibt weiterhin ein Traum.

Einen Traum jedoch, den Traum von der Heimkehr, die vielen Palästinenserinnen und Palästinensern nach wie vor verwehrt ist, hat meine Familie – wenn auch nur für wenige Tage und unter grössten Schwierigkeiten – verwirklichen können. Zur goldenen Hochzeit meiner Eltern im November 1994 wollten wir Geschwister zum ersten Mal im Leben alle gemeinsam im Elternhaus zusammenkommen. Denn genauso wie viele palästinensische Familien ist auch die unsere über verschiedene Kontinente zerstreut. Nur vier meiner acht Geschwister haben ihre Wohnberechtigung einst rechtzeitig beantragen und erneuern können, dürfen also in Palästina wohnen. Zum einen sind dies die beiden jüngsten, Rudaina, die vor kurzem in Bonn ihre Krankenschwesternausbildung abgeschlossen hat, und Sâher, der sich nach sieben Jahren in New York entschlossen hatte, zurückzukehren; er arbeitet jetzt im Stadtrat von Birseit. Zum andern behielten auch Ibtisâm, die in Berlin Zahnmedizin studierte, und Hiâm ihr Rückkehrrecht. Doch wie könnte Hiâm, die nach ihrer Krankenschwesternausbildung in Hamburg nach San Francisco gezogen war, hier leben wollen – ohne ihren Mann und drei ihrer fünf Kinder: Ihr Mann hatte, als er sein Rückkehrrecht erneuern sollte, mitten in den Prüfungen gestanden und für die Flugkarte kein Geld gehabt, und nur ihre beiden jüngsten Kinder haben das Recht auf Rückkehr, weil sie rechtzeitig vor ihrem zweiten Geburtstag gemeldet werden konnten.

Von den drei Brüdern, die in den USA leben, haben zwei, Bassâm und Fufu, dort Palästinenserinnen geheiratet, übrigens entfernte Verwandte, deren Grossvater vor fünfzig Jahren nach Amerika ausgewandert war; die Frauen stammen aus dem Dorf Ain Arîk, wo sich der Urgrossvater damals niedergelassen hatte, um die Hochzeit seiner Tochter mit einem Muslim zu verhindern. Während Fufu die Erneuerung seines Rückkehrrechts ohne besonderen Grund verpasst hatte, wollte Bassâm dieses damals persönlich bestätigen lassen, doch wurde er kurz vor dem Termin in New York auf offener Strasse niedergestochen. Als er nach mehreren Wochen aus dem Krankenhaus entlassen wurde, war es zu spät. Für Adnân hatte meine Mutter das Rückkehrrecht zweimal erneuern können. Beim dritten Mal war eine neue Militärverordnung in Kraft, wonach Leute, die vom Flughafen Tel Aviv abgereist waren, persönlich die Erneuerung beantragen mussten. Innerhalb eines Tages von New York nach Hause zu fliegen war Adnân jedoch unmöglich, und er verlor sein Recht.

Einzig Rudaina schaffte es nicht, am Fest der goldenen Hochzeit teilzunehmen. Zwar hätte sie durchaus für ein Wochenende aus Bonn herfliegen können; das Genehmigungsverfahren für eine erneute Ausreise aus den besetzten Gebieten dauert indessen drei Wochen, und so lange konnte sie dem Unterricht in Deutschland nicht fernbleiben. Doch auch Rückkehr und Empfang meiner anderen Geschwister gestalteten sich nicht ohne Schwierigkeiten.

Der Flughafen Tel Aviv ist nur vierzig Minuten von Birseit entfernt, aber unser Auto mit den blauen Nummernschildern des Westjordanlandes darf seit fünf Jahren die Grenze zu Israel nicht mehr überqueren. In einem Auto mit gelber Nummer dürfen wir nur dann mitfahren, wenn der Militärgouverneur eine entsprechende Genehmigung erteilt. Bis ein solcher Antrag bearbeitet ist, braucht es zwei Wochen, und eine einmal erteilte Genehmigung gilt nur für einen bestimmten Tag. Um Bassâm abholen zu können, suchte ich deshalb ein Taxi mit gelben Nummernschildern, das von einem Palästinenser aus Jerusalem gefahren wurde. Für dessen Bereitschaft, mich über die Grenze zu schmuggeln, musste ich fünfzig Dollar, das Zehnfache des üblichen Preises, bezahlen. Dennoch entschloss ich mich dazu; meine Geschwister, die nach so vielen Jahren endlich nach Hause kamen, mussten doch gebührend empfangen werden. Meine elfjährige Tochter wollte unbedingt mit, sie weinte und bettelte, und so sagte ich ihr: „Also gut, du musst ja auch lernen, etwas zu wagen. Wenn wir Pech haben, werden wir an der Sperre stecken bleiben. Dann empfangen wir sie eben dort an der Grenze.“

Der Taxifahrer setzte eine Mütze auf und hängte sich eine Sonnenbrille an einer Schnur um den Hals, wie ein typischer Israeli. Ich sass neben ihm und las in einem Buch. Wir waren aufgeregt und voller Angst. Es war kalt und regnete in Strömen. An der Sperre stand ein Soldat, lustlos und gelangweilt; er schaute uns an – und winkte uns durch. Anscheinend hielt er uns für Israelis.

Als mich Bassâm am Flughafen erblickte, kam er auf mich zu, umarmte mich und begann den Choral „Christus, du Lamm Gottes“ zu summen. Wir lachten beide laut heraus – dieses Lied war bei unseren seltenen Begegnungen zu einer Art Erkennungszeichen geworden; ich hatte es ihm und anderen

Kindern im Dorf damals, während meiner Zeit in Talitha Kumi, beigebracht.

Am nächsten Tag fuhr Bassâm nach Amman, um meine Schwestern Ibtisâm und Hiâm vom Flughafen abzuholen. Dort traf er zufällig meinen Schwager Sâmi, der mit ihm vor einundzwanzig Jahren im Gefängnis gesessen hatte und dann deportiert worden war. Sâmi hat in den USA promoviert und lebte dort mehr als fünfzehn Jahre mit seiner Familie. Vor kurzem ist er nach Amman zurückgekehrt, weil er das Leben in Amerika als fremd und erdrückend empfand. Die beiden trafen sich in Amman als freie Menschen mit amerikanischen Pässen, und Bassâm versuchte Sâmi zu überreden, mit nach Birseit zu kommen. Die Sehnsucht nach der Heimat, nach seiner fünfundachtzigjährigen Mutter, die ihn seit zwölf Jahren nicht mehr gesehen hatte, war so gross, dass Sâmi seine Angst überwand und zusammen mit meinen Geschwistern Richtung Jordanbrücke fuhr. Als ihm sein Pass zur Kontrolle abgenommen wurde, sei er höchst alarmiert gewesen, erzählte er später. Nach einer Stunde hatten sie es geschafft. Als sie diesseits der Jordanbrücke in ein Sammeltaxi stiegen, umarmten sie sich heftig, weinten und lachten zugleich. Zwei Kilometer vor Birseit liessen sie den Chauffeur ununterbrochen auf die Hupe drücken. Munîr und ich hörten das Freudensignal bei der Arbeit an der Universität, und wir benachrichtigten sofort meine Eltern. Mit Sâmi, der Schauspiel studiert hat und phantastisch singen und tanzen kann, gab es nun einen Grund mehr zum Feiern.

Am nächsten Tag kam Adnân, mein ältester Bruder. Bassâm und ich holten ihn ab. An der Sperre blickte der Soldat in Bassâms amerikanischen Pass und liess uns durchfahren, ohne nach dem meinigen zu fragen. Ich war froh, für einmal wie ein normaler Mensch behandelt zu werden – im Windschatten eines amerikanischen Passes. Adnân war gealtert und wirkte müde; er hat es schwer gehabt und ist nicht zufrieden mit seinem Leben in Amerika. Seine beiden Söhne studieren in New York. Am liebsten würde er dort alles aufgeben, ein zweites Stockwerk auf das Haus unserer Eltern bauen, dort wohnen und irgendeine kleine Beschäftigung im Dorf ausüben.

Die grössten Schwierigkeiten mit der Einreise hatte meine älteste Schwester Nuha, die in Amman lebt. Zwar wohnt sie am nächsten von zu Hause und besitzt in Birseit gar eigenes Land und ein Haus, das von einer Schwägerin bewohnt wird und darum nicht beschlagnahmt werden kann; aber sie darf nicht hier leben, weil sie sich zur Zeit der Volkszählung 1967 in Amman befand. Sechs Wochen vor dem Fest hatte meine Mutter für sie eine Besuchserlaubnis beantragt. Der Militärgouverneur lehnte das Gesuch nach zwei Wochen ab: der Winter sei keine Besuchszeit, sie solle im Sommer wiederkommen. Ich ging persönlich zu ihm, wurde zweimal vom Wachsoldaten weggejagt, doch am dritten Tag gelang es mir, Captain Roni zu sprechen. Ich stand vor seinem Schreibtisch. „Was willst du?" fragte er, ohne aufzuschauen. „Ich bitte um Berücksichtigung des Besuchsantrags für meine Schwester. Meine Eltern feiern ihre goldene Hochzeit, und meine Geschwister kommen von überall her, um gemeinsam zu feiern, nur die Schwester aus Jordanien fehlt. Der Antrag erfolgt aus humanitären Gründen." Er erklärte sich bereit, das Gesuch noch einmal zu prüfen.

Nach einer Woche kam die Genehmigung, allerdings hätte Nuha erst drei Wochen später, als das Fest schon vorüber war, einreisen dürfen. Wieder ging ich hin und versuchte mit allen Mitteln, beim Captain vorzusprechen; doch sobald der Wachsoldat mich erblickte, schrie er mich an und drohte mir mit seinem Gewehr. Entmutigt und enttäuscht gab ich auf. Da beschlossen meine drei Brüder mit amerikanischen Pässen, beim Captain vorzusprechen. Die Soldaten liessen sie sofort eintreten. Meine Brüder legten ihm ihren Wunsch vor, und er entsprach ihm auf der Stelle. Nun fehlte nur noch ein Stempel, der beim Militärhauptquartier in Ramallah abgeholt werden musste; danach fuhr Bassâm sogleich zur Jordanbrücke und holte meine Schwester ab, die seit drei Tagen auf die Einreise wartete. Eine Stunde vor Beginn des Festes in Bethlehem traf sie zu Hause ein. Dies geschah nach Unterzeichnung des Friedensvertrags mit Jordanien, der im Oktober 1994 den Kriegszustand zwischen Israel und Jordanien beendete.

Das ganze Dorf kam zur Begrüssung der vielen Heimkehrenden. Es war ein sehr bewegendes Wiedersehen. Munîr und ich blieben bis spät nachts in meinem Elternhaus, um jede Minute des Beisammenseins zu geniessen. Auch meine Töchter waren dabei – Ghâda, die in Birseit Sprachen studiert, und Hâla, die noch zur Schule geht. Nur Anîs war nicht bei uns; er hatte vor kurzem endlich ausreisen dürfen, um im Ausland zu studieren, und wollte nicht riskieren, dass ihm eine weitere Ausreise verweigert würde.

Für die erste Mahlzeit bereiteten wir den Tisch für achtzehn Personen, kochten aber für dreissig, weil es üblich ist, dass weitere Gäste dazustossen. Zum Aperitif tranken wir Arak, einen Anisschnaps, und naschten von den vielen kleinen Tellern mit Salaten, rohem Gemüse, eingemachten Gurken, Oliven, gerösteten Wassermelonenkernen und leckerem Brot. Das anschliessende Festmahl, von Mutter und uns Töchtern zubereitet, zeigte eine breite Palette unserer Kochkünste: mit Reis, Fleisch und Gewürzen gefüllte Zucchini, Auberginen und Weinblätter; eine Reistafel mit gerösteten Fleischwürfeln, Mandeln und Pinienkernen; Teigtaschen, gefüllt mit

Thymian, Pfefferminz oder Spinat; überbackene Hähnchen, Lammfleisch und verschiedene Salate, Petersilie oder Kichererbsen an einer Zitronen- und Sesamölsauce, Tomaten und Gurken mit Pfefferminz.

Es war eine seltsame Begegnung – ein Fest des Lebens. Wir mussten einander immer wieder von oben bis unten anschauen. Die meisten hatten sich seit vielen Jahren nicht gesehen. Eine Woche verbrachten wir miteinander, versammelten uns im Elternhaus um das Holzfeuer und unterhielten uns bis in die Morgenstunden. Wir kramten in unseren Erinnerungen, riefen uns unsere kargen Mahlzeiten ins Gedächtnis zurück, das gemeinsam verzehrte Spiegelei, das gezuckerte Tee-Brot-Gericht und das in Olivenöl und Thymian getauchte Fladenbrot. Wir erzählten von der Armut, die wir hinter uns hatten, und von der Güte und dem Beistand unserer Eltern. Wir baten sie, uns von früher zu erzählen. Dass wir unsere Eltern neckten und Scherze mit ihnen trieben, so dass sie kaum aus dem Lachen herauskamen, war neu. Früher hätten wir dies nicht gewagt, es gehörte sich nicht.

Wir erinnerten uns an Adnâns Härte, als er uns jüngere Geschwister schlug und einsperrte. „Seit vielen Jahren warte ich auf diesen Moment“, sagte darauf Adnân. „Ich wusste, dass ihr mir das vorhalten würdet. Damals dachte ich, es müsse so sein. Grossvater hatte mir das eingetrichtert. All die Jahre über habe ich mir Vorwürfe gemacht.“ Wir erzählten einander Geschichten, lachten viel und sprachen auch über unsere Sorgen. Insgeheim haben alle, so vermute ich, mit Erstaunen gespürt, dass wir einander sehr mögen und dass die schlechten Erinnerungen der Vergangenheit angehören. Auch Adnân war erleichtert.

Die Verbundenheit mit den Eltern und die Liebe zu Birseit und dem Land ist bei allen meinen Geschwistern stark; auch mein erfolgreichster Bruder, Bassâm, fühlt sich zerrissen zwischen seinem amerikanischen Leben und der Sehnsucht nach seiner Heimat. Meine Geschwister, die in Europa und den USA leben, können es nur schwer ertragen, dass sie lediglich als Touristen für vier Wochen nach Hause zurückkehren dürfen. Zwar finden sie unser Leben unter der Besatzung unglaublich und unerträglich, dennoch träumen auch sie von Heimkehr und vom Aufbau einer gerechten Gesellschaft.

Vor nicht allzu langer Zeit schien dieser Traum für viele Menschen greifbar zu werden. Unzählige, die sich für eine israelisch-palästinensische Annäherung eingesetzt hatten, für die Überwindung von Vorurteilen, Angst und Aggression, sahen sich, wenn auch vorsichtig, bestätigt, als sich im September 1993 die beiden ungleichen Repräsentanten ihrer Völker, Rabin und Arafat, unter den Augen der Weltöffentlichkeit die Hand reichten und ihre Aussenminister eine Grundsatzerklärung unterzeichneten, die der Vernunft zum Durchbruch verhelfen sollte.

Die grundlegende Bedeutung dieses Ereignisses liegt in der Tatsache, dass Israelis und Palästinenser sich als Gesprächspartner anerkannten und beschlossen, durch Verhandlungen den Konflikt zu lösen. Die Schwäche des Abkommens lag wohl von Anfang an in seiner Halbherzigkeit und Ungenauigkeit. Die erklärten Prinzipien schienen klar und befriedigend, doch die Umsetzung führte in vielen Einzelheiten erneut zu Diskussionen, welche die Vereinbarungen immer wieder in Frage stellen.

Die Friedensverhandlungen waren von Anfang an von enormen Schwierigkeiten und Enttäuschungen begleitet, und nach zwei Jahren sind noch kaum konkrete Ergebnisse sichtbar. Wohl hat sich seither die Militärpräsenz auf den Strassen, an

Versammlungsorten und bei den Schulen erheblich verringert. Soldaten tauchen im Dorf nicht mehr stündlich, sondern nur noch alle zwei, drei Tage auf. Es gibt weniger Strassensperren, Provokationen, Konfrontationen und weniger Tote. Der Schulbetrieb verläuft wieder einigermassen normal. Doch während wir voller Erwartung auf weitere Fortschritte hoffen, erfahren wir täglich neue Rückschläge. Während die Palästinenser die Autonomieregelung als Übergangsphase betrachten und die Errichtung des Staates Palästina in den besetzten Gebieten als Ziel sehen, beabsichtigt Israel offenbar nichts anderes als den Ausbau und die völkerrechtliche Institutionalisierung der Autonomieregelung.

Für den Friedensprozess, an dessen Ende die Selbstverwaltung in den von Israel besetzten Gebieten stehen sollte, wurde ein Zeitplan vereinbart, der in einer ersten Phase die Autonomie für Gasa und Jericho vorsah. Im Verlauf von drei Monaten sollten im Westjordanland sukzessive die fünf Verwaltungsbereiche Erziehung, Gesundheit, Soziales, Steuern und Tourismus an die Autonomiebehörde übergeben werden. Spätestens neun Monate nach Abschluss dieser ersten Phase sollte sich das israelische Militär aus den Bevölkerungszentren des Westjordanlandes zurückziehen. Durch diese Neuordnung der militärischen Kontrolle wären dann die Bedingungen für palästinensische Wahlen gegeben.

Der vereinbarte Zeitplan wurde jedoch von Beginn weg nicht eingehalten; Anfang 1995 ist noch nicht einmal die geplante Übergabe aller fünf Verwaltungsbereiche erfolgt. Auch die zweite Phase hat sich bereits um Monate verzögert. Die israelische Regierung behandelt die Abkommen, als wären darin nicht verbindliche Abmachungen festgehalten, sondern lediglich Diskussionspunkte. Für den Abzug des Militärs aus den Zentren will Israel erneute Detailverhandlungen.

Solange sich das Militär aber nicht zurückzieht, können keine Wahlen durchgeführt werden. Für die Festlegung des Wahlprozedere braucht es wiederum die Zustimmung Israels: Wer darf wählen und gewählt werden, wie soll der Repräsentativrat aussehen, kommen ihm sowohl exekutive wie legislative Funktionen zu, und wie viele Mitglieder soll er umfassen? Auch die in den Abkommen von Oslo und Kairo vereinbarte sofortige Freilassung von Gefangenen hat noch nicht stattgefunden, weil Israel immer wieder beim Nullpunkt beginnt: Welche und wie viele Gefangene sollen wann freigelassen werden, unter welchen Bedingungen, und wo dürfen sie leben?

Israel hat de facto weder das Existenzrecht der Palästinenser noch ihr Selbstbestimmungsrecht anerkannt, sondern sich einzig mit der PLO als Gesprächspartner abgefunden. Unser Status im eigenen Land ist nicht der von „Bürgerinnen und Bürgern", sondern von „Einwohnerinnen und Einwohnern". Im Namen der Sicherheit wurde die Geltungsdauer der Militärverordnungen um weitere fünf Jahre verlängert. Der Zugang nach Israel und Jerusalem bleibt weiterhin erschwert, der Arbeitsmarkt und der Zugang zu Dienstleistungen eingeschränkt. All das widerspricht den Verhandlungsgrundlagen. Wenn wir aber gegen solche Rechtsverletzungen protestieren, wirft man uns vor, wir stünden dem Friedensprozess im Wege. Jeder Protest und der Gebrauch von Begriffen wie Menschenrechtsverletzungen, Konfiskation und Rückkehrrecht würde gefährliche Emotionen hervorrufen. Auch über Familienzusammenführung darf heute nicht laut gesprochen werden; dies sei Sache der Verhandlungen der kommenden Jahre, heisst es.

Besonders enttäuschend und empörend ist, dass Israel seine Siedlungspolitik in den besetzten Gebieten nicht sofort gestoppt hat, wie es das Abkommen verlangt. Weiterhin wird palästinensisches Land enteignet und werden Siedlungen für jüdische Bürger Israels gebaut. Dies verletzt nicht nur die Verträge, es zerstört auch jegliche Hoffnung, dass Israel sich wirklich an die Abkommen halten wird. Dadurch, dass über aktuell auftretende Konflikte wie Landenteignung, Siedlungsbau, Grenzsperre und Arbeitszulassung ständig diskutiert werden muss, ist der Verhandlungsverlauf zähflüssig, und die Diskussion der Kernprobleme wird auf unbestimmte Zeit verschoben. Durch die völkerrechtlich ohnehin illegalen Landkonfiskationen sollen Tatsachen geschaffen werden, die später kaum rückgängig zu machen sind. Schaut man sich die Landkarte des Westjordanlandes heute an, so erkennt man, dass die palästinensischen Wohngebiete bereits von hundertvierzig Siedlungen und dem sie verbindenden Strassennetz durchschnitten sind, wobei andererseits die Verbindungen zwischen den palästinensischen Orten bewusst zerstört werden. Unser Lebensraum wird rundum eingeschränkt, Entwicklungsmöglichkeiten sind kaum mehr zu erkennen.

Durch die Annexion palästinensischer Dörfer und Ländereien wird auch das Stadtgebiet von Jerusalem weiter ausgedehnt; die israelische Regierung verwirklicht Pläne zur Schaffung eines Gross-Jerusalem, in dem Palästinenser nur noch eine Minderheit bilden und weder nationale noch politische Rechte einfordern können. Da Palästinenser nicht nach Ost-Jerusalem ziehen dürfen, andererseits aber intensiv Israelis angesiedelt werden, ist heute weniger als die Hälfte der Bevölkerung palästinensisch. Die genauen Einwohnerzahlen Ost-Jerusalems werden von Israel nicht veröffentlicht; die palästinensische Friedensdelegation geht heute von hundertsechzigtausend Palästinensern und hundertsiebzigtausend Israelis aus. Die Jerusalemfrage soll in der letzten Phase der

Verhandlungen, also frühestens 1996, zur Sprache kommen, und inzwischen schafft Israel laufend neue Tatsachen. Eine solche Entwicklung wird keinen Frieden bringen, sondern zu neuen Auseinandersetzungen führen. Auf Ost-Jerusalem als Hauptstadt werden die Palästinenser aber niemals verzichten; darin sind wir uns alle einig, einschliesslich der radikalen Gruppen „Hamas“, „Dschihâd Islâmi“ und „Dschamâa Islamîja“.

Die Friedensvereinbarungen legen fest, dass die verhassten israelischen Militärverordnungen von der palästinensischen Autonomiebehörde und ihrer Polizei weiterhin angewendet werden müssen. Für die Bevölkerung werden diese Organe dadurch unglaubwürdig. Wie sollen die Militärverordnungen, deren Abschaffung für den Aufbau einer befreiten zivilen Gesellschaft notwendig ist, von den Palästinensern gebilligt und respektiert werden? Neue Rechtsgrundlagen wird es im Westjordanland nach wie vor nicht geben. Es existiert kein Parlament, das solche schaffen könnte. Eine Atmosphäre der Rechtlosigkeit und Verwirrtheit herrscht. Ein eigenes Rechtssystem steht nicht zur Diskussion, und wer sich den Militärverordnungen widersetzt, fühlt sich als Held.

Die meisten Menschen, die heute in den besetzten Gebieten leben, sind unter dreissig. Sie sind unter der Besatzung aufgewachsen, und fast alle jungen Männer haben Haft und Folter erlebt. Viele sind von diesen Erfahrungen für immer gezeichnet. Ein junger Mensch, der nach schrecklichen Erlebnissen endlich ausreisen konnte und dem ich im Ausland begegnet bin, sagte mir: „Du glaubst nicht, welch tiefe Wunden der Geheimdienst mir zugefügt hat. Ich lebe nun hier in der freien Welt, wo Recht und Ordnung herrschen. Ich bemühe mich, das bewusst wahrzunehmen und zu geniessen. Doch ich spüre, ich bin innerlich verstümmelt, etwas in mir ist kaputt. Ich kann es nicht ertragen, dass ich allen Menschen misstraue und jeden verdächtige, er wolle mich angreifen oder mir Böses antun. Ich ärgere mich über mich selbst." Diese Generation wird wohl nie vergessen können. Auch wenn sich die wirtschaftliche Situation verbessern und der Aufbau einer zivilen Gesellschaft erreicht werden sollten, werden die physischen und die psychischen Folgen jahrelanger unerträglicher Spannungen zu bewältigen sein. Es wird lange dauern, bis die traumatischen Erfahrungen der vergangenen Jahre verarbeitet sind und Ängste überwunden werden können. Zu den Grundvoraussetzungen einer Verständigung gehörte es deshalb, dass die israelische Seite auch die Traumata der palästinensischen Seite und ihr Bedürfnis nach Sicherheit zur Kenntnis nähme.

Seit Beginn der Friedensverhandlungen sind viele Männer aus dem Gefängnis entlassen worden, die während der Intifada Kollaborateure verfolgt, umgebracht oder als Geiseln genommen hatten. Auch Unschuldige waren solchen Aktionen zum Opfer gefallen, weil Kontrolle und Schutzstrukturen unter den Palästinensern fehlen. Die Militärgerichte verurteilten die mutmasslichen Täter zu Höchststrafen. Für viele Palästinenser gelten sie als Helden, und deshalb gehörte ihre Amnestierung auf die Prioritätenliste der Verhandlungen. Die Freigelassenen werden nun von Kollaborateuren verfolgt, die ihrerseits weiterhin von der Bevölkerung verfolgt und zur Rechenschaft gezogen werden. Heute sind beide Gruppen im Besitz von Waffen, und Racheakte häufen sich. Neulich, als ein Mann einen anderen mitten in Ramallah erschoss, gingen die Leute an der Szene vorbei, als gehöre sie zum Alltag. Auf meine Frage, was los sei, antworteten sie: „Einer schoss den anderen tot – Abrechnungen zwischen Kollaborateuren und Nationalen." Seit Beginn der Friedensverhandlungen blüht der Waffenhandel. Die Militärs stellen sich blind und lassen es geschehen. Überall sind bewaffnete Menschen anzutreffen. Ein Chaos bahnt sich an, das in einen Bürgerkrieg ausarten könnte. Viele von uns fragen sich, ob dies die Absicht der Militärbehörden sei, um den Friedensprozess und den Aufbau der palästinensischen Gesellschaft scheitern zu lassen. Ist es das, was uns der Friedensprozess brachte? Auch Kriminelle nutzen die Situation und machen von Waffen Gebrauch. Die Menschen sind nervös, deprimiert und werden aggressiv. Wegen Kleinigkeiten entsteht Streit, der oft im Einsatz von Waffengewalt endet.

Während die Friedenskräfte die Befreiung mit Vernunft und Verhandlungen erreichen möchten, existieren unter den Palästinensern derzeit Gruppen, die der Meinung sind, dass der Friedensprozess die Besatzung mit legalen Mitteln verewigt. Was uns mit Gewalt genommen wird – und diese Gewalt spüren wir alle –, könne nur mit Gewalt zurückgeholt werden. Wir befinden uns in einem Teufelskreis: Die Friedensvereinbarungen werden fortwährend gebrochen, und niemand scheint sich darum zu kümmern. Der Friedensprozess zielt nicht auf Befreiung, sondern auf eine Regelung der Kontrolle über die Palästinenser. Die Mitglieder der radikalen Gruppierung „Hamas“ sind weiterhin von der Gewalt als Mittel zur Befreiung überzeugt und wollen den Israelis kein Existenzrecht zugestehen. Sie führen einen erbitterten Kampf, der fern jeglicher Vernunft ist. Schwere Verluste zu erleiden schreckt sie nicht ab. Sie haben eine Überzeugung, die derjenigen fanatischer Israelis entspricht. Beide Seiten sehen sich als die einzigen rechtmässigen Bewohner des Landes Palästina und sprechen sich gegenseitig das Recht auf dieses Gebiet ab. Die Aktivitäten dieser fanatischen Gruppen gegen Zivilisten verstärken sich und haben bereits viele Menschenleben gekostet. Ihre Gewaltakte wecken alte Ängste und Traumata, und die Politik Israels gegenüber den Palästinensern als Volk wird härter und kompromissloser. Bei jedem Anschlag werden die besetzten Gebiete und die Autonomiegebiete vom israelischen Militär hermetisch abgeriegelt. Dort wächst die Verzweiflung und stärkt wiederum die Front der Gewaltwilligen.

Während der Jahre der Besatzung vermieden wir es sorgsam, religiöse Fragen zum Thema zu machen. Aus Überlebensdrang redeten wir uns ein, dass die bestehenden Konflikte auf politischen, nationalen Differenzen beruhten. Dies trifft auch zu, doch darf der religiöse Aspekt nicht mehr unterschlagen oder ausser acht gelassen werden. Der Staat Israel legitimiert sich nicht zuletzt durch die Religion, und auf die Religion berufen sich auch islamistische Gruppierungen, die die Vernichtung des Feindes als Heilstat verstehen.

Die Radikalisierung der islamischen Gesellschaft sehe ich als Kehrseite der politischen Übermacht der christlich-jüdischen Welt, die die Politik heute dominiert. Die Muslime in der arabischen Welt fühlen sich zudem der unterdrückerischen Politik ihrer eigenen Regierungen ausgeliefert. Sie fühlen sich gelähmt, unfähig, etwas zu verändern, und sehen sich in ihrem religiösen Empfinden missachtet. Sich an der Religion festzuklammern ist eine Art von Selbstschutz. Ihre verzweifelte Situation macht viele Muslime fatalistisch oder fanatisch. Die verschiedentlich von radikalen Gruppen verübten Gewalttaten erschrecken auch viele Palästinenserinnen und Palästinenser und rauben jegliches Sicherheitsgefühl. In Europa ist der Islam heute zu einem Feindbild geworden; zwischen säkular denkenden, frommen und radikalfanatischen Muslimen werden keine Unterschiede gemacht. Bewusst spielt man die Existenz der Radikalen hoch, obschon diese Gruppen nur einen kleinen Teil der muslimischen Welt vertreten und auch für säkulare Muslime gefährlich und bedrohlich sind.

Wie wichtig Differenzierungen sind, zeigt eine Episode, die ich vor kurzem im Frauenzentrum Nablus erlebt habe: Ein deutsches Fernsehteam filmte die Arbeit der sieben im Zentrum arbeitenden Akademikerinnen, die engagierte Forscherinnen und Kämpferinnen für Frauenrechte sind. Bis auf eine hatten alle gemäss der Vorschrift von Tradition und Religion ihre Köpfe verhüllt. Als die Männer des Fernsehteams gegangen waren, rief ich die Frauen zur gemeinsamen Besprechung der Weiterarbeit zusammen. Da erschienen dieselben Frauen unverhüllt, geschmückt, elegant gekleidet und frisiert, so dass ich sie im ersten Augenblick gar nicht erkannte. Als ich sie darauf ansprach, antworteten sie: „Wir halten uns bewusst an die Tradition und Religion unserer Gemeinschaft, um uns und unsere Arbeit zu schützen. Gerade weil wir schwach sind und von verschiedenen Seiten angreifbar, ist es klüger, nicht aufzufallen und uns wie die anderen zu kleiden. So können wir unsere Ideen unter den Frauen verbreiten." Der Schleier oder das Kopftuch sind nicht einfach Zeichen der Rückständigkeit oder Ausdruck von Fundamentalismus; es bedarf einer differenzierten Interpretation.

Nicht nur für die Gestaltung des zukünftigen Zusammenlebens beider Völker sind Fortschritte in den Friedensverhandlungen dringend notwendig, sondern auch für die Gestaltung der palästinensischen Gesellschaft. Während der Intifada waren viele Projekte, besonders im humanitären Bereich, ins Leben gerufen worden, von denen einige die Grundlage für die heutigen Autonomiestrukturen bilden; andere jedoch scheiterten – aus verschiedenen Gründen. 1989 war ich zum Beispiel zusammen mit „Agricultural Relief“ (PARC) an einem ersten Aufforstungsprojekt in al-Sawahreh, zehn Kilometer südlich von Jerusalem, beteiligt, wo wir viertausend Futtersträucher pflanzten. Das Gebiet liegt am Rande der Wüste und wird von Hirtenfamilien bewohnt, die das schnell nachwachsende Gebüsch als Weide benützten. Doch leider wurde ein Teil des Geländes mit tausendachthundert Sträuchern von Siedlern beschlagnahmt, ohne dass wir etwas dagegen tun konnten.

Viele andere Projekte scheiterten, weil sie sich unter anderem auf die Idee der Kooperative stützten: Die Arbeit wurde von Freiwilligen getragen, die müde wurden und deren Motivation nachliess, als sich die wirtschaftliche Situation nicht besserte. Viele Projekte scheiterten auch, weil Israel die Materialzufuhr unterband; der Mangel an Arbeitsgeräten, an Futter und Medikamenten für die Rinder-, Schaf- und Hühnerzucht führte zum Misserfolg. Einige Projekte scheiterten, weil die Geldgeber sie ohne vorgängige Bedürfnisabklärung nur auf die Interessen der im Projekt tätigen Leute ausrichteten. Eine umfassende Entwicklungsplanung fehlte, und parteipolitische Interessen standen oft anstelle von wirtschaftlichen Überlegungen. Vielleicht war dieses Scheitern notwendig, um aus Fehlern zu lernen. Die palästinensische Autonomiebehörde strebt heute eine Koordinierung der bestehenden Projekte und Aktivitäten in allen Bereichen an; damit könnten Kraft und Geldmittel eingespart werden.

Das Bildungswesen ist einer jener Bereiche, der heute in die Zuständigkeit der palästinensischen Autonomiebehörden fällt. Die Entwicklung eines eigenen Schulsystems und eigener Lehrpläne ist bereits weit gediehen. Die Finanzierung liegt vollständig in palästinensischer Verantwortung. Da die Behörden über keine eigenen Mittel verfügen, sind sie auf die Hilfe des Auslands angewiesen. Die Universität Birseit ist sich auch heute der Notwendigkeit bewusst, die politische und wirtschaftliche Unabhängigkeit zu bewahren. Sie war nie von staatlichen Geldern abhängig und versucht weiterhin, nicht von den durch die PLO gestellten Autonomiebehörden abhängig zu werden. Eine gesunde akademische Institution muss über verschiedene Finanzierungsquellen verfügen, damit sie auch auf eine von ihnen verzichten kann, wenn diese zu sehr Einfluss nehmen will.

Die Atmosphäre an der Universität hat sich jedoch verändert. Sie hat nicht mehr den familiären Charakter von einst. Die verschiedenen politischen Parteien, die an der Universität präsent sind, verstehen sich heute nicht mehr als gemeinsame Front. Die Fraktionierung und die Bindung an politische Ideologien führen zur gegenseitigen Abkapselung der Mitglieder verschiedener politischer Richtungen. Die Fronten verhärteten sich, als Mitte der achtziger Jahre die radikale „Hamas" in Erscheinung trat und Studenten zunehmend eine politische Führungsrolle beanspruchten. Zur steigenden Zahl der Studierenden, die von einigen hundert auf dreitausend angewachsen war, trug auch der Zustrom von Studierenden aus Gasa bei, die vorwiegend aus Flüchtlingslagern stammen. Die Universität musste sich neuen Herausforderungen stellen. Doch konnten der Lehrkörper und die Leitung verhindern, dass die verschiedenen Gruppierungen das Terrain für sich allein beanspruchen. Das Verantwortungsbewusstsein der Leitung ist weiterhin gross und wird gestützt durch die Rückkehr des Universitätspräsidenten Hanna Naser aus dem Exil.

Die Universität Birseit gilt jedenfalls noch immer als der eigentliche „think tank", das bedeutendste Zentrum palästinensischen Denkens. Aus ihr sind viele qualifizierte, am

Aufbau des Staates Palästina beteiligte Persönlichkeiten hervorgegangen. So waren acht der vierzehn Delegationsmitglieder der Friedensgespräche in Washington Absolventen und Professoren der Universität Birseit. Rund zwanzig ihrer Professoren besetzen heute verantwortungsvolle Posten in Wirtschaft, Politik und Bildungswesen der Palästinensischen Autonomiebehörden. Birseit hat auch Koordinationsfunktionen und führt Infrastruktur- und Systemplanungen durch. So wird etwa mit der „Palästinensischen Koalition für Frauengesundheit" die Arbeit aller in diesem Bereich tätigen Organisationen koordiniert – mit dem Ziel, allgemeine Richtlinien für die Entscheidungsgremien des Gesundheitswesens festzulegen und durchzusetzen. Mit französischer Hilfe baut Birseit zudem das Zentrum für Recht, wo das Rechts- und Gesetzessystem des Staates Palästina entwickelt werden soll. Seit einigen Jahren bietet Birseit auch Ausbildungen in den Bereichen Verwaltung, Bankwesen und Informatik an, und seit neuestem auch spezifische Frauenstudien.

Für die Frauenbewegung stellen sich heute ebenfalls neue Fragen. In den schweren Stunden der Intifada war es leicht, Frauen zu organisieren; der gemeinsame Kampf gegen die Besatzung einte uns und machte die Notwendigkeit der sozialen Befreiung deutlich. Heute müssen neue Strukturen geschaffen und die Stellung und Funktion der Frauenbewegung geklärt werden. Was ist die Frauenbewegung, und wer repräsentiert sie heute? Sind es die seit Jahrzehnten bestehenden Wohltätigkeitsorganisationen, sind es die Frauenkomitees der politischen Parteien oder die Vertreterinnen der Palästinensischen Frauenunion der PLO, die aus dem Exil zurückgekehrt sind? Wo stehen die unabhängigen Frauen? Wo treffen sich die Interessen dieser verschiedenen Gruppierungen? Welche dieser Gruppen sieht die palästinensische Autonomiebehörde als ihre Interessenvertretung? Angesichts der Gefahr, dass verantwortungsvolle Posten aufgrund von Loyalität zur Behörde und nicht von Qualifikationen vergeben werden, stellt sich die Frage, ob für Kritik und freies Denken genügend Bewegungsraum besteht. Und inwieweit werden unsere Denkansätze und Demokratievorstellungen, die wir mit Stolz anstrebten und die von den Männern früher bewundert wurden, heute ernst genommen? Die Realität zwingt uns, vorsichtig zu sein und unsere Grenzen Tag für Tag neu zu definieren.

Die Frauenzentren sind heute wie alle aus Eigeninitiativen gewachsenen Strukturen gezwungen, sich mit internen Machtfragen auseinanderzusetzen. Verschiedene Frauengruppen beanspruchen Machtpositionen. Ich bin der Ansicht, dass die Zentren, wie auch die Universität Birseit, unbedingt von Parteien und vom Staat unabhängige Institutionen bleiben müssen; nur so können sie ihre emanzipatorische Aufgabe weiter erfüllen.

Das Frauenzentrum Nablus befindet sich im Umbruch. Die Frauen, die es leiten, sind von der politischen Entwicklung ebenso enttäuscht wie vom Verhalten der eigenen Behörden. Zwar werden Studien über spezifische Frauenprobleme weitergeführt, aber diese allein sichern das tägliche Brot nicht. Die seit drei Jahren zweimal jährlich in einer Auflage von zweitausend Exemplaren erscheinende Frauenzeitschrift „Women's Affairs", die sich an Palästinenserinnen und arabische Frauen überhaupt richtet, ist zwar wichtig, doch wird sie nur von wenigen Interessierten gelesen. Bildungsaktivitäten werden nun auch von verschiedenen anderen Stellen angeboten. Das Zentrum sah sich deshalb gezwungen, seine Aufgaben neu zu definieren: Die Frauen, die es am nötigsten haben, sollten ihre Interessen kundtun. Deshalb gingen fünf Forscherinnen in der Altstadt von Nablus von Haus zu Haus und führten bei den Frauen Befragungen durch. Aufgrund ihrer Aussagen werden jetzt vorwiegend Projekte ausgearbeitet, die der Verbesserung der wirtschaftlichen Situation dienen. Die wirtschaftliche Unabhängigkeit der Frauen ist der Schlüssel zur sozialen Unabhängigkeit und damit zur Befreiung. Das Zentrum lässt die Wirtschaftlichkeit von Frauenprojekten durch Fachfrauen prüfen und vergibt Darlehen.

*

Mein bisheriger Lebensweg war erfüllt vom Kampf gegen Armut und Unterdrückung, gegen Entfremdung und Resignation. Ich setzte mich zur Wehr gegen Fremdbestimmung und suchte meine Identität als Palästinenserin und als Frau zu finden und zu wahren. Ich bin dabei Wagnisse eingegangen und habe mich Gefahren ausgesetzt. Ich habe die besondere Fähigkeit einer Frau benutzt, offen die zentralen Probleme anzusprechen, auf Menschen zuzugehen und nicht zu schweigen. Ich habe gelernt, die sogenannt weiblichen Schwächen als weibliche Stärke einzusetzen. Die Verbundenheit mit vielen Frauen in meinem Land, die sich ebenfalls aus einschränkenden Traditionen befreiten und einen gemeinsamen Weg zur sozialen und politischen Befreiung suchten, gab mir Kraft. Auch der Beistand vieler Freundinnen und Freunde in Deutschland, der Schweiz und Österreich war wichtig. Viele Projekte konnten nur mit ihrer Hilfe verwirklicht werden – Projekte, die Menschen in Not unterstützten und sie zur Eigeninitiative ermutigten. Sie halfen in der bedrückenden Situation der Besatzung, Resignation in Hoffnung zu verwandeln und die Friedensarbeit zu fördern. Sie helfen uns heute, an der Liebe zum Leben und somit an der Hoffnung festzuhalten.

Dezember 1997

Ein Nachtrag

„Eine vorläufige Bilanz zu ziehen fällt schwer." So habe ich das letzte Kapitel dieses Buches begonnen, das im Mai 1995 in der ersten Auflage erschienen ist. Es endet mit dem Dank an die Freundinnen und Freunde in aller Welt, die uns helfen, „an der Liebe zum Leben und somit an der Hoffnung festzuhalten".

Dreissig Monate später möchte ich den Faden noch einmal aufnehmen und versuchen, meine Erfahrungen und Empfindungen heute zu beschreiben.

Allzu skeptisch und zögernd näherten sich damals, als die Arbeitspartei in Israel den Kurs bestimmte, die einstigen Kriegsherren Rabin und Arafat. Doch der Prozess vorsichtigen Abtastens und Respektierens, der sich anbahnte, tat den Menschen in meinem Land gut. Wir beobachteten, lächelten und begannen zu träumen. Sollte es nicht doch möglich sein, dass Feinde zu Partnern werden? Kleinen Schritten kam grosse Bedeutung zu, weil in der Ferne die Befreiung winkte. Doch kaum war sie geboren, verblasste die Freude, weil unterschriebene Verträge missachtet wurden, Verzögerungen und Rückschläge Misstrauen weckten und Ängste auf beiden Seiten die Vertrauensbildung verhinderten.

Diesen Zeitpunkt wählte der israelische Geheimdienst, um zu Beginn des Jahres 1995 zwei Führer von „Hamas" und „Dschihâd" zu beseitigen. Die Gegenreaktionen mit den brutalen Selbstmordattentaten liessen nicht auf sich warten. Verlierer dieser und aller folgenden Anschläge waren alle, die den Friedensprozess befürwortet hatten, Gewinner waren seine Gegner auf beiden Seiten. Wut, Angst und Ohnmacht prägten die Atmosphäre. Sie liessen alle Impulse der Annäherung einfrieren und gaben den Radikalen Aufschwung. Rabins Ermordung am 4. November 1995 schaffte ein Vakuum in der ohnehin verworrenen Lage und begünstigte die Änderung des politischen Kurses.

Die israelischen Wahlen vom Mai 1996 brachten eine Koalition an die Macht, welche die Osloer Verträge ablehnt und alles unternimmt, um sie ausser Kraft zu setzen.

Zuvor aber traf ein, worauf wir seit vielen Jahren gewartet und wofür wir lange gekämpft hatten: Hochstimmung herrschte in ganz Palästina, als wir am 7. Dezember 1995 den Abzug der israelischen Truppen aus Ramallah erlebten. Wir wollten es als Beginn der Befreiung und als ersten Schritt zum Frieden verstehen, auch wenn die befreiten Gebiete vorläufig nur 3,5 Prozent der israelisch besetzten Gebiete umfassen und ohne direkte Verbindung untereinander bleiben.

Hunderttausende wollten Zeuginnen und Zeugen des historischen Ereignisses sein: Die uns wohlbekannten olivgrünbraunen israelischen Jeeps, vollbeladen mit Soldaten, standen entlang der einen, die neuen leuchtendblauen palästinensischen Jeeps entlang der anderen Seite der Strasse. Generäle beider Seiten standen einander gegenüber und reichten sich die Hände. Musik, Pfiffe und Hupen übertönten die Motoren der Fahrzeuge. Bittere Worte verfolgten die abziehenden Israelis: „Verschwindet für immer! Das Blut unserer Kinder klebt an euren Händen!" Jubelnd wurden dagegen die palästinensischen Soldaten empfangen: „Willkommen in der Heimat!" Und die Soldaten riefen zurück: „Wahrhaftig, wir sind in Palästina!"

Wir waren hin- und hergerissen zwischen Freude und Verbitterung. Die einen warfen Olivenzweige und Blumen, die anderen Steine – beides Symbole der Stunde. Als sich die palästinensischen Soldaten schützend vor die israelischen Soldaten stellten, wurde das Steinewerfen sogleich eingestellt. Die Botschaft war verstanden worden, und sie wurde mit Lachen und Jubeln quittiert. Viele der palästinensischen Polizisten weinten vor Freude; etwas unsicher in ihrem Verhalten, festlich gestimmt und zugleich pflichtbewusst, liefen sie durch die Menge. Sie wussten nicht recht, wohin sie zuerst schauen sollten, denn sie erblickten Palästina zum ersten Mal.

Unser holländischer Freund Rob war aus Amsterdam angereist, um diesen einzigartigen Moment mit uns zu erleben. Wir besuchten ein Lokal in Ramallah. Einige palästinensische Soldaten kamen herein und setzten sich neben uns. Alle Blicke waren auf sie gerichtet, und lächelnd wurden sie begrüsst. Nie zuvor hatten wir etwas Ähnliches erlebt. Die Anspannung war verflogen, Neugier und Freude breiteten sich aus. Wir musterten ihre Uniformen, freuten uns über die kleinen aufgenähten Palästina-Fahnen und versuchten, die Zeichen an ihren Uniformen zu deuten. „Wir kommen aus Tunis“, erzählten sie, „aus dem Libanon, dem Irak, aus Algerien, dem Jemen, aber wir sind und bleiben Palästinenser.“ Der Wirt hiess sie willkommen und erklärte sie zu Gästen des Hauses.

Tags darauf wurden das Gefängnis und die Militärverwaltung in Ramallah endgültig geräumt. Aus allen Himmelsrichtungen strömten die Menschen zum Gefängnis. In Gruppen drangen sie in die verlassenen Räume ein. Unbeschreibliche Gefühle erfüllten uns. Diese Gebäude sind Symbole der Besatzung. Wir fürchten und verabscheuen sie, und gleichzeitig ziehen sie uns magisch an. Wir traten ein und stellten fest, dass die Israelis erst abgezogen waren, nachdem sie alle Hinweise auf die Besatzung beseitigt und die Zeugnisse des Grauens getilgt hatten. Die Folterzellen waren nicht wiederzuerkennen, die Zwischenwände aller Haftzellen niedergerissen und der Schutt sauber weggeschaufelt. Grosse Hallen und lange Korridore verblüfften uns; die Grenzen zwischen Wirklichkeit und Schein verwischten sich. Vieles war nicht mehr zu erkennen. Wer einmal hier inhaftiert gewesen war, versuchte zu erspüren und dann zu zeigen, zu erklären und zu erzählen, was er hier erlebt hatte. Die einen versuchten sich zurechtzufinden, indem sie mit ihren Schritten die Spuren der Trennwände am Boden massen. Andere hörten wir fluchen oder weinen. Mit den Fäusten schlugen sie an die Wände. Wir empfanden Erleichterung und waren zugleich erschüttert in der Erinnerung an Erniedrigung und Folter.

Trotz der Freude über die ersten konkreten Anzeichen einer Veränderung blieben die meisten von uns skeptisch und abwartend. Wir wussten wohl, dass eine schwierige Phase bevorstand, doch wir nahmen uns vor, uns über jeden kleinen Schritt zu freuen – um unsere Kraft zu erneuern und an der Hoffnung festzuhalten. Lange hatten Israelis und Palästinenser einander gegenseitig nur als Feinde erfahren. Nun brauchte es Zeit, so dachten wir, damit Vertrauen wachsen und das Umdenken gewagt werden kann. Attribute zukünftiger Unabhängigkeit liessen uns träumen: Pässe mit dem Vermerk „Travel document" wurden ausgestellt – jedoch nur mit Genehmigung der israelischen Behörden. Schöne Briefmarken entstanden – allerdings noch nicht mit „Palästina" beschriftet, sondern mit „Palestinian Authority" und mit der palästinensischen Währung von vor 1948. Über Schulen und öffentlichen Gebäuden wurde die palästinensische Fahne gehisst, obschon das noch immer verboten ist – während der Besatzungszeit waren 254 Menschen erschossen worden, weil sie die Fahne trugen. Die palästinensische Nationalhymne, bisher verboten, ist täglich im Radio zu hören und wird in allen Schulen gesungen.

Am 20. Januar 1996 fanden die ersten Wahlen statt. Intensive Diskussionen waren ihnen vorausgegangen. Es blieben allerdings nur drei Monate Zeit, um ein angemessenes Wahlsystem zu entwickeln. Lücken und Fehler waren unausweichlich; berücksichtigt werden mussten sowohl die immer noch gültigen Militärverordnungen, das Osloer Abkommen, die traditionelle Denkweise wie auch fehlende demokratische Vorstellungen und fehlende gesetzliche Strukturen. Wie organisiert man zum ersten Mal einen Wahlkampf, wenn die Mittel und Richtlinien fehlen? Wahlplakate signalisierten den Beginn. Sie verdeckten innerhalb weniger Tage alle beklebbaren Flächen – auch alle Verkehrsschilder, so dass der Verkehr zusammenzubrechen drohte. Wie auf Wäscheleinen flatterten die Plakate zwischen den Gebäuden auf beiden Strassenseiten.

Die Wahlen sollten die von Besatzung und Revolution gequälte und zerrissene palästinensische Gesellschaft in eine zivile, demokratische Gesellschaft überführen. Der Legislativrat würde vorerst die Trennung der Gewalten verfügen und die Gesetze verfassen, die die rechtliche Grundlage bilden. Die Trennung von Legislative, Exekutive und Gerichtsbarkeit, die Institutionalisierung der Gewalten, Kontrollmechanismen, eine unabhängige Gerichtsbarkeit, der Regierung und Präsident zur Rechenschaft verpflichtet sind – das waren und sind unsere Vorstellungen von einer demokratischen Staatlichkeit.

Heute, zwei Jahre später, existieren viele Gesetze und Verordnungsentwürfe, die das Leben in Palästina regeln und entwickeln sollten, auf dem Papier. Der Legislativrat hat sie verabschiedet. Der Präsident, in dessen Schubladen sie liegen, hat bisher die meisten und die wichtigsten dieser Texte nicht unterschrieben und damit ihre Inkraftsetzung verhindert. Die Legislative fasst Beschlüsse, fällt Urteile, um die sich die Exekutive, die sich allein auf den Präsidenten bezieht, nicht kümmert. Auch andere Missstände breiten sich aus: Für die Besetzung von Positionen innerhalb der Verwaltung ist Loyalität mehr gefragt als Qualifikation. Korruption und Menschenrechtsverletzungen sind die Folge.

Aber die Bevölkerung ist wach und wehrt sich. Nichtregierungsorganisationen, insbesondere Menschenrechtsorganisationen und Organisationen im Gesundheits- und Bildungswesen sowie im Sozialbereich, die zum Teil bereits unter der israelischen Besatzung entstanden sind, schliessen sich zusammen, üben öffentlich Kritik und fordern Antworten. Untersuchungskommissionen werden gebildet, die ihre Ergebnisse veröffentlichen. Auch politische Parteien und Frauenorganisationen verlangen Untersuchungen und fordern Strafe für Korruption.

Dass wir Frauen beim Aufbau einer neuen Gesellschaft eine wichtige Rolle spielen würden, schien uns nach den Erfahrungen zur Zeit der Intifada selbstverständlich zu sein. Wir mussten jedoch erkennen, dass Frauen ignoriert werden, wenn es um die Verteilung der Macht geht. Sie wurden von den politischen Parteien ausgenutzt und dann übergangen. Die „Fatach“, die grösste palästinensische Partei, versicherte, es bestehe kein Grund, Frauen-Quoten zu fordern. Die Zeit reiche ohnehin nicht für Diskussionen dieser Art. Die „Fatach“ werde in jedem der sechzehn Wahlbezirke mindestens eine Frau aufstellen und ihre Wahl unterstützen. Als der

Wahltermin näherrückte, sahen sich die Frauen – eine nach der andern – von ihren Parteien mit der Begründung im Stich gelassen, es stünden nur wenige Sitze zur Verfügung und diese müssten vorrangig für Männer reserviert bleiben. Achthundert Wahlkandidaten wurden aufgestellt, davon achtundzwanzig Frauen. Fünf von ihnen wurden gewählt. Ebensoviele Frauen wie Männer waren wählen gegangen.

Für uns Frauen war dieser Rückschlag ein Schock. Die Realität hatte uns eingeholt und liess uns erkennen, dass wir uns vermehrt mit der Rolle der Frau in unserer Gesellschaft auseinandersetzen müssen. Heute werden unzählige Kurse und Seminare angeboten, die sich mit Fragen der Demokratie und der Menschenrechte, mit Gleichberechtigung und mit politischer und sozialer Gewalt auseinandersetzen. So soll langfristig die Basis für effiziente politische Arbeit geschaffen werden.

Seltsame Erfahrungen machten wir Frauen auch in der ersten Phase palästinensischer Autonomie. Als ich kurze Zeit nach dem Einzug der palästinensischen Behörden meinen Pass abholen wollte, traute ich meinen Augen nicht: Im neuen Passbüro hing ein Schild mit der Aufforderung an Frauen, das schriftliche Einverständnis des Ehemannes, Vaters oder Bruders vorzulegen. Mit dieser Weisung richteten sich die Behörden nach dem jordanischen Gesetz, das vor 1967 bei uns gültig gewesen war. Sie ignorierten alle bisherigen Entwicklungen – den Weg, den uns die Intifada aufgezwungen hatte, als wir an Demonstrationen teilnahmen, unsere Männer vertraten, unsere Kinder verteidigten und Politiker ersetzten. Nun sollte also durch die Hintertür erneut männliche Dominanz festgeschrieben werden. Wir wehrten uns erfolgreich. Wenige Tage vor den Wahlen verkündete Präsident Arafat im Fernsehen die Abschaffung dieser Verordnung.

Meine berufliche Situation hat sich seit dem Erscheinen von *Thymian und Steine* verändert: Ich habe mich nach zweiundzwanzig Jahren Lehrtätigkeit an der Universität Birseit beurlauben lassen, um die Leitung des palästinensischen Frauenzentrums „Jerusalem Center for Women" in Ost-Jerusalem zu übernehmen, das zusammen mit dem israelischen Zentrum „Bat Schalom" in West-Jerusalem durch den „Jerusalem Link" koordiniert wird. Über die Entstehung und Zielsetzung dieses von der Europäischen Union finanzierten Projekts habe ich an anderer Stelle bereits berichtet (S. 161 f.). Der Wechsel ist mir nicht leicht gefallen, weil ich das Leben an der Universität schätze, die Arbeit mit jungen Menschen liebe und in Birseit viel aufgebaut habe. Die Chance, nicht mehr zwischen akademischen und gesellschaftspolitischen Aufgaben zerrieben zu werden, gab schliesslich den Ausschlag. Ich würde mich ganz für Frauen- und Friedensarbeit einsetzen können.

Als sich die Frauen aus Israel und Palästina auf Einladung der Europäischen Union 1989 und 1992 erstmals in Brüssel getroffen hatten – zu einer Zeit, als das gemeinsame Gespräch noch verboten war –, um nach friedlichen Wegen der Konfliktlösung zu suchen, war bereits klar geworden, dass unsere Probleme politischer Natur sind und dass wir politische Arbeit zu leisten haben.

Jedes der beiden 1994 gegründeten Frauenzentren richtet seine Aktivitäten vorerst nach den Bedürfnissen der eigenen Gesellschaft. So setzen wir uns im „Jerusalem Center" für die Erziehung zur Demokratie ein. Wir diskutieren Gesetzesentwürfe, Fragen der Menschenrechte sowie Ursachen und Folgen seelischer, körperlicher, politischer und sozialer Gewalt an Frauen, während im israelischen Zentrum der Streit zwischen Fundamentalismus und Säkularismus im Judentum sowie die Integration äthiopischer Frauen im Vordergrund stehen.

Gemeinsame Projekte befassen sich mit dem politischen Konflikt. Dazu gehören Anleitungen zu gewaltfreier Konfliktlösung, Schulung zum Dialog und die Überprüfung der jeweiligen Geschichtsbilder. Beide Zentren des „Jerusalem Link“ setzen sich zudem speziell für Frauen- und Kinderrechte in Ost-Jerusalem ein: Sie leisten Aufklärungsarbeit, bieten rechtliche Beratung, fragen bei Behörden nach. Diese Abklärungen decken ein System auf, mit dem planmässig Demographie und Geographie der Stadt Jerusalem verändert werden, mit dem klaren Ziel, Palästinenserinnen und Palästinenser aus der Stadt zu entfernen, bevor es zu Verhandlungen kommt.

Mit dem gemeinsamen Bekenntnis zu Jerusalem greifen wir Frauen des „Jerusalem Link“ Themen auf, die tabu und entsprechend umstritten sind. Wir beharren auf dem Recht beider Völker auf das Land Palästina–Israel und auf Jerusalem. Davon handelt die Grundsatzerklärung des „Jerusalem Link“, die im August 1996 nach jahrelangen Diskussionen entstanden ist.

„Sharing Jerusalem – zwei Hauptstädte für zwei Staaten“ war das Thema einer Aktionswoche, die wir im Juni 1997 mit internationaler Unterstützung durchführten. Mit Absolutheitsanspruch wird Jerusalem von Israel zur ewigen Hauptstadt erklärt, und den Palästinenserinnen und Palästinensern wird ihr Recht auf Jerusalem abgesprochen. Das ist für uns eine Kriegserklärung. Mit Stadtführungen, Podiumsdiskussionen, einer Kunstausstellung zum Thema Frieden sowie Konzerten wollten wir Menschen in Bewegung bringen und festgefahrene Vorstellungen erschüttern. Wir wollten zudem auf Kompromisse hinarbeiten, die unumgänglich sind, wenn wir einen gerechten Frieden erreichen wollen. Es hat uns hart getroffen, dass die israelischen Frauen daran gehindert wurden, die Veranstaltungen anzukünden und auf Plakaten für Kulturaktivitäten zu werben. Weder Galerien noch Hotels waren bereit, Räume für eine Ausstellung oder für eine Podiumsdiskussion zur Verfügung zu stellen. Das Konzert der irischen Sängerin Sinead O'Connor wurde durch eine Morddrohung verhindert.

Die Zusammenarbeit zwischen israelischen und palästinensischen Frauen ist nach wie vor nicht einfach. Sie ist abhängig von innerisraelischen Entwicklungen sowie von politischen Ereignissen, die das labile Gleichgewicht erschüttern, das eine Folge der ungleichen Machtverteilung ist und im Verhalten der Besetzer und der Besetzten durchschimmert. Bisher ist es uns aber immer gelungen, in kritischen Situationen behutsam miteinander zu taktieren und uns nach einer gewissen Zeit, wenn sich die Gemüter beruhigt haben, zu treffen und uns, häufig bei besonders guten Gesprächen, zusammenzufinden.

Die Zusammenarbeit wird aber auch durch äussere Bedingungen erschwert oder verunmöglicht, zum Beispiel durch die restriktive Bewilligungspraxis, mit der das Betreten der Stadt Jerusalem geregelt oder durch sogenannte „interne Sperren“ verhindert wird. „Interne Sperren“ – für uns eine Kollektivstrafe – werden in den palästinensischen Gebieten seit zwei Jahren angeblich aus Sicherheitsgründen verhängt, wenn Gewalttaten geschehen sind oder wenn die Israelis sie an religiösen und nationalen Feiertagen befürchten. 2,2 Millionen Palästinenserinnen und Palästinenser werden auf diese Weise für Tage oder Wochen in ihren Wohnorten eingeschlossen. Das Leben steht still. Schulen, Universität und Post sind geschlossen. Eine Fahrt zum Arbeitsort oder zum Krankenhaus wird verunmöglicht und die ärztliche Versorgung erschwert, die

Ernte kann nicht eingefahren werden, Import und Export kommen zum Erliegen, die Arbeitslosigkeit steigt im Sperrgebiet auf bis zu achtzig Prozent. Mein Bewegungsradius wird dann jeweils von fünfzehn Kilometern – dem Weg von Birseit nach Jerusalem – auf ein bis zwei Kilometer reduziert, je nachdem wo die Kontrollposten aufgestellt sind. Um zu verstehen, was diese Sperren in unserem Alltag bedeuten, muss man zudem die komplizierte Struktur kennen, die unserem Land aufgezwungen wurde. Immer noch ist es in die drei Zonen eingeteilt, welche die Osloer Verhandlungen vorsahen:

Zone A wird von den palästinensischen Behörden verwaltet. Sie umfasst aber nur rund 3,5 Prozent des Westjordanlandes.

Zone B mit fünfhundert Kleinstädten, Dörfern und Flüchtlingslagern umfasst 23 Prozent der palästinensischen Gebiete und hätte im Mai 1996 an die Palästinenser übergeben werden sollen. Diese Übergabe steht aber bis heute aus, ebenso der Rückzug der Besetzer. Es fehlt nach wie vor die Verbindung zur Aussenwelt: die freie Verbindung zwischen dem Westjordanland und dem Gasastreifen sowie die Genehmigung zur Inbetriebnahme des Flughafens. Weiterhin wird Land beschlagnahmt, werden israelische Siedlungen um ein Vielfaches vergrössert, während in palästinensischen Orten nicht gebaut werden darf. Sie bleiben eingeschnürt, ohne Entwicklungschancen.

Zone C (73 Prozent des Westjordanlandes) ist weiterhin in israelischen Händen. Hier leben 130'000 Siedler in 140 Siedlungen, die auf palästinensischem Boden errichtet wurden – mitsamt einem Netz von „Siedlungsstrassen“, die landwirtschaftliche Gebiete durchschneiden und palästinensische Wohngebiete einkreisen. Damit soll offensichtlich ein zusammenhängendes palästinensisches Staatsgebiet verhindert werden.

Birseit liegt in Zone B. Mein Arbeitsort liegt ebenfalls in einer B-Zone. Auf der Fahrt von Birseit nach Jerusalem habe ich täglich zweimal Zone C, dreimal Zone B und einmal Zone A zu durchqueren. An Tagen ohne ausserordentliche Sperre dauert mein Weg höchstens eine halbe Stunde, bei „interner Sperre“ mehrere Stunden. 1994/95 bestand während 77 Tagen, 1996 während 65 Tagen totale Sperre. Bei der letzten „internen Sperre“, die 16 Tage anhielt, habe ich es an vier Tagen geschafft, trotzdem zur Arbeit zu fahren – immer mit dem Risiko massiver Geldstrafen.

Die Probleme, denen ich auf meinem Arbeitsweg ausgesetzt bin, spiegeln die Schwierigkeiten, mit denen wir alltäglich zu kämpfen haben: Ich steige in Birseit in ein Taxi und komme nach fünf Kilometern zur ersten Sperre. Israelische Soldaten blockieren die Strasse mit einer Lastwagenladung Steine und Erde. Alle Frauen, Männer und Kinder steigen aus und klettern über die Erdhügel. Auf der anderen Seite warten andere Taxis, wir steigen ein. Die Soldaten regeln den Verkehr. Sie lassen uns nicht geradeaus weiterfahren, sondern dirigieren uns nach links. Nach zwei Kilometern werden wir durch eine zweite Sperre aufgehalten; die Strasse ist mit Stacheldraht abgeriegelt. Autofahrer weichen auf die benachbarten Felder aus und versuchen, einen anderen Weg zu finden. Endlich schafft es ein Fahrer, andere folgen ihm. Die Soldaten, die dies beobachten, eilen voraus und bauen mit dem Bulldozer einen neuen Sperrhügel auf. Und wiederum steigen wir aus, klettern einen Hügel hoch und wieder hinunter, steigen in ein anderes Taxi und fahren weiter. Nach zweieinhalb Stunden komme ich an meinem Arbeitsplatz an. Von unserem Bürohaus können wir direkt auf den wichtigsten Checkpoint an der Grenze zwischen Jerusalem und Ramallah hinunterblicken, wo alle Passanten kontrolliert werden.

Im Büro erwarten mich Frauen, die uns ihre Sorgen mitteilen und unsere Beratung suchen. Ihnen beizustehen, sie zu beraten oder an entsprechende Stellen weiterzuleiten, die Missachtung von Menschenrechten aufzudecken, das gehört zu unseren wichtigsten Aufgaben. Immer mehr Frauen aus dem palästinensischen Ost-Jerusalem sind von der systematischen Politik der „stillen Deportation" betroffen, sind Opfer einer demographischen Veränderung, die seit dreissig Jahren angestrebt und in den letzten zwei Jahren hemmungslos und offen realisiert wird.

Einige Beispiele:

– Rinals Familie lebt seit Jahrhunderten in Jerusalem. Ihr Mann arbeitet seit zehn Jahren als Lehrer in Bethlehem, zehn Kilometer entfernt. Ein neues Gesetz bestimmt, dass ein Mann sein Wohn- und Niederlassungsrecht in Jerusalem verlieren kann, wenn sein hauptsächlicher Wohn- und Arbeitsort im Ausland oder auch nur ausserhalb der Stadtgrenze liegt. Rinals Mann hat durch diese Bestimmung seine Identitätskarte verloren. Er darf nicht mehr zu Frau und Kindern nach Hause zurückkehren. Nach einiger Zeit wird Rinal aufgefordert, den Beweis zu erbringen, dass sie mit ihrer Familie in Jerusalem lebt. Als Beweismaterial gelten Elektrizitäts-, Wasser- und Telefonrechnungen. In nahezu allen Fällen sind diese Rechnungen auf den Namen des Mannes ausgestellt. Da er aber sein Niederlassungsrecht verloren hat, kann die Frau keine Beweise vorlegen und muss die Stadt verlassen. Die Familie verliert all ihre Rechte, obwohl sie regelmässig Sozialabgaben, Krankenversicherung, Altersfürsorge und anderes mehr bezahlt hat.

– Siham und ihr Mann haben die Jerusalemer Identitätskarte. Er arbeitet seit vielen Jahren in Jordanien, da er in Jerusalem keine Arbeit gefunden hatte. Jahr für Jahr war er nach

Jerusalem gekommen, um sein Niederlassungsrecht erneuern zu lassen. Heute gelten jedoch andere Vorschriften. Rückwirkend verliert der Mann sein Recht auf Rückkehr, weil er seit sieben Jahren in Jordanien arbeitet. Die jährliche Bestätigung ist nicht mehr gültig. Siham bekommt ein Kind, das nicht in Jerusalem registriert werden darf und in Jerusalem auch keine Geburtsurkunde erhält, weil der Vater sein Niederlassungsrecht verloren hat. Das Kind hat somit keinerlei Anspruch auf Gesundheitsfürsorge oder Schulbesuch. Damit will man die Mutter zwingen, die Stadt zu verlassen. Tausenden von Kindern droht in ähnlicher Weise die Nichtanerkennung.

– Odette, eine Mitarbeiterin unseres Frauenzentrums, berichtet von Beamten des Innenministeriums, die bei nächtlichen Razzien von Soldaten begleitet werden. Sie dringen in die Häuser palästinensischer Familien ein, um festzustellen, ob die registrierten Personen auch tatsächlich dort wohnen. Sie kommen nachts um zehn, um zwölf oder um drei Uhr. Sie stürmen das Haus und reissen die Bewohner aus dem Schlaf. Alle müssen sich im Nachthemd aufstellen und die Identitätskarte vorzeigen. Wenn ein Familienmitglied sich in dieser Nacht zufällig bei Verwandten aufhält, läuft es Gefahr, als „nicht in Jerusalem wohnend" registriert zu werden. Das kann den Verlust des Wohnrechts bedeuten. Schränke werden durchsucht, um zu prüfen, ob die vorhandenen Kleider den Anwesenden passen. Im Mülleimer wird nach Windeln gesucht, die die rechtmässige Anwesenheit eines Kindes nachweisen sollen. Ziel dieser Razzien ist es, jenen das Wohnrecht in Jerusalem zu entziehen, die keine Wohnung gefunden haben und bei Verwandten untergekommen sind.

Was uns am meisten kränkt und bedrückt ist die Tatsache, dass die erwähnten Beamten Palästinenser aus Jerusalem sind, die mit den israelischen Behörden kollaborieren. Das

Innenministerium, von unseren israelischen Kolleginnen zu diesen Machenschaften befragt, gab zu, dass in den letzten zwei Jahren bereits 1'500 Personen ihre Identitätskarte verloren haben. Tausende sind von dieser Massnahme bedroht. Zunächst bewirkt sie die Trennung, später den Exodus ganzer Familien.

Immer wieder haben wir uns mit dem Tatbestand der Häusersprengungen zu beschäftigen. Im Frühjahr 1997 wurden in Jerusalem und im Westjordanland 43 Häuser von Palästinensern gesprengt. Weitere 860 Häuser sollen demnächst folgen. Offiziell heisst es, die Häuser seien illegal erbaut worden. Nie hat eine solche Massnahme jedoch einen Israeli betroffen. Die Palästinenser sind gezwungen, ohne Bewilligung zu bauen. Mit der Begründung, dass eine umfassende Planung für palästinensische Wohngebiete fehle, werden sie jahre- oder gar jahrzehntelang hingehalten. Nur 14 Prozent des Bodens in Ost-Jerusalem wird den Palästinensern zugestanden, und dieses Gebiet ist längst verbaut. Obwohl sie seit Jahrhunderten dort leben, gelten Palästinenser in Jerusalem als Ausländer und unterliegen anderen Gesetzen als die Israelis – Gesetzen, die ihre Entrechtung legalisieren.

Die Wohnungsnot zwingt sie, die Stadt zu verlassen, wodurch sie ihre Identitätskarte und das Niederlassungsrecht in Jerusalem verlieren. Jerusalem palästinenserfrei zu machen, das ist das Ziel. Durch Kauf, aber vor allem durch Betrug und Erpressung, werden im moslemischen und im christlichen Viertel der Altstadt Häuser angeeignet. Der Stadtrat vergibt ausserdem an radikale israelische Siedler die Genehmigung, auf den Dächern moslemischer Häuser zu bauen. Dies sind schwere Angriffe auf religiöse, kulturelle, historische, politische und nationale Rechte und Gefühle.

Seit 30 Jahren ist Jerusalem für Palästinenserinnen und Palästinenser aus dem Westjordanland nachts gesperrt, seit 1992 auch tagsüber, und seit zwei Jahren wird für einen Besuch in Jerusalem nur noch selten eine Genehmigung erteilt. Wenn bei uns junge Menschen aufwachsen, ohne Jerusalem je gesehen zu haben, obwohl sie nur eine halbe Stunde entfernt wohnen, wird die Stadt für sie zum Mythos des Unerreichbaren anwachsen, an den man sich um so mehr klammert.

Die israelische Seite rechtfertigt die Politik der Ausgrenzung mit religiösen Argumenten und verstärkt damit den Einfluss der Radikalen. Das lässt auf der palästinensischen Seite die Moslems, die sich religiös und national entrechtet sehen, nach Rechtfertigungen in der eigenen Religion suchen. Ein politischer Konflikt wird in gefährlicher Weise auf die religiöse Ebene verlagert.

Welche Bilanz müssen wir heute ziehen? Wir Frauen des „Jerusalem Link" befürchten das Schlimmste für unser Land. Deshalb arbeiten wir zusammen und nehmen öffentlich Stellung. Wir laden zu Veranstaltungen ein, weil wir erkennen, dass die meisten Menschen in Israel zu wenig wissen von dem, was tatsächlich geschieht. Um nicht hinsehen zu müssen, beruft man sich auf die Angst. Beide Seiten haben begründete Angst. Diese Ängste dürfen aber nicht gepflegt oder geschürt, sie müssen angesprochen, verarbeitet und gemeinsam mit der anderen Seite in Vertrauen verwandelt werden. Das Ziel – gemeinsam die Geschichte und Politik der eigenen und der anderen Seite zu überdenken, auch kritisch zu hinterfragen und Schlüsse daraus zu ziehen – setzt einen langen Prozess des Umdenkens voraus und den Mut zum Handeln.

Dies ist jedoch nur möglich, wenn die internationale Gemeinschaft politisch Stellung bezieht, sich aktiv für einen gerechten Frieden und für politische Stabilität einsetzt, die wirtschaftlichen Aufbau und Vertrauensbildung ermöglichen.

Wir fordern alle Freunde Israels und Palästinas auf der ganzen Welt, die Juden in der Diaspora und die Palästinenser im Exil zum Handeln auf. Das Überleben der einen Seite ist an das Überleben der anderen Seite gebunden. Friede und Sicherheit haben nur dann eine Chance, wenn sie für beide Völker gelten. Die Menschen in Europa müssen sich angesprochen fühlen, denn Europa trägt Mitverantwortung für die Konflikte im Nahen Osten; sie können uns helfen, an der Liebe zum Leben und an der Hoffnung festzuhalten. Wir können uns den Luxus der Hoffnungslosigkeit nicht leisten.

1

2

3

4

5

6

7

8

9

10

11

די
לכיבוש
די
לכיבוש
נשים בשחור
נשים בשחור
לדבר עם
שלום
די
לכיבוש

Zu den Fotos 1 bis 11

1 Oliven und Steine prägen die Landschaft um Birseit
2 Sumaya Farhat-Naser als Studentin in Deutschland, 1969
3 Sumaya und Munîr Naser mit ihren Kindern Anîs, Ghâda und Hâla, 1986
4 Goldenes Hochzeitsfest der Eltern: zum ersten Mal ist die ganze Familie vereint, 1994
5 Palästinensische Frauen auf der Suche nach ihren Söhnen, 1992
6 Kollektivstrafe: zerstörtes Haus im Westjordanland, 1989
7 Protest gegen Besatzung: Graffitis und (verbotene) Palästinafahne
8 „Kinder der Steine“ in Gasa-Stadt, 1993
9 Palästinensische Frauen feiern am 13. September 1993 in Jericho das bevorstehende Abkommen von Washington
10 Sumaya Farhat-Naser und Rachel Freudenthal-Livné bei einer gemeinsamen Veranstaltung in Bern, 1993
11 Israelische „Frauen in Schwarz“ demonstrieren gemeinsam mit Palästinenserinnen für Frieden. Jerusalem, 29. Dezember 1989

Der Leidensweg des palästinensischen Volkes

Von Arnold Hottinger

Die Arabisierung der Bevölkerung von Palästina hat wahrscheinlich schon vor der islamischen Eroberung des Landes (636 n. Chr.) begonnen. Nur wenige Juden wanderten zu jener Zeit nach Palästina zurück, nachdem die Römer sie im Jahre 135 von dort vertrieben hatten. Die Bevölkerung war überwiegend christlich, doch der Islam machte rasche Fortschritte und umfasste schon bald den grössten Bevölkerungsteil.

Durch die ganze islamische Geschichte hindurch hat Palästina den Südteil des Bilâd al-Scham gebildet, des „Landes von Damaskus". Es war gleichzeitig die Übergangsprovinz zwischen Syrien und Ägypten. Bis heute gleicht der arabische Dialekt, der in Gasa gesprochen wird, stark dem ägyptischen; jener von Jerusalem lässt sich vom syrischen zwar unterscheiden, ist ihm jedoch eng verwandt.

Im Osmanischen Reich, das von 1517 bis 1917 das ganze östliche Mittelmeer beherrschte, bildete Palästina einen Teil der Reichsprovinz Syrien, der zuständige Pascha residierte in Damaskus. Doch in den späteren Jahrhunderten diente einer seiner Stellvertreter in Jerusalem, ein anderer in Beirut. Die „Palästinenser", wie man sie heute nennt, waren damals wohl keine „Nation". Sie stellten jedoch ohne Frage eine autochthone Bevölkerung dar. Sie waren die Landeskinder – im Gegensatz zu den landesfremden europäischen Juden, die sich seit 1882 in zunächst kleiner Zahl im Land niederliessen, mit dem Fernziel, hier einen jüdischen Staat zu schaffen. Theodor Herzl, der wichtigste Propagandist der zionistischen

Idee, prägte den Satz „ein Land ohne Volk für ein Volk ohne Land“, obwohl er von der Existenz einer palästinensischen Bevölkerung wusste. Im Jahr 1901 versuchte er erfolglos, vom osmanischen Sultan eine Charta zu erlangen, deren geplanter Paragraph 3 den Zionisten das Recht gegeben hätte, die eingeborene Bevölkerung zu deportieren.[1]

Unter den frühen Zionisten gab es begeisterte Idealisten, die einen sozialistischen Idealstaat gründen wollten und schwere Arbeit leisteten, um ihn zu verwirklichen. Manche nahmen an, dass die einheimischen Araber von ihrer Gegenwart nur profitieren könnten. Doch gab es schon im Ersten Weltkrieg auch militärische Figuren des Zionismus wie Joseph Trumpeldor und Wladimir Jabotinsky, die jüdische Einheiten schufen und sie im Rahmen der britischen Armee zum Einsatz brachten. Gegen Ende des Ersten Weltkriegs bestand eine Jüdische Legion von 5000 Mann unter Jabotinsky, die in der britischen Armee unter eigener Flagge kämpfte.

Die Rolle der Mandatsmacht

Grossbritannien erklärte sich 1917 bereit, die „Schaffung einer jüdischen Heimstätte“ in Palästina zu fördern, wobei „klar verstanden“ sein sollte, dass „nichts getan werden dürfe, das die zivilen und religiösen Rechte der nichtjüdischen Bevölkerung in Palästina beeinträchtigt“ (Balfour-Erklärung). Gleichzeitig erhielt Chaim Weizmann, der Initiant der Balfour-Erklärung, die Zusage des britischen Ministerpräsidenten, dass der Begriff „Heimstätte“ nichts anderes sei als eine beschönigende Umschreibung für einen „jüdischen Staat“.[2] Die arabische Bevölkerung fürchtete, dass es in der Tat schlussendlich zu einem jüdischen Staat in ihrem Lande kommen werde und dass die britischen Mandatsbehörden eine solche Entwicklung begünstigten. Dies war der Grund für den Ausbruch blutiger

Unruhen, die sich gegen die jüdischen Einwanderer richteten und schon im Jahr 1921 begannen.[3]

Schlimmere Unruhen entstanden, nachdem jüdische Aktivisten, die zu den Anhängern Jabotinskys gehörten, jahrelang versucht hatten, sich der Klagemauer, die sich im Besitz der arabischen religiösen Behörden befand, zu bemächtigen. Hier begannen 1929 Zusammenstösse, die sich über das ganze Land ausbreiteten und zu Angriffen erregter arabischer Bauern auf jüdische Siedler führten. In Hebron kam es zu einem Massaker an 67 meist orientalischen, das heisst nichtzionistischen Juden. Im ganzen Land wurden 87 Araber und 120 Juden getötet, Hunderte verwundet.[4]

Nach diesen Ereignissen trennten sich die beiden Gemeinschaften in zwei feindliche Lager. Die wenigen Zionisten, die bereit waren, auf die Ansprüche der arabischen Mehrheit im Lande Rücksicht zu nehmen, unterlagen bald einer Dynamik von Selbstverteidigungsparolen, die aus den blutigen Auseinandersetzungen hervorging. Jabotinsky, dessen Jüdische Legion von den Engländern aufgelöst worden war, gründete, zuerst im Untergrund, die Haganah als Schutzwehr der jüdischen Siedlungen.

Auf der arabischen Seite brach 1936 ein Bauernaufstand aus, der sich gegen die britische Herrschaft und die unter ihr stetig wachsende Macht der jüdischen Einwanderer richtete. Scheich Is al-Din Kassâm, der im November 1935 von einer gemischten britisch-arabischen Streitmacht erschossen wurde, nachdem er mit etwa zweihundert Anhängern einen „Dschihâd“ („Heiliger Krieg“) ausgelöst hatte, lieferte den Auftakt dazu. Die Bewegung begann mit einem gewaltlosen Streik von sechs Monaten. Doch später bildeten sich in den Hügeln bewaffnete Banden, und sie erhielten auch Zuzug von Kämpfern aus den arabischen Nachbarländern. Die britischen Truppen mussten Palästina in einem eigentlichen Eroberungskrieg militärisch unter Kontrolle bringen. Sie liessen sich dabei von jüdischen Freiwilligen unterstützen, was den zionistischen Aktivisten zu Waffen und zu weiterer militärischer Organisation und Erfahrung verhalf. Ende 1939 hatten die jüdischen Hilfskräfte die Stärke von 14 500 Mann erreicht.

Zu Beginn des Zweiten Weltkriegs gab Grossbritannien dem Druck der Araber nach und beschloss, die Zahl der jüdischen Einwanderinnen und Einwanderer nach Palästina zu beschränken. Dies, um zu vermeiden, dass die Araber und die anderen Muslime der Kolonialgebiete den Engländern ihre Unterstützung versagten. Manche von ihnen, darunter auch der aus Palästina verbannte Mufti von Jerusalem, hatten sich den faschistischen Achsenmächten zugewandt. Die Juden stellten ihre Streitkräfte im Weltkrieg den Alliierten zur Verfügung, nur eine Splittergruppe der irregulären Kampfvereinigung Irgun, Stern-Bande genannt, verweigerte dies. Durch die Kriegserfahrungen wurden die jüdischen Streitkräfte weiter gestärkt.

Nach dem Krieg, als die englische Mandatsmacht die Einwanderung von Juden nach Israel weiterhin beschränken wollte, lösten die jüdischen Aktivisten einen Terrorkrieg gegen England aus (Bombenanschlag auf das King-David-Hotel vom 22. Juli 1946 mit 91 Todesopfern und viele andere mehr). Aus der Betroffenheit über die Ermordung von Millionen von Juden durch die Nazis (die mit der Israel-Frage direkt nichts zu tun hatte) erwachte in der Aussenwelt, besonders in den USA, Sympathie gegenüber den jüdischen Überlebenden, die nicht nach Israel zugelassen wurden, und dies führte schliesslich dazu, dass Grossbritannien sein Mandat in die Hände der Uno legte und Palästina am 15. Mai 1948 verliess. Die Uno hatte 1947 beschlossen, das Land solle zwischen Arabern und

Juden geteilt werden. Dies hatten die Juden angenommen, die arabische Seite jedoch abgelehnt.

Die Vertreibung der Palästinenserinnen und Palästinenser
Schon vor dem endgültigen Abzug der Engländer hatten die jüdischen Streitkräfte grosse Teile der arabischen Bevölkerung aus Palästina vertrieben. Das Massaker vom 9. April 1948 an 350 Bewohnern des Dorfes Dair Jassîn bei Jerusalem durch die Stern-Bande und Irgun-Bewaffnete in Koordination mit Haganah löste zusammen mit anderen Terroranschlägen eine Flüchtlingswelle aus.

Nach der Proklamation des jüdischen Staates vom 14. Mai 1948 versuchten arabische Heere, in die von der Uno den Arabern zugesprochenen Teile Palästinas einzumarschieren. Doch sie wurden fast alle von den zahlenmässig überlegenen, besser ausgebildeten und ausgerüsteten jüdischen Kampfverbänden zurückgeschlagen.

Die Zionisten benützten ihre militärische Überlegenheit, um über 80 Prozent der arabischen Bevölkerung des neuen israelischen Staates (zwischen 700 000 und 750 000 Menschen) aus ihren Dörfern und Städten zu vertreiben. Erst durch diese Vertreibung konnte ein jüdischer Staat in Palästina überhaupt geschaffen werden. Die zu diesem Zweck angewandten Methoden reichten vom Massaker bis zur Verbreitung von Panik, was von israelischen Historikern aufgrund neu zugänglicher israelischer Dokumente belegt wird, die damit den alten Propagandamythos von der „freiwilligen" Flucht der Palästinenser korrigieren.[5]

Der nicht mehr zu leugnende Umstand, dass die Palästinenserinnen und Palästinenser mit Gewalt aus ihrer Heimat vertrieben wurden, liegt allen weiteren Entwicklungen zugrunde. Es waren die blutigen und grausamen Auseinandersetzungen mit den Zionisten, der britischen Mandatsmacht und schliesslich mit den Regierungen der anderen arabischen Staaten, welche die Palästinenser zu einem Volk werden liessen – freilich zu einem Volk ohne Land und ohne Staat. Bis 1967 bestanden zwei dem jordanischen Staat einverleibte und von Ägypten beaufsichtigte Restgebiete von Palästina im Westjordanland und im Gasastreifen. Doch nach dem Sechstagekrieg gelangten auch sie unter israelische Besetzung, und ein neuer Strom von 200 000 Flüchtlingen ergoss sich in die umliegenden arabischen Staaten.

Flüchtlinge und „Besetzte"

Heute sind die Palästinenserinnen und Palästinenser in sehr verschiedene Gruppen aufgeteilt, die unter recht unterschiedlichen Bedingungen leben müssen. Es gibt die israelischen Palästinenser, heute gegen 1,6 Millionen, im eigentlichen Israel. Sie sind theoretisch israelische Staatsbürger, unterstehen jedoch systematischen Benachteiligungen gegenüber den jüdischen Israelis. Bis 1966 mussten sie unter Militärverwaltung leben, besassen nur beschränkte Bewegungsfreiheit und kaum Rechtssicherheit; in jener Zeit wurden mehr als die Hälfte ihres Grundbesitzes und viele ihrer Dörfer zugunsten jüdischer Israelis enteignet.

Trotz seither erfolgter rechtlicher Besserstellung blieben ihre soziale Stellung und ihre Bildungsmöglichkeiten eingeschränkt; ihr Pro-Kopf-Einkommen ist im Durchschnitt halb so hoch wie jenes der jüdischen Israelis. Die israelischen Statistiken, die stets getrennte Zahlen für Juden und Nichtjuden aufweisen, zeigen klar, dass die zweite Gruppe aus Staatsbürgern zweiter Klasse besteht. Volle Gleichberechtigung mit den jüdischen Israelis zu erlangen ist heute das politische Hauptziel der in Israel lebenden Araber.[6]

Der Sechstagekrieg von 1967 brachte die restlichen Teile von Palästina – Gasa, Jerusalem und das Westjordanland – unter israelische Militärverwaltung. Die zunächst als „Faustpfand des Friedens“ gehandelten Gebiete wurden in der Folge immer enger an das israelische Kernland angeschlossen. Von Beginn an verfolgte Israel die Absicht, das arabische Ost-Jerusalem mit der historischen Altstadt dem jüdischen Stadtteil dauerhaft anzugliedern, wobei die Fläche der im Juli 1980 auch offiziell annektierten Stadt durch umfangreiche Eingemeindungen vervielfacht wurde. Die rund 230 000 palästinensischen Einwohnerinnen und Einwohner von „Gross-Jerusalem“ stehen unter beständigem „inoffiziellem“ Druck, ihre Häuser zu verkaufen und einer jüdischen Bevölkerung zu weichen. Israel gilt Jerusalem heute als seine unteilbare Hauptstadt, doch dieser Anspruch ist nicht international anerkannt. Nach dem Völkerrecht gehört der östliche Teil der Stadt zu den von Israel besetzten Westjordangebieten. Die Palästinenser beanspruchen Ost-Jerusalem als Hauptstadt ihres künftigen Staates. Nur ein Friedensvertrag kann über die endgültige Zugehörigkeit entscheiden.

Konfliktreich gestaltet sich die Situation der heute über vier Millionen Palästinenserinnen und Palästinenser im Gasastreifen und im Westjordanland. Diese Bevölkerung hat keine politischen Rechte, und auch die Genfer Konventionen, die ihr einen passiven Schutz vor Übergriffen versprechen, werden von Israel nur partiell respektiert. An dieser Tatsache hat sich durch den Friedensprozess noch nichts Grundsätzliches geändert.

Seit dem Machtantritt der israelischen Rechten unter Menachem Begin (1977) arbeitete Israel immer offener auf den Anschluss der besetzten Gebiete an das Kernland hin. Jüdische Siedlungen, zuvor nur halbmilitärische Vorposten, wurden seither zu einem Netz permanenter Wohnorte verdichtet, die mit eigenen Infrastrukturen und sogar einem eigenen, vom „arabischen“ getrennten Strassennetz erschlossen sind. Die Entwicklung der palästinensischen Gesellschaft und Wirtschaft war demgegenüber systematischen Behinderungen ausgesetzt; ihre Versorgung mit Schulen, Strassen, Wasser und Energie, medizinischen Einrichtungen etc. blieb weit hinter israelischen Standards zurück. Landenteignungen, Exportbeschränkungen und behinderte Kreditbeschaffung erschwerten zusätzlich die Entwicklung der palästinensischen Wirtschaft; statt dessen dienten die Gebiete als zollfreier Absatzmarkt und als Arbeitskräftereservoir für die israelische Industrie und Landwirtschaft.

In den siebziger Jahren beteiligten sich Aktivisten und Aktivistinnen aus den besetzten Gebieten mit Terroranschlägen am bewaffneten Kampf der PLO-Gruppierungen. Die Besatzungsbehörden antworteten darauf mit dem Aufbau eines lükkenlosen Repressionsapparates, der in voller Härte auch gegen gewaltlose Regungen des Protests eingesetzt wird. Trotzdem verdichtete sich – unter einer jungen, oft im Ausland ausgebildeten Führungsschicht – seit den ausgehenden siebziger Jahren das Netz palästinensischer Selbsthilfegruppen auf verschiedenen Gebieten, namentlich Medizin, Erziehung und Landwirtschaft. Schüler und Schülerinnen gaben ihrem Protest durch Demonstrationen und Steinewerfen Ausdruck: Die Intifada wurzelt im Widerstand jener Jahre.

Im sogenannten „Friedensprozess“, der von 1993 bis 2000 dauerte und dann scheiterte, erhielt die PLO unter Arafat eine Teilautonomie zuerst in Jericho und im Gasastreifen, später in sechs weiteren Städten der Westjordangebiete, die palästinensische Bevölkerungskonzentrationen bilden. Doch nach 2000 griffen die israelischen Militärs überall, wo sie wollten, innerhalb und ausserhalb dieser Gebiete, ein und führten eine reine Gewalt- und Willkürherrschaft. Es gibt weiterhin Zonen palästinensischer Autonomie, doch die Besatzungsmacht dringt nach Belieben mit Waffengewalt in sie ein, behindert die Bewegungsfreiheit der Palästinenser durch über 90 Strassensperren, führt „aussergerichtliche Tötungen" durch, konfisziert Land, fördert die Niederlassung israelischer Siedler, zerstört Häuser und ganze Stadtteile der Palästinenser und nimmt Tausende von Gefangenen ohne richterliches Mandat. All dies geschieht unter dem Vorwand der Sicherheit Israels.

Die grösste Gruppe der Palästinenserinnen und Palästinenser sind die Flüchtlinge aus den Kriegen von 1948 und 1967. Sie leben in Jordanien, dem einzigen Land, das ihnen volle Bürgerrechte gewährt, in Syrien, im Libanon, in den Golfstaaten und der restlichen arabischen Welt. Ihre Zahl dürfte heute auf über vier Millionen angewachsen sein. Ihre Existenzbedingungen sind unterschiedlich, doch überall haben sie mit arabischen Bürokratien und Geheimdiensten zu kämpfen, die sie nicht als volle Bürger behandeln. Sie leben zum grossen Teil seit über sechzig Jahren in elenden Flüchtlingslagern; die arabischen „Gastländer" verweigern ihre Integration bzw. Aufnahme als Staatsbürger unter dem Vorwand, dies würde eine Anerkennung Israels beinhalten.

Weil die Sache der Palästinenser bei den arabischen Völkern sehr populär war und ist, versuchen die arabischen Regierungen, die Palästinaflüchtlinge auf ihren Gebieten stets unter enger Kontrolle zu halten. Die Machthaber fürchten, die Palästinenser könnten mit Hilfe der einheimischen Bevölkerung politisch aktiv werden und, entsprechend den Theorien der „revolutionären" Kampfgruppen unter George Habasch und Nâjef Hawâtmeh, ihre Zufluchtsstaaten „revolutionieren". Die grosse Sprengkraft, die lange Zeit dem den Palästinensern angetanen Unrecht im ganzen arabischen Raum innewohnte, kam daher, dass die Israelis als „Nachfolger der Kolonialisten“ angesehen wurden – absichtlich „eingepflanzt“, um die ganze arabische Welt schwach zu halten.

Dies mag eine allzu vereinfachende Sicht der Sachverhalte sein, doch sie ist schwerlich ganz falsch. Israel hat, meist mit US-amerikanischer Unterstützung, die Araber in den Kriegen von 1956, 1967, 1973 (teilweise) und 1982 besiegt und ihre Herrscher an der Verwirklichung ihrer Pläne gehindert. Diese Pläne, vor allem der Traum vom grossarabischen Reich, wären vielleicht auch ohne Israel gescheitert. Doch der Umstand, dass es Israels militärische Überlegenheit war, die sie konkret liquidierte, lässt sich nicht leugnen.

Selbsthilfe

Die Erkenntnis, dass die arabischen Regime nicht in der Lage oder nicht gewillt waren, den Palästinenserinnen und Palästinensern zur „Heimkehr“ zu verhelfen – obgleich sie dies während Jahrzehnten zum Hauptpunkt ihrer Propaganda gemacht hatten –, veranlasste schliesslich die Diaspora-Palästinenser, zur Selbsthilfe zu schreiten. Jassir Arafat und seine Freunde gründeten die Fatach in Kuwait, und ihre Kämpfer versuchten ab 1965, Israel zu infiltrieren. Die Fatach wollte unabhängig von den arabischen Staaten für die Befreiung Palästinas kämpfen.

Andere Gruppen schlossen sich nach der Niederlage von 1967 mit der Fatach im Dachverband PLO (Palästinensische Befreiungsorganisation) zusammen. Zu ihnen gehörten die „revolutionären“ Gruppen der Volksfront unter George Habasch und der Demokratischen Front unter Nâjef Hawâtmeh. Ihre Doktrin verlangte, dass zuerst die arabischen Staaten durch Revolutionen (im marxistisch-leninistischen Sinn) umgebildet werden müssten. Dann werde es möglich, von dort aus Palästina zu befreien. Die angestrebte Revolution in der arabischen Welt wollten sie durch terroristische Mittel wie Flugzeugentführungen und andere Anschläge fördern.

Zwischen 1967 und 1983 war die PLO Hoffnungssymbol der ganzen arabischen Welt. Die Niederlage im Sechstagekrieg hatte das Selbstwertgefühl der Araber fast völlig zerstört. Die „Schlacht" von Karameh (in der Jordansenke) am 21. März 1968 wurde zum Wendepunkt. Damals wagten 300 palästinensische Guerilleros, gegen alle Regeln des Partisanenkriegs, einer weit überlegenen Macht von 15000 angreifenden Israelis Widerstand zu leisten. Sie wurden zur Hälfte aufgerieben, brachten aber den Israelis empfindliche Verluste bei. Dies galt als Beweis palästinensischer Entschlossenheit und Unterpfand künftiger Wirksamkeit. Neue Rekruten strömten der PLO zu.

Die arabischen Völker begannen zu hoffen, die PLO-Kämpfer könnten die Demütigung von 1967 auswetzen. Doch die arabischen Staaten gerieten in Konflikt mit der PLO, weil sie die bewaffnete Macht ihrer Revolutionäre fürchteten. 1970 und 1971 kam es zu blutigen Kämpfen zwischen der jordanischen Armee und den Freischärlern („Schwarzer September"). Sie endeten mit der Vertreibung aller bewaffneten Palästinenser aus Jordanien.

Viele zogen in den Libanon, wo es in der Folge ebenfalls zu Zusammenstössen zwischen der Armee und den Partisanen kam. Daraus entstand nach langen Verhandlungen und Kleinkämpfen der libanesische Bürgerkrieg (1975 bis 1990). Israel und Syrien griffen ein. Israel unterstützte die maronitischen Milizen, zuerst mit Waffen und Geld (ab 1976), später durch eine Invasion Libanons (1982), die bis nach Beirut vorstiess und die bewirkte, dass die bewaffneten Palästinenser Beirut verlassen mussten (August/September 1982). Es folgte ein Massaker an mindestens 700 (palästinensische Schätzungen gehen bis 4000) palästinensischen Zivilisten durch eine von Israel zur „Säuberung" der Lager eingesetzte libanesische Miliz – unter den Augen der israelischen Armee (Sabra und Schatîla, 16. bis 18. September 1982).

Im gleichen Jahr kam es zu Zusammenstössen zwischen PLO-Kämpfern und der syrischen Armee, die eine von Arafat abtrünnige Gruppe von Palästinensern unterstützte. Dies führte im Jahr 1983 zur Vertreibung aller Anhänger Arafats aus Syrien und dem Nordlibanon. Hunderte von ihnen wurden in Syrien eingekerkert und in vielen Fällen gefoltert.

Die Intifada

Im Dezember 1987 brach in den besetzten Gebieten ein Volksaufstand aus, der als Intifada bezeichnet wurde. Es handelte sich um einen Verzweiflungsaufstand der Bevölkerung des Westjordanlandes und Gasas, die zur Erkenntnis gekommen war, dass die PLO und andere äussere Kräfte, wie die Heere der arabischen Staaten, den Abzug der Israelis aus den besetzten Gebieten nicht erreichen würden. Die PLO hatte sogar den Libanon räumen müssen. Die Bewohner der besetzten Gebiete schritten zur Selbsthilfe mit Steinwürfen, um der Besatzungsmacht deutlich zu machen, dass sie ihre Herrschaft nicht länger passiv ertragen wollten.

Die Israelis waren überrascht. Sie ergriffen heftige Repressionsmassnahmen, die aber zunächst die Entschlossenheit der Palästinenser noch steigerten. Durch die Erhebung wuchs ihr Selbstvertrauen, und sie begannen, sich kollektiv zu organisieren. Eine im verborgenen wirkende Nationale Führung (in der die verschiedenen politischen Ausrichtungen vertreten waren, die Fatach, die revolutionären Gruppen, die KP) übernahm die Koordination der Erhebung und des zivilen Widerstands. Die Israelis schlugen hart zu. Sie zerstörten Häuser angeblicher Führer der Bewegung, internierten Tausende ohne Gerichtsverfahren, schossen scharf oder schlugen mit Gummiknüppeln auf unbewaffnete Zivilisten und Kinder ein, misshandelten Gefangene, griffen zu wochen- und monatelangen Ausgangssperren, schlossen die Schulen und Hochschulen.

Solche Gewaltmassnahmen bewirkten, dass die Massenbewegung abklang, nachdem sie nahezu fünf Jahre angedauert hatte. Mordversuche mit Messern an einzelnen Israelis und vermuteten Agenten der Besatzungsmacht gab es jedoch nach wie vor. Um ein politisches Gegengewicht zu den nationalistischen Kräften des „Aufstandes" zu schaffen, begünstigte die Besatzungsmacht anfänglich die islamistische Rivalenbewegung, die sich von Gasa aus, gestützt auf die dortigen Muslimbrüder, unter dem Namen Hamas ausbreitete und die „Befreiung ganz Palästinas" (nicht nur der besetzten Gebiete) forderte.

Friedensangebot an Israel

Es war gerade die Intifada der Palästinenserinnen und Palästinenser des Inneren, die jenen der Diaspora Gelegenheit gewährte, Israel Frieden anzubieten und es als Staat anzuerkennen (19. Palästinensischer Nationalkongress in Algier, November 1988, und Jassir Arafat vor der Uno in Genf, 13. bis 16. Dezember 1988). Dies geschah unter der Voraussetzung, dass die Palästinenser ihrerseits in den besetzten Gebieten ihren eigenen Staat gründen könnten. Die Leiden der Intifada und die als heldenhaft empfundene Selbsthilfe der Bevölkerung bewirkten, dass die Vertreter der Palästinenser in der Diaspora (PLO) sich mehrheitlich dazu durchringen konnten, ihr bisheriges Ziel einer „Heimkehr" nach Israel aufzugeben und Israel in seinen Grenzen von 1967 anzuerkennen.

In Israel hatte sich seit dem Offensivkrieg gegen den Libanon eine Friedensfront gebildet („Peace Now"-Bewegung), die ihrerseits auf alte Traditionen der Friedensbereitschaft unter israelischen Intellektuellen und in gewissen Kibbuzgemeinschaften zurückgreifen konnte. Sie protestierte 1982 gegen den „unnötigen" Libanonkrieg und später gegen die Grausamkeiten der Unterdrückung der Intifada. Die Bewegung blieb eine Minderheit. Doch konnte die Labour-Regierung, die 1992 an die Macht kam, sich auf sie stützen, als sie sich entschloss, aufgrund von Geheimverhandlungen in Norwegen einen Frieden mit der PLO ins Auge zu fassen.

Eine Teillösung

Verhandlungsversuche der Araber mit Israel, die in Madrid Ende Oktober 1991 begannen, kamen nicht voran, weil die Israelis sich weigerten, mit der PLO direkt zu sprechen, und wohl auch nicht daran dachten, alle besetzten Gebiete zurückzugeben. Der Golfkrieg von 1990 bis 1991 führte zu einer weiteren Schwächung der PLO, weil deren Führung Saddam Hussein nicht klar verurteilte und deswegen der finanziellen Unterstützung durch die Erdölstaaten am Golf verlustig ging. Etwa 300000 bis 400000 Palästinenserinnen und Palästinenser, die in Kuwait lebten, wurden aus dem Erdölscheichtum ausgewiesen. Die PLO geriet in eine Finanzkrise.

Unter diesen Umständen kam es nach geheimen Parallelverhandlungen in Norwegen am 13. September 1993 überraschend zu einem Teillösungsabkommen zwischen der PLO und Israel. Es sah vor, dass die PLO zunächst in den Gebieten von Gasa und Jericho eine Teilautonomie einrichten sollte und dass später, im Rahmen einer Fünfjahresfrist, weitere ausstehende Fragen – Wahlen, Räumung weiterer Zonen in den besetzten Gebieten durch die israelischen Truppen, die Zukunft Jerusalems – ausgehandelt würden. Es kam zu Versöhnungszeremonien wie dem berühmt gewordenen Händedruck zwischen Jitzchak Rabin und Jassir Arafat vor dem Weissen Haus.

Doch eine politische und gewalttätige Opposition gegen die Friedenspläne entstand auf beiden Seiten. Unter den Palästinensern bestand sie aus den „revolutionären" Gruppen der PLO sowie den islamistischen Kampfgruppen Hamas und Islamischer Dschihâd; unter den Israelis bildeten sie die konservativen Parteien und die damals rund 120 000 Siedler. Blutige Aktionen wie die Ermordung von 29 betenden Arabern in der Moschee von Hebron durch einen fanatischen israelischen Siedler (25. Februar 1994) und die verschiedenen Mord- und Bombenaktionen, für die sich Hamas oder der Islamische Dschihâd verantwortlich erklärten, machten klar, dass die Extremisten auf beiden Seiten vor keiner Untat zurückschreckten, die geeignet schien, den Friedensprozess zu untergraben.

Arafat in der Hand der Israelis

Durch das Abkommen wurde Jassir Arafat, der nach Gasa heimkehrte, zwischen zwei Fronten gestellt. Einerseits verlangten die Israelis von ihm, gegen diejenigen palästinensischen Islamisten vorzugehen, die Anschläge durchführen, und sie drohten ihm mit dem Abbruch des „Friedensprozesses". Andererseits warfen ihm die Sprecher der Islamisten Verrat an der Sache der Palästinenser vor und behaupteten, er sei zum Diener und Polizisten der Israelis geworden. Die Bevölkerung der kleinen Autonomiezonen in den besetzten Gebieten war zwar froh, die israelischen Soldaten abziehen zu sehen. Sie wurden durch eine Polizeitruppe Arafats ersetzt.

Doch die erhoffte wirtschaftliche und soziale Besserung trat nicht ein, weil Arafat die ihm versprochenen Gelder aus dem Ausland nicht erhielt, solange er keine glaubwürdigen Entwicklungsprojekte vorlegen konnte.

Um die ihnen im Oslo-Abkommen versprochenen Wahlen durchführen zu können, mussten die Palästinenser die Vereinbarung von Taba (auch „Interimvereinbarung" oder „Oslo 2" benannt) vom 28. September 1995 annehmen. Dieser Vertrag schrieb die Kantonalisierung der besetzten Gebiete „vorläufig" fest. Sie wurden in drei Zonen aufgeteilt, von denen nur in der Zone A die neuen palästinensischen Behörden volle Teilautonomierechte erhielten.

Die Zone A umfasst im wesentlichen die grösseren palästinensischen Städte ausser Hebron. (Für Hebron gab es später ein – nur teilweise verwirklichtes – Sonderabkommen, das dort die Rechte der Palästinenserinnen und Palästinenser noch weiter reduzierte, weil in der Innenstadt etwa 500 Juden unter den über 160000 Palästinensern leben.) Die Zone A umfasst nur 2,7 Prozent des gesamten besetzten Gebietes des Westjordanlandes, in denen 36 Prozent der Gesamtbevölkerung leben. Doch sogar in diesen angeblich autonomen Kleinzonen darf die palästinensische Polizei keinen Israeli verhaften oder einsperren. Sie darf nur Ausweispapiere kontrollieren und muss sofort die israelische Polizei um Einschreiten ersuchen, wenn es sich um einen Israeli handelt. Dabei sind viele der Siedler bewaffnet und machen gerne von ihren Schusswaffen Gebrauch.

In der Zone B, in der 420 Dörfer und Kleinstädte liegen und die aus 25,1 Prozent der Gesamtfläche der besetzten Westjordangebiete besteht, wird die Verantwortung für die Sicherheit von beiden Seiten ausgeübt. Die Israelis sind jedoch übergeordnet. Die palästinensische Polizei darf sich nur auf palästinensischen Durchgangsstrassen frei bewegen; auf allen anderen benötigt sie die Erlaubnis der israelischen Sicherheits- oder Militärbehörden, die sie oft nicht und fast nie sofort erhält.

Die Zone C umfasst 72,2 Prozent der Westjordangebiete und sämtliche Siedlungen. Sie untersteht weiterhin ausschliesslich den israelischen Besatzungsbehörden (Militärverwaltung).[7]

Das Detailabkommen über diese „interimistische" Zonenregelung umfasst 314 Seiten. Der Bau separater Strassen, die so angelegt werden, dass sie die einzelnen Abschnitte palästinensischer Zuständigkeit (Zonen A und B) in mindestens 25 voneinander abschottbare Gebiete trennen, ist weit fortgeschritten, geht aber immer noch weiter. Sobald Unruhen entstehen, manchmal sogar präventiv, wenn – etwa an religiösen Festen – mögliche Unruhen bevorstehen könnten, erklären die Israelis die Sperrung der arabischen Gebiete und können damit die Palästinenser in ihren Klein-Enklaven (zu Recht in der Umgangssprache „Bantustans" genannt) und im Gasastreifen völlig einschliessen. Dies führt zum Stillstand aller wirtschaftlichen Tätigkeit.

In den palästinensischen Wahlen, die danach am 20. Januar 1996 durchgeführt werden durften, erhielt Jassir Arafat 88,2 Prozent der Stimmen, seine Fatach-Bewegung erlangte 51 von 88 Parlamentssitzen, 37 gingen an unabhängige Kandidaten, von denen jedoch 14 ebenfalls der Fatach nahestanden. Arafat errichtete aufgrund dieser starken Mehrheitsposition eine recht autoritäre Herrschaft über seine palästinensischen Mitbürgerinnen und Mitbürger. Sie wurde von vielen Palästinensern als korrupt angesehen.

Die Extremisten auf beiden Seiten versuchten durch Mordaktionen den „Friedensprozess" abzuwürgen. Dies war zweifellos der Zweck der Ermordung von Ministerpräsident Jitzchak Rabin vom 4. November 1995[8] durch einen israelischen Rechtsextremisten. Dem Mord war eine wilde Anschwärzungs- und Verleumdungskampagne durch die israelischen Rechtsextremisten gegen Rabin und seine Friedensbemühungen vorausgegangen.

Die blutigen Selbstmordanschläge durch Bomben, die von der islamistischen Hamas-Gruppierung durchgeführt wurden (darunter die Anschläge vom 25. Februar und vom 3. und 4. März 1996, die total 92 Israelis das Leben kosteten), zielten auch auf Abwürgung der Friedensbemühungen. Sie wurden von den Tätern als Rache für vorausgegangene israelische Mordaktionen bezeichnet. Die knappe Mehrheit, die in den Wahlen vom 29. Mai 1996 Benjamin Netanjahu, einen entschiedenen Gegner eines jeden echten Friedensausgleichs mit den Palästinensern, zur Macht brachte, war ohne Zweifel als Reaktion auf diese Terroranschläge zustande gekommen.

Netanjahu legte den „Friedensprozess“ während der drei Jahre seiner Herrschaft praktisch still. Gleichzeitig sorgte er für eine weitere Zunahme der nach internationalem Recht illegalen israelischen Siedlungen in den besetzten Gebieten, offiziell nicht durch Neuanlegung, sondern durch Ausdehnung schon bestehender Siedlerkolonien.

Wirtschaftlich ging es den Palästinensern der weiterhin besetzten Gebiete sowie auch jenen der teilweise autonomen Zone A und des Gasastreifens deutlich schlechter als in den Jahren vor der interimistischen Teilautonomie, weil sich die vielen Sperren verheerend auf die palästinensische Wirtschaft auswirkten.

Das sogenannte Wye-River-Abkommen, das mit Hilfe Präsident Clintons am 23. Oktober 1998 in den USA zustande kam und drei weitere Truppenzurücknahmen der Israelis vorsah, wurde von Netanjahu zwar unterschrieben, jedoch nur in den geringsten Teilen verwirklicht. Die palästinensischen Gefangenen der Israelis blieben, trotz erneuten Befreiungsversprechen, in den meisten Fällen in den Gefängnissen.

In Jerusalem kam es zu blutigen Zusammenstössen (60 tote Palästinenser, 12 tote israelische Soldaten), weil die Israelis im September 1996 einen unterirdischen Tunnel, den sie entlang der Klagemauer und unter der Al-Aksa-Moschee angelegt hatten, eröffneten. Später, im März 1997, kam es zu neuen Unruhen, weil sie auf dem bisher arabischen Gebiet des Dschebel Ghoneim eine neue Siedlung zu bauen begannen, die sie Har Homa nennen und die dazu bestimmt ist, zwei bisher zusammenhängende arabische Wohnquartiere voneinander zu isolieren.

Die im Frühling 1999 neugewählte Regierung von Ehud Barak versprach, den „Friedensprozess" entscheidend voranzubringen. Doch gerade unter ihr sollte er endgültig zusammenbrechen. Dies geschah, weil alle Hauptfragen bisher ungelöst geblieben waren und weil im Laufe des Prozesses, der auf fünf Jahre geplant war, aber nun schon seit sieben Jahren andauerte, den Palästinensern gegen ihren Willen „Interimslösungen" von ihren weit mächtigeren israelischen Verhandlungspartnern aufgezwungen wurden. Die Amerikaner wirkten offiziell als „Vermittler", doch begünstigten sie systematisch die Israelis. Dadurch war auf palästinensischer Seite das Vertrauen in den „Friedensprozess" erschüttert, noch bevor die eigentlichen Hauptprobleme angepackt wurden. Diese waren: die Frage der Siedler, jene Jerusalems, die der Staatlichkeit (das heisst Kompetenzen und Grenzen des palästinensischen Staates oder Autonomiegebietes) und jene der Rückkehr der palästinensischen Flüchtlinge in ihre Heimat. Präsident Clinton hoffte noch während seines Mandats, das Ende 2000 auslief, „endgültige" Lösungen zu finden. Er berief eine neue Konferenz in Camp David ein, obgleich die Palästinenser warnten, dass die Lage nicht reif dazu sei. Die Gespräche dauerten vom 11. bis zum 25. Juli 2000. Doch konnte keine Einigung über die Jerusalemfrage, über die Zukunft der israelischen Siedler, über die endgültig an die Palästinenser gehenden Gebiete des Westjordanlandes sowie die Wasserfrage erzielt werden, und als zum Schluss die Palästinenser die Frage der Rückkehr der palästinensischen Vertriebenen aufwarfen, kam es zum Bruch. Barak schien darauf abzuzielen, die strategische und taktische Kontrolle der besetzten Gebiete in israelischen Händen und in den Händen der Siedler zu bewahren und nur die Verantwortung für die Verwaltung der palästinensischen Bevölkerung den palästinensischen Behörden unter israelischer Überwachung zu überlassen.[9]

In der besonders gespannten Lage, die nach dem Abbruch der Gespräche entstand, gelang Ariel Scharon eine gezielte Provokation, indem er am 28. September 2000 im Schutz von 1000 bewaffneten Polizisten im Bezirk der Al-Aksa-Moschee und des Felsendoms „spazierenging". Dies forderte sieben Tote und 250 Verletzte unter protestierenden Palästinensern. Es führte zu einem Generalstreik am folgenden Tag in den besetzten Gebieten, in dessen Verlauf die israelische Armee scharf schoss und 18 Tote unter den Palästinensern (auch drei Soldaten verloren ihr Leben) sowie 217 Verwundete verursachte.

Die Provokation und die blutige Repression der Proteste wurden zum Auslöser einer neuen Intifada (Auflehnung), in der diesmal die Palästinenser neben Steinen auch Gewehre (der Polizei und der Sicherheitsleute Arafats) gebrauchten. In dem daraus entstehenden Klima von Gewalt und Gegengewalt verlor Barak die Wahlen vom 6. Februar 2001, die er nach dem Fehlschlag von Camp David angekündigt hatte, und der Extremist Ariel Scharon wurde, wie er es bezweckt hatte, zum Ministerpräsidenten gewählt.

Notverhandlungen der letzten Stunde aufgrund von „Ideen", die Präsident Clinton in den letzten Dezembertagen 2000 vorgelegt hatte, als schon die Unruhen tobten, fruchteten nichts – beide Seiten forderten Präzisionen und misstrauten den Absichten der Gegenpartei. Die Vertrauensgrundlage war endgültig verlorengegangen. Sie konnte auch nicht bei weiteren Kontakten in Taba, unmittelbar vor den israelischen Wahlen, wiederhergestellt werden.

Seither besteht in den besetzten Gebieten ein „ungleicher Krieg", in dem die israelische Armee von allen ihr zur Verfügung stehenden Waffen Gebrauch macht, um der dortigen Bevölkerung ihre Kontrolle aufzuzwingen. Sie tut dies unter dem Vorwand der Sicherheit Israels. Aktivistische Gruppen der Palästinenser suchen sich mit den wenigen Mitteln gegen die Besatzungsmacht zu wehren, die ihnen zur Verfügung stehen. Dabei sind die Grenzen zwischen Guerillakrieg und Terroraktionen auf beiden Seiten fliessend geworden. Die Palästinenser verzeichnen etwa fünfmal mehr Todesopfer als die Israelis. Dazu kommen grosse Zahlen palästinensischer Verwundeter und Gefangener.

Mit europäischer Beteiligung und amerikanischer Hilfe wurde im Jahr 2002 ein neuer Friedensplan ausgearbeitet, „Road Map" genannt. Er sah vor, in Dreijahresfrist einen palästinensischen Staat in den besetzten Gebieten zu schaffen, nachdem die Palästinenser ihren Aufstand beendet hätten. Im Zuge dieses Plans wurde Arafat gezwungen, einen Ministerpräsidenten zu ernennen, der die wirkliche Regierungsmacht in den palästinensischen Autonomie-Enklaven ausüben würde. Erst nachdem dies geschehen war, wurde der Plan am 30. April 2003 mit amerikanischer Zustimmung veröffentlicht. Er kam jedoch nicht zum Tragen, weil Scharon ihn zwar annahm, aber durch fünfzehn Vorbedingungen einschränkte und die Amerikaner dieses Vorgehen billigten.

Der neue Ministerpräsident, Machmud Abbas, versuchte, alle palästinensischen Gruppierungen, auch die radikalen, die nicht zur PLO gehören, von einem Waffenstillstand zu überzeugen, der dann erlaubt hätte, den Friedensplan anzupacken. Doch die konservativen und radikalen Israelis, die mit Scharon die Regierung beherrschten, sorgten dafür, dass jedesmal, wenn sich ein solcher Waffenstillstand abzeichnete, neue „extralegale Tötungen" durch die israelische Armee durchgeführt wurden, welche die Rachegefühle der radikalen Palästinensergruppen neu anfachten und neue Selbstmord-Bombenanschläge hervorriefen. Die radikalen Kampfgruppen der Palästinenser unterliefen ihrerseits ebenso alle Friedensansätze durch Selbstmordattentate gegen israelische Zivilisten. Ohne die Angst- und Rachegefühle, die ihre Aktionen unter den Israelis erzeugen, hätte Scharon seine Annexionspolitik nicht verfolgen können.

Der palästinensische Ministerpräsident Machmud Abbas erhielt weder die volle Unterstützung Arafats noch jene der israelischen Seite, um seine Befriedungsversuche zu verwirklichen. Er trat schliesslich am 6. September 2003 zurück. Ein ägyptischer Versuch, alle palästinensischen Gruppen zu einem Waffenstillstand zu überreden, scheiterte am 8. Dezember 2003 und bedeutete das bisherige Ende der „Road Map".

Teile des Westjordanlandes für die Palästinenser?

Die „Lösung", die Scharon vorschwebte, legte er am 6. Dezember 2002 zum letztenmal ausführlich dar. Er wollte 42 Prozent des Westjordanlandes, „abzüglich einiger Gebiete, die für die Sicherheit lebenswichtig sind", den Palästinensern („aber nicht unter Arafat") für einen „Staat" zusprechen, dessen Grenzen, Luftraum und Aussenpolitik Israel kontrollierte und der keine Armee, nur eine leichtbewaffnete Polizei besässe. Den grösseren Teil der Westjordangebiete würde Israel annektieren.[10] Die Palästinenser lehnten dies ab. Doch die Handlungen Scharons und seiner Mitstreiter liessen erkennen, dass sie gewillt waren, diese Ziele einseitig durchzusetzen. Die Scharon-Regierung führte regelmässige Angriffe auf die theoretisch und vertraglich der PLO-Regierung unterstellten Gebiete durch, wobei alle schweren Waffen der israelischen Armee, Panzer, Helikopter, Raketen, aber auch Scharfschützen eingesetzt wurden, die von Hausdächern aus auf die Bevölkerung schossen. Die Truppen zerstörten Häuser und nahmen Menschen gefangen. Manchmal lieferten die palästinensischen Widerstandskämpfer ihnen Gefechte. Die israelische Armee zog dann nach längerer oder kürzerer Frist wieder ab, nur um anderenorts neue Angriffe durchzuführen. Ihre Aktionen wurden mit Sicherheitsargumenten begründet, doch sie zielten auch darauf ab, die Autorität und die Institutionen der im Verlaufe des „Friedensprozesses" entstandenen palästinensischen Behörden systematisch zu zerstören.

Arafat selbst wurde ab März 2002 von den Israelis isoliert, indem israelische Truppen ihn in den Ruinen seines Regierungssitzes in Ramallah einschlossen und ihm nicht mehr erlaubten, sie zu verlassen. Die israelische Regierung erklärte mehrfach, sie erwäge oder gedenke, Arafat zu töten oder des Landes zu verweisen. Doch die Bush-Administration lehnte dies ab. Die Israelis warfen Arafat vor, er sei erstens korrupt und zweitens für die gesamte Zweite Intifada, das heisst den teilweise bewaffneten Aufstand gewisser radikaler Gruppen von Palästinensern seit dem Jahr 2001, verantwortlich. Dies war eine Propagandabehauptung, die der ganzen Komplexität des Geschehens keineswegs gerecht wurde. Sie diente den politischen Zielen Scharons, und Washington übernahm sie vollumfänglich.

Die Terroranschläge vom 11. September 2001 in New York und Washington und der „Krieg gegen den Terrorismus", den Präsident Bush daraufhin erklärte, halfen Scharon, seinen Einfluss in Washington weiter auszubauen. Er versuchte, seinen Kampf gegen die Palästinenser sowie seine Pläne, weitere palästinensische Gebiete zu annektieren und die Palästinenser selbst unter israelische Kontrolle zu bringen, als einen Teil des weltweiten „Kriegs gegen den Terrorismus" darzustellen, und vertrat diese These erfolgreich in Amerika.

Der „Sicherheitszaun" als Annexionsinstrument

Der sogenannte „Sicherheitszaun", den die Scharon-Regierung seit dem 16. Juni 2002 zu bauen begann, ist als ein Instrument zur Durchführung ihrer Annexionspolitik anzusehen, obwohl auch für ihn Sicherheitsargumente vorgebracht wurden. Dieser „Zaun", der auf weite Strecken aus einer acht Meter hohen Zementmauer mit begleitenden Sicherheitsanlagen besteht, wird nicht entlang der Grenzlinie errichtet, die das eigentliche Israel von den besetzten Westjordangebieten trennt (Grüne Linie genannt), sondern östlich davon, und er stösst an gewissen Stellen tief ins Innere der besetzten Gebiete vor. Dies vor allem in jenen Gebieten, in denen israelische Siedlungen in der Nähe der Grenze, jedoch auf palästinensischem Boden, gebaut wurden. An gewissen Stellen isoliert die Mauer palästinensische Dörfer, die dadurch auf ihre „israelische" Seite zu liegen kommen, an anderen trennt sie die palästinensischen Bauern von ihrem Land. Nach den Statistiken der israelischen Friedensorganisation B'Tselem sind beinahe eine halbe Million Palästinenser durch die Mauer in ihrem Lebensunterhalt oder ihrer Bewegungsfreiheit betroffen.

Der „Zaun", realistischer Mauer, ist noch nicht vollständig fertiggestellt. Doch er nähert sich seiner Vollendung. Er hat bewirkt, dass weniger Selbstmordanschläge in Israel durchgeführt werden. Doch der Umstand, dass er nicht auf der eigentlichen Grenze zwischen Israel und den besetzten Gebieten gebaut wird, sondern tiefe Einschnitte in diese vornimmt, macht deutlich, dass er nicht nur Sicherheitszwecken dient, sondern auch zur Festigung der Herrschaft über widerrechtlich von Israel und israelischen Siedlern in Besitz genommene palästinensische Gebiete.

Während der Mauerbau auf der westlichen Seite der Westjordangebiete seiner Vollendung entgegengeht, haben die israelischen Besatzungsbehörden bereits weitere Massnahmen angeordnet, die als Vorbereitungen zur illegalen Inbesitznahme eines breiten östlichen Streifens der Westjordangebiete gelten müssen. Eine weite Zone parallel zum Jordan wurde zur Sonderzone erklärt, in der keine Palästinenser sich neu niederlassen können, während die dort wohnenden Palästinenser, wenn sie ausreisen, nicht mehr dorthin zurückkehren dürfen. Die illegal dort angesiedelten Siedler sind von diesen Regelungen ausgenommen, das israelische Militär führt das Regiment in der Sperrzone. Es gibt Pläne, auch diese östliche Zone durch eine Mauer zu sichern, so dass die Hauptsiedlungsgebiete der vier Millionen Palästinenser in den Westjordangebieten rundherum eingemauert würden. Für die anderthalb Millionen Palästinenser im Gasastreifen ist eine solche Einmauerung in ein grosses „Freiluftgefängnis" bereits im Jahr 2007 Realität geworden.

Der Sonderfall Gasa

Im August und September 2005 evakuierte die israelische Armee die rund 8000 israelischen Siedler, die in den Jahrzehnten zuvor im Gasastreifen angesiedelt worden waren. Dies geschah trotz heftigem Widerstand der Siedler auf Anordnung des Ministerpräsidenten Scharon. Zweck der Massnahme war, wie der Hauptberater Scharons, Dov Weisglass, erklärte, in Übereinkunft mit den Amerikanern die Gründung eines palästinensischen Staates zu verunmöglichen. Die Räumung Gasas war nach seinen Aussagen das „Formaldehyd", das nötig war, um das Zustandekommen eines Palästinenserstaates zu verhindern, „bis die Palästinenser zu Finnen geworden sind".[11] Ariel Scharon hatte eingesehen, dass eine Entfernung der vier Millionen Palästinenser aus den von Israel besetzten Gebieten nicht möglich war. Er beschloss deshalb, möglichst grosse Teile der palästinensischen Gebiete für Israel zu annektieren und die palästinensische Bevölkerung in den am dichtesten bevölkerten Städten und Zonen zu isolieren. Die Palästinenser nennen dies Scharons „Bantustanpolitik". Gasa sollte das erste Bantustan werden. Weitere isolierte Kleingebiete palästinensischer Autonomie unter israelischer Oberaufsicht sind offenbar vorgesehen in Nablus, Ramallah, Dschenin, Jericho, Bethlehem, möglicherweise Hebron. Pläne in diesem Sinne hatte Scharon schon kurz nach der Eroberung der besetzten Gebiete im Sechstagekrieg von 1967 vorgelegt.[12] Auf diesem Weg sollen etwa 40 Prozent der besetzten Gebiete von Israel annektiert werden.

Die demographische Lage ist die Ursache derartiger Pläne. In einem „grossisraelischen" Gebiet zwischen Jordan und Mittelmeer gibt es beinahe ebenso viele Palästinenser wie Israelis, und die Geburtenrate der Palästinenser übersteigt jene der Israelis. Dies bedeutet: Wenn Israel die besetzten Gebiete voll annektierte, müsste es bald damit rechnen, dass die

Palästinenser in seinem Staatsgebiet zur Mehrheit würden. In diesem Fall müsste Israel wählen, ob es eine Demokratie bleiben will oder ein „jüdischer Staat". Beides zugleich würde unmöglich. Die Konzentration der Palästinenser in nominell autonomen „Bantustans" soll verhindern, dass Israel vor diese Wahl gestellt wird.

Gasa wurde nach seiner Räumung von Israel isoliert. Schon im Jahr 2004 waren sein Hafen, sein Flughafen und die Häuser einer weiten Zone bei Rafah an der ägyptischen Grenze von der israelischen Armee zerstört worden, um eine solche Isolierung zu erleichtern. Vor der Küste patrouilliert die israelische Kriegsflotte. Von Israel kontrollierte Zugänge wurden in Erez und Karni eingerichtet. Sie wurden periodisch geschlossen, ebenso wie die von Israel kontrollierte Grenze nach Ägypten. Ein komplizierter Vertrag über die Grenzregelung vom November 2005, an dessen Zustandekommen neben Israel und den Palästinensern Ägypten, die USA und die EU beteiligt waren, änderte nichts an dieser Tatsache.

Als Mitte Juni 2007 Hamas im Gasastreifen die Macht ergriff und die Bewaffneten der PLO blutig ausschaltete, schritt Israel zur vollen Isolierung des Gebiets. Die Behörden begründeten diesen Schritt mit der Nichtanerkennung Israels durch Hamas und mit den Raketen, die seit 2005 aus dem Gasastreifen auf israelisches Gebiet abgeschossen wurden. Vor allem die nahe gelegene Stadt Sderot wurde zum Ziel solcher Raketen, für die sich Extremistengruppen wie Islamischer Dschihâd und Al-Aksa-Märtyrer-Brigaden verantwortlich erklärten. Nach einer Statistik der israelischen Friedensbewegung B'Tselem wurden zwischen dem 1. September 2005 und dem 25. Juli 2007 2800 Raketen aus Gasa abgeschossen. Sie töteten vier Israelis und verursachten Verwundete und einigen Sachschaden. Die Israelis antworteten darauf mit Militäraktionen, die den Tod von 668 Personen in Gasa verursachten. Davon hatten 359 nichts mit den Kämpfen zu tun. Sie waren unbeabsichtigte Opfer; Frauen, Kinder und Greise waren darunter.

Durch die Isolierung wurden fast alle Fabriken im Gasastreifen stillgelegt, ihre Arbeiter arbeitslos. Es entstand empfindliche Knappheit an Treibstoff, Elektrizität und Nahrungsmitteln. Viele Kinder leiden an Unterernährung. Nur die internationalen Hilfswerke hielten die Bevölkerung knapp am Leben. Der Lebensstandard der meisten Bewohner sank unter die Armutsgrenze. Ende Januar 2008 führten die Abschnürungen durch Israel zum Durchbrechen der ägyptischen Grenze durch die Bevölkerung Gasas. Die Grenzmauern wurden zerstört, wobei Hamas inoffiziell Hilfe leistete, und Zehntausende von Gasioten strömten auf die ägyptische Seite der Grenze, um sich dort zu verproviantieren. Später gelang es der ägyptischen Polizei nach Gesprächen mit Hamas, die Grenze wieder zu schliessen.

Die Unsicherheit an der ägyptischen Grenze, internationaler Druck und das Fehlen erfolgverheissender militärischer Perspektiven führten schliesslich dazu, dass die israelische Regierung sich zu indirekten Verhandlungen mit Hamas entschloss, obwohl sie erklärt hatte, sie werde nie mit Hamas verhandeln. Es kam am 15. Juni 2008 durch ägyptische Vermittlung zu einer Waffenstillstandsübereinkunft, die schrittweise in Kraft treten sollte und in Gasa (aber nicht in den Westjordangebieten) ein Ende der israelischen Tötungsaktionen gegen ein Ende des Raketenbeschusses und eine schrittweise Öffnung der Grenzübergänge beinhaltete.

Krieg gegen Gasa

Die Vereinbarung brachte eine Beruhigung der Fronten für knapp sechs Monate, doch führte sie nie zu einem völligen

Waffenstillstand. Eine grössere Aktion mit Tanks und Luftangriffen der Israelis am 4. November 2008 beendete die Ruheperiode. Hamas antwortete mit erneutem Beschuss mit Kassam-Raketen auf israelisches Gebiet. Dies führte am 24. Dezember zum Beginn einer überfallartig ausgelösten grösseren Kriegsaktion durch Israel. Schweren Bombardierungen aus der Luft folgte am 3. Januar ein Angriff zu Lande auf Gasa. Zahlreiche Wohnhäuser, darunter viele Wohnungen der Chefs von Hamas, wurden bombardiert und zerstört. Eine grössere Zahl von Hamas-Politikern, -Kommandanten und -Aktivisten, aber noch mehr unbeteiligte Zivilisten wurden getötet, manche mit ihren ganzen Familien. Doch der Widerstand war ungebrochen, als die Israelis am 18. Januar 2009 erklärten, sie gedächten ihre Truppen zurückzuziehen. Der Rückzug erfolgte in erster Linie, um schwere israelische Verluste in Nahkämpfen zu vermeiden, jedoch auch auf Druck der äusseren Mächte.

Durch die israelischen Angriffe wurden je nach Quelle zwischen 1166 und 1417 Palästinenser getötet, viele davon Frauen und Kinder sowie eine Mehrzahl von Zivilisten. Die Israelis verloren 13 Soldaten. Die Städte lagen in Ruinen, und die Landwirtschaft war verwüstet. Ein grosser Teil der 1,6 Millionen Bewohner des Streifens war obdachlos. Das internationale Hilfswerk UNRWA war auch betroffen.

Gasa unter Dauerblockade

Nach ihrem Abzug verstärkten die Israelis ihre Blockade des Gasastreifens. Hilfsgüter und Nahrungsmittel wurden nur tropfenweise zugelassen. Der Wiederaufbau der Industrie von Gasa wurde dadurch verunmöglicht und der Wiederaufbau der Wohnungen entscheidend behindert. Offiziell diente die Blockade der Verhinderung der Wiederbewaffnung von

Hamas. Doch ihre Auswirkungen erstreckten sich auf das gesamte Leben der Bevölkerung des Gasastreifens, welches weitgehend lahmgelegt wurde. Das israelische Vorgehen kam für sie einer unbegrenzt andauernden Kollektivstrafe gleich. Dahinter stand wahrscheinlich die Absicht, die Bevölkerung dazu zu veranlassen, sich gegen Hamas zu erheben.

Die Blockade wurde von Israel über alle folgenden Jahre hin aufrechterhalten, und sie ist gegenwärtig (Mai 2012) noch immer in Kraft. Ägypten unter Präsident Mubârak hielt seinerseits die Grenze nach Gasa ebenfalls geschlossen, wohl teilweise um allen Einfluss von Hamas auf Ägypten zu vermeiden, teils um den Amerikanern zu Willen zu sein.

Es entstand eine rege Schmuggelindustrie durch unterirdische Stollen an der Grenze: Gegenstände dringenden Bedarfs wurden durch diese vom Sinai nach Gasa gebracht, wobei grosse Aufpreise in Kauf genommen werden mussten. Nach Ansicht der Israelis gab es auch Tunnels, durch die Waffen nach Gasa gelangten. Gelegentlich wurden Tunnels von den Israelis bombardiert, was natürlich Menschenleben kostete.

Die ägyptischen Behörden versuchten den Schmuggel zu unterbinden. Doch er dauerte an und wuchs kontinuierlich. Auf dem Sinai bildete sich eine Mafia, die vom Schmuggel lebte und ägyptische Grenztruppen bestach.

Israel handhabte die Blockade dergestalt, dass keine volle Hungersnot in Gasa ausbrach, jedoch die Unterernährung von Kindern der Unterschichten beunruhigende Ausmasse annahm. Ein Grossteil der Bevölkerung sank unter die Armutsgrenze. Die meisten Gasioten überlebten nur dank der – ebenfalls von Israel eingeschränkten – Nahrungshilfe der UNRWA. Die Arbeitslosigkeit stieg so weit an, dass eine gute Hälfte der arbeitsfähigen Bevölkerung erwerbslos war.

Übermässige Gewalt gegen die „Mavi Marmara"

Internationale Hilfswerke versuchten, mit Schiffen die israelische Blockade zu durchbrechen. Doch die israelische Kriegsflotte hinderte sie daran. Es kam zu einem Versuch, von der Türkei aus mit sechs Schiffen Gasa zu erreichen und die Blokkade zu brechen. Doch diese Schiffe wurden auf hoher See von der israelischen Kriegsflotte geentert. Am 31. Mai 2010 seilten sich israelische Marinekommandos in einem nächtlichen Überfall mit grosser Gewalt von einem schiessenden Kriegshelikopter aus auf das Deck des grössten der Hilfsschiffe ab, der türkischen „Mavi Marmara". Sie behaupteten, sie seien auf Widerstand von 40 der Insassen gestossen, die mit Messern und Eisenstäben gegen sie eingeschritten seien. Sie töteten neun von ihnen, in vielen Fällen durch Schüsse aus nächster Nähe, 55 wurden verletzt. Auch zehn Soldaten erlitten Verletzungen, einer war schwer verwundet. Die gesamte Flotte wurde nach Israel verbracht.

Die Gewaltaktion löste weltweit Kritik an Israel aus, und die Türkei brach ihre früher guten Beziehungen zu Israel ab. Die zuvor bestehende militärische Kooperation wurde beendet.

Spätere Versuche der Hilfsgruppen, mit anderen Schiffen die Blockade zu durchbrechen, wurden ebenfalls alle verunmöglicht. Doch Israel setzte gegen sie weniger brutale und unangemessene Methoden ein, um dies zu erreichen. Gasa wurde und blieb bis heute „ein grosses Gefängnis", in welchem die Israelis die 1,6 Millionen Bewohner des Streifens eingesperrt halten. Hamas fuhr fort, im Inneren zu regieren, und die Bevölkerung begehrte nicht dagegen auf. Die Kriegslage, in der Israel den Gasastreifen durch die Blockade permanent festhält, hilft wahrscheinlich mit, Hamas im Zeichen der Kriegssolidarität an der Macht zu halten.

Vergebliche Versöhnungsversuche

Versuche, Hamas – die islamistische Gruppe, die in Gasa regiert – mit Fatach auszusöhnen, deren Oberhaupt, heute Machmud Abbas in der Nachfolge Arafats, die Zone A der Westjordangebiete beherrscht (soweit die israelische Besatzungsarmee ihm dies gestattet), wurden mehrfach unternommen, meist mit ägyptischer Vermittlung. Sie haben zu Versprechen und sogar zu Verträgen geführt, die eine Aussöhnung vorsahen, zuletzt in Kairo am 27. April 2011 und in Doha im Februar des folgenden Jahres. Doch zu einer tatsächlichen Wiedervereinigung der palästinensischen Führung ist es nie gekommen. Der grundlegende Unterschied zwischen den beiden politischen Rivalen liegt darin, dass Hamas die Israelis als Feinde einstuft und zu behandeln versucht, während Fatach unter Abbas mit Israel zusammenarbeitet. Aus diesem Grund werden die Fatach-Anhänger im Gasastreifen von Hamas als „Verräter" verfolgt. Das gleiche geschieht den Anhängern von Hamas im Westjordanland. Die Abkapselung durch die Blockade, in der Hamas lebt und regiert, trägt zur Dauerhaftigkeit der Spaltung bei. Sie verschafft der islamistischen Kampf- und Politgemeinschaft von Hamas ein abgesichertes Eigenterritorium, in das keine alternativen politischen Kräfte eindringen können. Das Fortdauern der Spaltung ist im Interesse Israels.

Gasa als erster Schritt

Die Bedeutung von Gasa liegt nicht nur in den unmenschlichen Bedingungen, unter denen die gesamte Bevölkerung des Streifens zu leben gezwungen wird. Gasa ist auch ein Abbild dessen, was den Palästinensern des Westjordanlandes bevorstehen könnte, wenn Israel seine schon weit gediehenen Pläne einer „Bantustanlösung" in den Westjordangebieten ungestört zu Ende führen kann. Denn Gasa ist das erste dieser „Bantustans“ geworden. Von der israelischen Macht umzingelte und blockierbare Bevölkerungszentren des Westjordanlandes, wie Hebron, Ramallah mit Nablus, Dschenin, Jericho, sogar Ost-Jerusalem, müssen gewärtigen, von Israel genauso bestraft zu werden wie Gasa, bombardiert, blockiert, ausgehungert und in die Verarmung getrieben, sobald ihre Bewohner oder Teile von ihnen es wagen sollten, gegen Israel aufzubegehren. Und wie in Gasa kann ein solches Aufbegehren von Israel provoziert werden, sobald eine israelische Regierung den Zeitpunkt für eine neue Gewaltaktion als gekommen ansieht. Verzweiflungstäter sind unter den gegebenen Umständen immer zu finden.

Siedlungsbau und wirtschaftliche Abwürgung in den Westjordangebieten

Im besetzten Westjordanland wurden vergleichbare Ziele von Israel angestrebt. Nach der Machtübernahme Scharons im Jahr 2000 zerschlug die israelische Armee in vielfachen Eingriffen die Regierungsinfrastruktur der PLO, kesselte Arafat in seinem Regierungssitz bei Ramallah ein, trieb den Ausbau aller Siedlungen energisch voran und errichtete mehr und mehr Strassensperren, um die palästinensischen Wohngebiete voneinander zu trennen. Die besetzten Gebiete wurden für Israelis ohne Sonderbewilligung unzugänglich, und ihre Bewohner benötigten ebenfalls Bewilligungen, die schwer zu erhalten waren, um Jerusalem oder Israel, jenseits der Grünen Linie, zu besuchen. Die israelische Regierung erbaute Strassen, um die Siedlungen untereinander und mit Israel zu verbinden. Sie werden militärisch bewacht, und nur Israelis, nicht die Palästinenser, dürfen sie benützen. Die Strassensperren der Besatzungsmacht, deren es über 90 gibt, wozu noch weitere „fliegende“ hinzukommen, bewirkten, dass die Wirtschaft der Palästinenser weitgehend zum Erliegen kam, weil sie alle Transporte erstickten. Die Besatzungsbehörden sorgten dafür, dass die Palästinenser pro Kopf nur die Hälfte der Wassermengen erhielten, die den Siedlern zustanden, dass sie jedoch doppelt soviel dafür zu bezahlen hatten.

Nachdem Arafat gestorben war (11. November 2004), wurde Machmud Abbas im Januar 2005 zum neuen Präsidenten der palästinensischen Autonomieregierung gewählt. Es gelang ihm im Februar, einen informellen Waffenstillstand zwischen der PLO, Hamas, dem Islamischen Dschihâd und Israel zu vereinbaren. Doch dieser wurde gebrochen, wobei beide Seiten einander die Schuld zuschoben. Israel führte darauf seine militärischen Gewalteingriffe und aussergerichtlichen Tötungen angeblicher Extremisten fort. Palästinensische Guerillagruppen versuchten ihrerseits, Israelis anzugreifen. Die Zahl der Siedler stieg auf beinahe eine halbe Million, rund die Hälfte wurde im besetzten Westjordanland angesiedelt, die andere Hälfte in Ost-Jerusalem. Nachdem Scharon am 4. Januar 2006 einen Schlaganfall erlitten hatte, übernahm sein Nachfolger, Ehud Olmert, Scharons Politik der Einkreisung, Einmauerung und wirtschaftlichen Erstickung der Palästinenser. Sie wird von israelischer Seite stets mit Sicherheitsvorwänden gerechtfertigt. In der Tat können die Israelis immer wieder auf Versuche aktivistischer Gruppen von Palästinensern hinweisen, sich mit Gewaltmethoden gegen die Besatzung zur Wehr zu setzen. Doch dass es sich bei den Sicherheitserwägungen der Israelis weitgehend um Vorwände handelt, beweisen die beständige Ausdehnung der Siedlungen, die Landkonfiskationen, der Verlauf der Sperrmauer jenseits der Grünen Linie und die andauernden Schikanen, Quälereien und Provokationen, denen die Palästinenser an den israelischen Strassensperren ausgesetzt sind. In Wirklichkeit dienen diese Massnahmen viel weniger der Sicherheit Israels als der Entmachtung, Verarmung und zunehmenden Isolierung der Palästinenser in bestimmten Konzentrationsgebieten („Bantustans“) mit dem offensichtlichen Ziel, möglichst viel Land der besetzten Gebiete, frei von seinen palästinensischen Bewohnern, für Israel in Beschlag zu nehmen.

In den Wahlen vom Januar 2006 gewann Hamas die parlamentarische Mehrheit über die PLO. Das überraschende Wahlresultat kam zustande, weil viele Palästinenser der als korrupt geltenden Herrschaft der PLO müde waren, Hamas dagegen als ehrlicher und zielstrebiger galt, aber auch weil Israel sich weigerte, die Friedensbereitschaft des PLO-Führers durch Gegenleistungen zu honorieren. Das kompromisslose Programm von Hamas musste unter diesen Umständen vielen Palästinensern als das einzig wirksame erscheinen.

Eine Hamas-Regierung wurde gebildet, doch sie geriet bald in Streit mit Präsident Abbas. Dabei ging es hauptsächlich um die Befehlsgewalt über die palästinensischen Sicherheitskräfte. Am 15. Juni 2007 überwältigten Bewaffnete von Hamas die Waffenträger der PLO im Gasastreifen. Hamas erklärte, dadurch einem Putsch der PLO zuvorgekommen zu sein. Präsident Abbas dagegen sprach von einem Putsch durch Hamas in Gasa. Abbas bildete eine neue Regierung im Westjordanland unter Vorsitz von Salam Fayyad. Hamas bildete ihrerseits eine Regierung im Gasastreifen, die sich dort bald als Ordnungskraft durchsetzte. Beide Seiten versuchten der Bewaffneten der Gegenseite Herr zu werden und kerkerten sie ein. Israel schlug sich auf die Seite von Abbas gegen Hamas, eröffnete auch Gespräche mit ihm, wollte jedoch einen jeden Fortschritt in Friedensverhandlungen davon abhängig machen, ob Abbas und seine PLO-Anhänger ihre gewaltbereiten

Gegenspieler in den Westjordangebieten und im Gasastreifen zu zügeln vermochten. Israel setzte gleichzeitig seine militärischen Eingriffe und aussergerichtlichen Tötungen in beiden Gebieten verstärkt fort. Abbas wurde dadurch in den Augen vieler Palästinenser in die Rolle eines Gendarmen gedrängt, der für die Besatzungsmacht wirkt. Die Israelis schienen wenig bereit, Abbas durch Konzessionen entgegenzukommen und dadurch seinen Friedensbemühungen bei den Palästinensern Glaubwürdigkeit zu verschaffen. Die Spaltung der Palästinenser in zwei feindliche „Regierungen" schwächte natürlich ihre ohnehin bereits schwache Verhandlungsposition gegenüber den Israelis noch weiter.

Stillschweigende Fortführung der Bantustanpolitik

Die Bantustanpolitik, die Scharon entworfen und vom Jahr 2000 an eingeführt hatte, wurde von seinen Nachfolgern – Olmert, dann Netanjahu – übernommen und weitergeführt. Sie ist nicht Gegenstand von Regierungserklärungen, doch sie wird konsequent fortgeführt, wie die sich immer weiter ausdehnenden Siedlungen israelischer Siedler im Westjordanland klar beweisen. Diese Siedlungen werden mit teilweise offener, teilweise geheimgehaltener Unterstützung des israelischen Staates gebaut. Gewaltige Summen werden in den Siedlungsbau investiert, und die israelische Besatzungsarmee sorgt für die Verteidigung sogar jener Siedlungen, die offiziell als „illegal" bezeichnet werden, weil sie ohne Bewilligung des Staates angelegt wurden. Diese Siedlungen werden fast immer nachträglich „legalisiert". In einigen wenigen Fällen werden sie „evakuiert", was jedoch oft dazu führt, dass sie kurz darauf an der gleichen Stelle oder in der Nähe wiedererrichtet werden.

Dass der Siedlungsbau und die mit ihm verbundene Enteignung palästinensischen Landes ein Hauptziel sämtlicher israelischer Regierungen seit dem Jahre 2000 ist, beweist nicht nur das gewaltige Wachstum der Siedlungen und der Sonderstrassen, die nur den Siedlern vorbehalten sind. Es zeigt sich auch daran, dass die israelischen Regierungen allem Druck hart widerstehen, der international auf sie ausgeübt wird, den Siedlungsbau zu stoppen.

Nicht einmal Washington unter Obama konnte die Netanjahu-Regierung dazu überreden, den Siedlungsbau zu stoppen, während Verhandlungen mit der PLO über die Zukunft der Westjordanterritorien stattfinden. Obama erreichte einen Siedlungsstopp auf zehn Monate vom Dezember 2009 bis zum September 2010. Doch Netanjahu weigerte sich, diesen weiterzuführen. Israel verstärkte darauf den Siedlungsbau, obgleich die Palästinenser unter Abbas mit guten Gründen erklären, Friedensgespräche mit Israel hätten nur einen Sinn, wenn Israel den Siedlungsbau einstelle, weil dieser einer einseitigen Inbesitznahme von immer mehr palästinensischem Land gleichkomme.

Die Aussenwelt, einschliesslich der Uno, Europas und der Obama-Verwaltung, ist theoretisch der gleichen Ansicht wie die Palästinenser. Doch sie tut nichts, um diese Ansicht auch durchzusetzen, und der Siedlungsbau schreitet ununterbrochen fort. Amerika benützt ausserdem seine Vetomacht, um alle israelkritischen Resolutionen des Sicherheitsrates der Uno zu blockieren. Zum vorläufig letzten Mal drohte Obama mit seiner Vetomacht im September 2011 und verhinderte dadurch den Versuch von Abbas, den Staat der Palästinenser in die Uno aufnehmen zu lassen.

Der Siedlungsbau ist heute mit gegen 500 000 israelischen Siedlern so weit gekommen, dass die offiziell immer noch angestrebte Zweistaatenlösung in der politischen Praxis kaum mehr zu verwirklichen scheint. Wenn Israel angesichts der wegen der Siedlerfrage stillgelegten Verhandlungen mit den Palästinensern gelegentlich von einer „einseitigen Lösung" spricht, die Israel durchführen könnte, hat man darunter eine Version des „Bantustan"-Plans zu verstehen. Denn die israelischen Regierungen gedenken nicht, ihre bisher errichteten Siedlungen nach dem eigentlichen Israel zurückzunehmen. Wenn die heutigen Siedlungen jedoch bleiben, gibt es für die Palästinenser nur „Bantustans", mit anderen Worten: mehrere weitere Versionen des heutigen Gasa.

Wenig Hoffnung auf Frieden

Die Gesamtlage lässt wenig Hoffnung zu, dass eine echte Friedenslösung durch die Bildung von zwei nebeneinander bestehenden Staaten zustande kommen könnte. Viele Beobachter glauben, dass die Zweistaatenlösung, obwohl sie immer noch als das offizielle Ziel der internationalen Diplomatie und der Amerikaner dargestellt wird, kaum mehr Möglichkeiten hat, verwirklicht zu werden. Israel dürfte in Wahrheit eine „einseitige Lösung" anstreben, die darauf hinausliefe, dass Israel den Palästinensern der besetzten Gebiete seine Lösung im Sinne der „Bantustan"-Pläne diktiert. Die Politik Washingtons läuft auf Unterstützung Israels unter allen Umständen hinaus, wobei Israel bereits über amerikanische Zusagen in dem Sinne verfügt, dass eine Rückkehr zur Grünen Linie nicht mehr zeitgemäss sei. Keine andere Macht der Welt hat es bisher auf sich genommen, der amerikanischen Politik der einseitigen Unterstützung Israels entschieden entgegenzutreten. Die Zahl der Palästinenser, die davon sprechen, dass eine Einstaatenlösung angestrebt werden müsse, wenn eine Zweistaatenlösung nicht zu erreichen sei, wächst. Sie verstehen darunter nicht, wie die israelischen Rechtsregierungen, einen Apartheidstaat mit palästinensischen Bantustans, sondern einen israelischen Staat mit einer Reichweite bis zum Jordan, der eine starke palästinensische Minderheit einschlösse, die sich in absehbarer Zeit zur Mehrheit entwickeln würde. Diese Mehrheit, so glauben sie, müsste um ihre volle Gleichberechtigung in Israel kämpfen und würde schlussendlich das Geschick des Staates bestimmen. Durch eine derartige Entwicklung wäre eine Dauerkonfrontation zwischen israelischen Juden und Palästinensern mit allen Aspekten der Grausamkeit, die sie verspricht, für die nächsten Generationen so gut wie sichergestellt.

Lausanne, November 1994 / Überarbeitung Mai 2012

Anmerkungen

1 Adolf Böhm: *Die zionistische Bewegung,* Berlin 1935, Bd. I, S. 706, zitiert in David Hirst: *The Gun and the Olive Branch. The Roots of Violence in the Middle East,* London 1978, S. 18.
2 Doreen Ingrams: *Palestine Papers 1917–22. Seeds of Conflict,* London 1972, S. 146.

3 Sir Thomas Haycraft: *Commission of Inquiry into the Palestine Disturbances of May 1921,* Cmd. 1540, S. 56f.

4 Vincent Sheean: *Personal History,* New York 1935, S. 390ff., und Sir Walter Shaw: *Commission on the Palestine Disturbances of August 1929,* Cmd. 3530.

5 Dokumentation bei Benny Morris: *The Birth of the Palestinian Refugee Problem 1947–1949,* Cambridge 1987, und Simha Flapan: *Die Geburt Israels. Mythos und Wirklichkeit,* München 1988 (englisch: *The Birth of Israel. Myths and Realities,* New York 1987).

6 Siehe dazu David Grossman: *Der geteilte Israeli. Über den Zwang, den Nachbarn nicht zu verstehen,* München/Wien 1992.

7 Eine Übersicht über die komplexe geographische Lage in den besetzten Gebieten nach „Oslo 2" bietet: Jean-François Legrain: Judaïsation et démembrement. Politiques israéliennes du territoire en Cisjordanie-Gaza (1967–1995), in: *Maghreb-Machrek* 152, avril–juin 1996, S. 42–78.
Eine akribisch genaue Dokumentation und Darstellung der Ereignisse bis 1998 bietet: Ludwig Watzal: *Friedensfeinde. Der Konflikt zwischen Israel und Palästina in Geschichte und Gegenwart,* Berlin 1998.
Eine palästinensische Kritik an der Politik Arafats bietet: Edward W. Said: *Frieden in Nahost? Essays über Israel und Palästina,* Heidelberg 1997.

8 Zur politischen Verantwortung für den Mord an Rabin, die der israelischen Rechten und extremen Rechten zugeschrieben werden muss, vgl. Amnon Kapeliuk: *Rabin, ein politischer Mord. Nationalismus und rechte Gewalt in Israel.* Mit einem Vorwort von Lea Rabin, Heidelberg 1997.

9 Vgl. Akram Haniyyé: *Ce qui s'est réellement passé à Camp David, 11–25 juillet 2000,* Paris 2001.
Die Israelis haben propagandistische Aussagen, aber keine gleich detaillierte Darstellung der Verhandlungen aus ihrer Sicht vorgelegt.

10 Siehe Chris McGreal: Sharon's deal for Palestine: no extra land, no army, no Arafat, in: *The Guardian,* 6. Dezember 2002, www.guardian.co.uk/world/2002/dec/06/israel.

11 Interview in *Haaretz* vom 6. Oktober 2004; ausführlicher *Haaretz Magazine* vom 8. Oktober 2004. Vgl. *BBC News*: http://news.bbc.co.uk/2/hi/middle_east/3722816.stm und http://news.bbc.co.uk/2/hi/middle_east/3720176.stm.

12 Vgl. Gadi Algazi: La vraie «feuille de route» du gouvernement israélien: Un mur pour enfermer les Palestiniens, in: *Le Monde diplomatique,* juillet 2003, S. 10.
Auch: Ariel Scharons Artikel in *The Maccabean Online,* www.freeman.org/m_online/ariela.htm, hier besonders: The Likud's Plan, Simply Put, June 1996, www.freeman.org/m_online/jun96/sharonl.htm.

Anhang

Sumaya Farhat-Naser

Kinder der Steine

Sie tun mir leid, diese Kinder. Ständig horchen sie nach ungewohnten Stimmen und versuchen, Geräusche zu deuten: Werden Steine geworfen? Ist es ein Militärjeep? Wovor warnen die Pfiffe und die Glocken? Fremde Autos nähern sich – sind es Siedler? Morgens nach dem Aufstehen sehen sie sich nach den palästinensischen Fahnen um, die in der Nacht auf den Dächern gehisst wurden. Sie zählen sie. Dann laufen sie zur Haustür und sehen nach, ob dort ein Flugblatt liegt. Welche Informationen, welche Anweisungen stehen drin? Ist ein Generalstreik angesagt, und wann findet er statt? Welche Aktivitäten werden gefordert? Lauter Fragen, die auch unsere Kinder beschäftigen.

Die Tageszeitung kommt. Sie wird am Boden ausgebreitet, und wir lesen alle gleichzeitig. Unheimliche, angespannte Stille herrscht. Die Hoffnung auf etwas Neues wird abgelöst von der Trauer über Kinder und junge Menschen, die umgekommen sind.

Die Eltern verlassen das Haus und gehen zur Arbeit. Die Kinder beschäftigen sich. Sie zeichnen und malen: brennende Autoreifen auf der Strasse; palästinensische Fahnen auf Häusern, an Masten und Stromleitungen; Strassensperren, Jeeps, Maschinengewehre, Tränengasgranaten, Gasmasken, Steine; Demonstrationen, vermummte Menschen, weinende Frauen. Sie schreiben politische Parolen auf: Unabhängigkeit für Palästina! Für die Volkskomitees! PLO! Demokratie! Selbstbestimmungsrecht! Nieder mit den eingesetzten Bürgermeistern! Weiter mit der Intifada! Weg mit der Besatzung!

Unsere Kinder reifen zu früh. Ihr Leben ist von Spannung und Angst überschattet. Bereits als Kleinkinder erleben sie Razzien mitten in der Nacht, sind Zeugen, wenn der Vater – hilflos – vor ihren Augen verprügelt oder „mitgenommen“ wird, erschrecken, wenn Schüsse fallen, und sind oft genug Tränengas ausgesetzt. Jugendliche müssen sich darauf einstellen, selbst irgendwann einmal geschlagen und verhaftet zu werden.

Die Reaktion der Besatzungsmacht auf die Intifada hat Jugendliche und auch Kinder weiter politisiert, sie radikaler werden lassen. Eine Reihe von Massnahmen der militärischen Besatzungsbehörden sind direkt gegen die „Kinder der Steine“ gerichtet. Die Schliessungen der Schulen zum Beispiel: Über 300’000 Kinder und Jugendliche sind die meiste Zeit ohne Unterricht. Einige der Schulen wurden in Kasernen und Gefängnisse umfunktioniert. Unter den Zehntausenden von Verhafteten der ersten beiden Intifada-Jahre waren sehr viele Jugendliche, manchmal sogar zehn- oder elfjährige Kinder.

Eine andere Schikane: Oft werden Kinder gezwungen, auf Strommasten zu klettern, um palästinensische Fahnen herunterzuholen. Dabei kam es schon oft zu tödlichen Stürzen. Mehrere hundert Jugendliche wurden angeschossen, viele von ihnen sind mittlerweile für ihr Leben gezeichnet.

Unsere Kinder wollen ihre Angst nicht eingestehen. Sie haben schon so viel Schlimmes erlebt – sie sind auf alles gefasst. Sie lachen, wenn sie von den sie verfolgenden Soldaten nicht erwischt werden, wenn es ihnen gelingt, eine Militärsperre zu umgehen, wenn sie einen Soldaten erschrecken können. Sie lachen aber auch, wenn sie auf die Knie gezwungen werden und die Hände hinter den Kopf legen müssen. Sie sind stolz, wenn sie von Soldaten vertrieben oder erniedrigt werden. Dieses Verhältnis zu den Besatzern ist für sie normaler Alltag.

Aber eigentlich ist ihre Seele traurig und voller Angst. Wilde Träume überfallen sie nachts, und oft weinen sie und schreien auf. Die Risiken, die das Aufwachsen in einer dauernden Gewaltatmosphäre in sich birgt, sind vielfältig: chronische Angstgefühle,

Depressionen, Schlaflosigkeit, Alpträume und ständige Gereiztheit. Erleben Kinder frühzeitig, dass ihre Eltern machtlos sind gegen Gewalt und deshalb verwundbar, kann dies zu einer negativen Haltung der Welt gegenüber führen. Diese wird von vornherein als gefährlich eingeschätzt und in zwei Lager geteilt: die gute eigene und die schlechte andere. Eine solche Weltsicht kann nur fatale Folgen haben – für die eigene Zukunft, aber auch für die politische Zukunft.

Ich frage mich immer verzweifelter: Wie kann ich meinen Kindern einen Begriff von Gerechtigkeit, Gleichheit, Nächstenliebe und Frieden vermitteln als etwas, was zum Selbstverständnis des Menschseins gehört?

(aus: *cfd-Blatt,* September 1988)

Rachel Freudenthal-Livné

Leben in getrennten Welten

Rachel Freudenthal-Livné aus Jerusalem traf sich auf Einladung des „Christlichen Friedensdienstes“ (cfd) im November 1989 in Bern erstmals mit Sumaya Farhat-Naser zu einem Gespräch. Später folgten an verschiedenen Orten in der Schweiz sowie im Studio des Schweizer Fernsehens DRS weitere Treffen. In ihrem Einleitungsvotum in Bern schilderte Rachel Freudenthal-Livné ihren Weg von der Entdeckung des „Palästinenserproblems“ zu ihrem Einsatz in der israelischen Protest- und Friedensbewegung.

Es ist wohl kein Zufall, dass wir uns zuvor nicht getroffen haben. Ich bin in Israel geboren, in einem sozialistischen Kibbuz. „Für Zionismus, für Sozialismus und für Völkerbrüderschaft“, so stand es auf unserer sozialistischen Tageszeitung. Das war alles, was ich von „Völkerbrüderschaft“ zu hören bekam.

Unser Kibbuz liegt ungefähr drei Kilometer von der Grünen Linie entfernt, der Grenze zwischen Israel und den besetzten Gebieten des Westjordanlandes. Auf der anderen Seite der Grenze steht die Stadt Tulkerem. Zwischen uns und Tulkerem gab es früher ein arabisches Dorf, das zerstört worden ist – erkennbar an einem Kakteenzaun. Erst später habe ich erfahren, dass dieser Kakteenzaun die Rechte eines arabischen Dorfes markiert. Damals wusste ich das nicht.

Ohne zu wissen, was sie ursprünglich bedeuteten, haben wir viele arabische Elemente übernommen, wie zum Beispiel die Bögen an unseren Häusern. Das arabische, das palästinensische Volk existierte für uns nicht. Wir haben nichts davon gehört, nichts davon gewusst. „Völkerbrüderschaft“ war für uns etwas, das in der Sowjetunion stattfand, in Lateinamerika oder irgendwo.

Ich bin zum Militär gegangen und wurde sogar Offizierin. Wir alle machten begeistert mit. Dann verläuft meine Biographie ähnlich wie jene von Sumaya Farhat-Naser. Ich kam zum Studium nach Deutschland. Ich war sehr stolz darauf, Jüdin zu sein, denn wir standen damals hoch im Kurs – bis zum Libanonkrieg. Ich erinnere mich, dass ich mich danach zunehmend schämte, mich als Israelin zu erkennen zu geben. Es war plötzlich alles gar nicht mehr so klar.

Als ich nach Israel zurückkehrte, wusste ich noch immer nicht, dass es ein palästinensisches Volk gibt. Wir sahen nichts und merkten nichts. Die besetzten Gebiete waren für uns touristische Ziele. Wir fuhren hin, weil es dort so folkloristisch und so authentisch war: die wunderschönen Häuser, diese herrlichen Obstbäume, die Korbsachen und der arabische Kaffee. Von den Menschen in den schönen Häusern und Dörfern wussten wir nichts. So lebten wir in Israel. Wir waren fast jeden Tag in der Altstadt von Jerusalem, und wir haben sogar ein paar arabische Wörter gesprochen. Alles schien so friedlich und so schön. Und wir waren alle so begeistert nach dem Krieg von 1967 – begeistert von unserer Stärke.

Und dann kam die Intifada. Die Okkupation, die 21 Jahre lang absolut unsichtbar geblieben war, wurde plötzlich sichtbar. Mehrere israelische Zeitungen waren damals voll von Berichten. Auch das Fernsehen brachte laufend Bilder und Nachrichten.

Und plötzlich konnte man nicht mehr ruhig in der Altstadt von Jerusalem herumgehen und nicht mehr ohne weiteres in die besetzten Gebiete fahren. Alles wurde bedrohlich. Man konnte auch nicht mehr ohne weiteres abstrahieren. Ich jedenfalls konnte es nicht mehr. Viele, allzuviele aber können es noch immer. Ich lebe in West-Jerusalem, ziemlich weit von der Altstadt entfernt.

Wenn in den besetzten Gebieten etwas geschieht, so weiss ich es heute nur, wenn ich es wissen will, denn längst sind die Ereignisse in den besetzten Gebieten kaum noch eine Zeitungsmeldung wert. Man kann in Israel sehr wohl leben, ohne überhaupt zu merken, dass drüben ein Krieg herrscht.

Was die Intifada verändert hat: Sie hat mir und einigen anderen Leuten in Israel die Augen geöffnet. Wir können nicht mehr mit dieser Realität leben, ohne etwas zu unternehmen. Sie hat den Riss, der erstmals im Libanonkrieg zu erkennen war, breiter und sichtbarer gemacht.

Meine Geschichte ist anders als die Geschichte von Sumaya Farhat-Naser. Ich bin Jüdin, und ich bin mit der allgemeinen jüdischen Erinnerung gross geworden. Für mich war der Holocaust das Ereignis meines Lebens. Nicht, dass ich damals gelebt hätte. Aber man hat so viel davon gesprochen, dass das ein Element unserer Identität geworden ist, ein stets präsentes. Nicht der Holocaust allein, sondern das Bewusstsein: Wir sind die Opfer der Geschichte, die Opfer der anderen Völker. Das war ein Teil meiner Identität. Ich bin Jüdin, ich bin eben keine Palästinenserin.

Das andere Element ist meine israelische Identität. Ich bin Israelin. Wir haben einen grossartigen Staat aufgebaut, und in diesem Staat haben wir den Sozialismus verwirklicht. Es gab nichts, als wir, als unsere Eltern hierher gekommen sind: keine Menschen, keine Kultur – gar nichts. Alles stimmte, und alles war richtig und schön.

Wir waren alle konform, nicht weil wir konservativ waren, sondern weil wir wirklich glaubten – und viele von uns glauben es bis heute –, dass wir, die Israelis, die richtigen Werte vertreten: die humanistischen, die liberalen, die demokratischen und die sozialistischen. Diese allgemeine Front hat bereits mit dem Libanonkrieg die ersten Risse bekommen. Damals war plötzlich alles nicht mehr so klar. Israel war eindeutig der Aggressor. Es war das erste Mal, dass die Israelis realisiert haben, dass ihre Kriege auch ungerecht sein können.

Wir wussten nicht genau, welche Interessen hinter diesem Krieg standen. Aber dass es nicht allein darum ging, den „Frieden in Galiläa" zu wahren, war offensichtlich. Solange im Libanon keine israelischen Soldaten umkamen, schluckten wir das. Es musste eben sein. Schliesslich ging es hier um einen Kampf gegen „Terroristen". Erst als im Libanonkrieg 600 israelische Soldaten umgekommen waren, fing man an, sich zu fragen: Wozu das alles? Das Massaker von Sabra und Schatîla schliesslich wirkte wie ein Schock. 400'000 Israelis gingen damals zu jener legendären Protest-Demonstration auf die Strasse.

Als sich die israelische Armee aus dem Libanon zurückzog, konnte man wieder aufatmen. Dass zur gleichen Zeit, gleichsam hinter unserer Tür, die Okkupation weiterging, davon sah, hörte und wusste man nichts. Bis zur Intifada. Trotzdem haben wir es geschafft – und wir schaffen es auch heute noch –, in unserem Opferbewusstsein weiterzuleben. Wir haben es nicht geschafft, diesen Übergang von Opfern zu Tätern zu vollziehen. Wir sind Opfer geblieben. Wir sind die Angegriffenen. Das hat Begin sehr deutlich gemacht. Als er Beirut bombardieren liess, bezeichnete er Arafat, der im Bunker sass, als Hitler. Begin war es, der Beirut bombardieren liess, er war der Aggressor – aber Arafat war Hitler.

Auch unsere Siedler sagen, sie seien Angegriffene. Sie könnten nicht ruhig in ihrem Land leben. Im „eigenen Land" würden sie mit Steinen beworfen. Sie sind wiederum Opfer. Die Tatsache, dass wir jetzt die Täter sind, verschwimmt in der allgemeinen jüdischen Erinnerung des Opfer-Seins. Da ist wiederum dieses Element des Jude-Seins, und dann das andere Element in unserer Biographie: das Israeli-Sein. Wir können es nicht akzeptieren, dass unser Traum von einem gerechten, humanistischen und sozialistischen Land plötzlich nicht mehr stimmt. Und was man nicht akzeptieren kann, nimmt man gar nicht wahr. Das trifft auf die grosse Mehrheit der israelischen Bevölkerung zu – auch unter jenen Leuten, die laut Statistik für eine Friedenslösung sind.

Ich war selber so, bis vor ungefähr zwei Jahren – obwohl ich zum linken Flügel gehörte und für die fortschrittlichen Parteien stimmte. Auch ich gehörte zu diesem allgemeinen israelischen Konsensus, wonach es für das palästinensische Volk keinen Platz gibt.

Was sollen wir tun? Wir können nur entweder die Augen vor der Realität verschliessen oder versuchen, die Realität sichtbar zu machen. Dies geschieht heute in vielen Friedensgruppierungen, zum Beispiel in der Gruppe „Das 21. Jahr“ oder bei den „Frauen in Schwarz“, wo ich mich engagiere. Der Name „Das 21. Jahr“ ist ein Hinweis auf die Jahre der Besetzung. Die Gruppe bestand bereits vor der Intifada. Mit einer Protestcharta gegen die Okkupation ging sie damals an die Öffentlichkeit.

Die israelische Protestbewegung kann sich aber nicht offen mit den Palästinensern und Palästinenserinnen solidarisieren. Das bringt diesen nichts und uns in der eigenen Gesellschaft völlig ins Abseits. Wir wenden uns an die eigene Gesellschaft, an jene Israelis, die „auf der Mauer sitzen“. Das sind Leute, die sich bewusst werden, dass der zionistische Traum unter der 22jährigen Okkupation zerbrochen ist. Um nicht zu verdrängen, müssen sie mit dem gesellschaftspolitischen Konsensus brechen. Es genügt nicht mehr, verbal zum Beispiel für die Zweistaatenlösung zu sein. Unser Mittel ist die Aufklärungsarbeit. Es geht uns darum, die Auswirkungen der Besatzung auf die Gesellschaft sichtbar zu machen.

Wir organisieren zum Beispiel Begegnungen mit Zeugen der Okkupation und Fahrten mit Israelis in die besetzten Gebiete –

was auch schon verhindert werden sollte, indem das Militär den Begegnungsort kurzfristig zur „Sperrzone“ erklärte.

Zur Zeit arbeiten wir an einer Schwarzen Liste jener Kinderbücher, die rassistische Elemente enthalten. Oder wir versuchen, auf Sprachregelungen aufmerksam zu machen, welche die Realität verharmlosen. Nach all den Jahren der Besatzung ist die Sprache durchsetzt mit solchen Ausdrücken. So spricht man zum Beispiel nicht von den besetzten Gebieten, sondern von Judäa und Samaria. Und man spricht nicht von Palästinensern, sondern von Terroristen. So wird die Realität ausgeblendet. Wir aber wollen sie sichtbar machen. Und das ist keine leichte und keine kurzfristige Aufgabe.

Auf den Trümmern unseres Traums entsteht langsam, ganz langsam – und es ist noch eine sehr kleine Pflanze! – das andere Israel, das man im Ausland noch gar nicht richtig wahrgenommen hat. Man kennt allein die israelische Regierung, man kennt den Aggressor Israel. Erstmals entsteht nun in Israel eine Alternative, eine andere politische Kultur. Wir alle waren konform, solange wir an den Konsensus glaubten. Heute wird auch das andere Israel sichtbar. Es fängt langsam an – in der Literatur, in der Kultur allgemein, in der Politik. Es entsteht eine politische Kultur des Widerstandes, eine Kultur, die für uns ganz neu ist. Und wir wissen selbst noch nicht, wie wir damit umgehen sollen. Mir aber ist es wichtig, dass man dieses andere Israel auch im Ausland wahrnimmt.

Die Okkupation geht weiter. Sie baut ein palästinensisches Volk auf, und sie baut in einem schmerzlichen Zersetzungsprozess die jüdische Nation ab. Alles zerbröckelt, unser Glaube, unsere Werke, unsere Seele. Die jüdische Nation, die noch vor einer Generation so viele produktive Energien erzeugen konnte – wie man sie heute bei den Palästinensern und Palästinenserinnen beobachten kann –, hat nichts mehr anzubieten. Ihre Jugend ist mit der Selbstverständlichkeit der Okkupation gross geworden. Wenn man heute von Rückgabe der besetzten Gebiete spricht, so heisst das für sie Verzicht, weil sie gar nicht weiss, dass es zuvor anders war.

Wenn man mich heute fragt, warum wir von der Friedensbewegung überhaupt weitermachen und so viel Energie, Zeit und Geld investieren, dann muss ich resigniert sagen: Wenn wir nicht da sind, dann gibt es das andere Israel nicht mehr. Wir sind das uns selber und unseren Kindern schuldig. Perspektiven aber sehe ich höchstens langfristig – wenn man Schritt für Schritt diese alternative Kultur aufbaut, bis eine Opposition von Bedeutung entsteht.

(aus: *cfd-Blatt,* Juni 1990)

Sumaya Farhat-Naser

Die Vorkommnisse vom 10. Dezember 1990 – und danach

Auf dem Heimweg von der Schule steigt mein fünfzehnjähriger Sohn Anîs, seine Schulbücher im Arm, gegen drei Uhr nachmittags aus dem Bus. Das Dorf ist von Militär umstellt. Man ist dabei, mit Gewalt Steuern einzukassieren, und es wird Material aus Kaufläden konfisziert. Der Weg vom Bus zum Elternhaus ist voller Soldaten. Anîs läuft rasch ins Tal hinunter, um ihnen auszuweichen. Nach kurzer Zeit, als es ruhig geworden ist, steigt er wieder hinauf, um nach Hause zu gehen. Kaum hat er die Strasse betreten, nimmt er zwei schiessbereite Soldaten wahr. Der eine steht hinter einer Mauer, der andere liegt hinter seinem aufgepflanzten Maschinengewehr auf der Strasse. Ohne Vorwarnung wird Anîs aus einer Distanz von ungefähr zwölf Metern angeschossen. Er wird am linken Oberschenkel getroffen. Das Geschoss reisst beim Austreten eine grosse Wunde. Anîs hat das Gefühl, seine Ohren seien vom Druck wie nach aussen gerissen. Das angeschossene Bein kann er nicht mehr bewegen. Auf dem gesunden Bein hüpft er wieder in Richtung Tal. Doch vier Soldaten laufen ihm nach und fassen ihn, wobei sie ihrer Freude lautstark Ausdruck geben. Anîs sagt später: „Dieser Augenblick – er war fürchterlich. Ich war starr vor Angst." An den Armen schleppen sie ihn bis zum Jeep, der vor dem Postgebäude steht, wobei Bauch und Beine am Boden schleifen.

Eine Frau, die das mitangesehen hat, läuft herbei, um zu helfen. Sie schreit um Gnade, aber sie wird geschlagen und ihr Kleid dabei zerrissen. Ein Kind läuft zu uns nach Hause und berichtet, was vorgefallen ist. Ich bin verreist, und Munîr, mein Mann, ist eben dabei, aus Rosmarinzweigen einen Adventskranz zu flechten. Er fährt zur Bushaltestelle, wo er Anîs blutend im Jeep findet. Munîr fleht die Soldaten an, den Jungen ins Krankenhaus zu bringen. Aber sie schlagen auch ihn und drohen, sein Auto zu konfiszieren. Er befürchtet, sie würden Anîs seinetwegen noch brutaler behandeln, und fährt deshalb weg, um Freunde um Hilfe zu bitten.

Die Soldaten fahren mit Anîs zu einer Militärstation. Dort sind ein Offizier und der sogenannte Captain Maher, zuständiger Geheimdienstoffizier für Birseit, Dschifna und das Dschalazon-Flüchtlingslager. Maher ist bekannt als brutaler Mensch; man weiss, dass er Kommandogruppen befehligt, die junge Aktivisten mit Kopfschüssen umbringen. Als ich am 5. April 1990 mit eigenen Augen einen solchen Kommandoeinsatz in Ramallah gesehen habe, während dem der siebzehnjährige Mustafa Al Jaru erschossen wurde, war dieser Captain Maher auch dabei gewesen.

Anîs wird verhört und geschlagen. Darauf fahren sie mit ihm nach Bet El, wo sich das Militärhauptquartier, der Hauptsitz der Militärverwaltung des Westjordanlandes, befindet. Dort wird er während drei Stunden gepeinigt. Hundertmal soll er den Namen des einen oder anderen Soldaten sagen; hebräische Sätze, die er weder versteht noch richtig nachsprechen kann; hundertmal auch: „Gulani (Truppe) – the best in the west, Gulani balagani ...“ Jedesmal, wenn er einen Sprechfehler macht, wird er ins Gesicht geschlagen. Ein Soldat befiehlt ihm, einem eben eingetretenen anderen Soldaten einen Satz auf hebräisch zu sagen. Dieser wird wütend und verprügelt ihn, weil Anîs ihm einen Fluch gesagt habe. Ein Soldat steckt Anîs eine Palästinafahne unter das Hemd, ein anderer holt sie wieder heraus und sagt: „Hier ist der Beweis für deine Schuld! Dein Haus wird gesprengt; du kommst für zehn

Jahre ins Gefängnis; dein Vater muss 5000 Schekel (1995 etwa 2800 Franken) zahlen. Dann putzt sich der Soldat mit der Fahne die Nase.

Man fragt Anîs nach Namen von Klassenkameraden, nach seinen Freunden im Dorf. Man schlägt ihn, weil man ihm nicht glauben will, dass er erst fünfzehn und nicht sechzehn Jahre alt ist und darum keinen Ausweis besitzt (den man erst mit sechzehn bekommt). Immer wieder fleht Anîs sie an: „Please, take me to the hospital; I have pain, please, please." Die Antwort: „No, no, you will bleed until you die!"

Dann erscheinen vier junge Soldatinnen, die sich die Wunde anschauen. Anîs wird an den Armen gefesselt. Ein Soldat setzt sich auf das gesunde Bein. Nun beginnen die Soldatinnen, Anîs – offenbar übungshalber – in die Venen zu spritzen. Anîs glaubt heute, dass die Spritzen leer waren. Er schreit, bis seine Stimme versagt.

Inzwischen ist Munîr nach Ramallah gefahren, nachdem er sich mitten auf der Strasse vor einen Militärjeep gestellt und diesen so zum Anhalten gebracht hat. Sehr höflich bittet er um Auskunft über den Verbleib von Anîs und erhält vom Offizier die Auskunft, der verletzte Junge sei ins Krankenhaus in Ramallah gebracht worden. Dort findet er ihn aber nicht. Darauf ruft er alle Krankenhäuser in der Umgebung an, aber Anîs ist nirgends. Munîrs Angst steigt, da er vermutet, Anîs könnte verschleppt worden sein, wie dies mit vielen Kindern geschehen ist. Schliesslich kann ihm jemand sagen, dass die zwei Jeeps in Richtung Bet El gefahren seien.

Munîr telefoniert weiter, mit vielen Freunden – auch israelischen. Palästinensische Ärzte rufen ihre israelischen Kollegen an. „Daddy Zukker", ein Parlamentarier, wird eingeschaltet, zudem ein regierungstreuer Arzt, der in der Zeitschrift „Lancet" oft Artikel über „die gute medizinische Versorgung der Palästinenser in den besetzten Gebieten" schreibt. Palästinensische Ärzte widerlegen seine Aussagen. Trotz dieser Meinungsverschiedenheit respektieren sich beide Seiten, und man begegnet sich vorab in beruflichen Fragen. Der palästinensische Arzt, Dr. Mustafa, ruft also seinen israelischen Kollegen an und sagt ihm: „Ein palästinensischer Junge ist schwer verletzt worden, er befindet sich in Bet El, im Militärhauptquartier. Sorge dafür, dass er ins Krankenhaus kommt, wenn du dich wirklich um die medizinische Versorgung kümmerst."

Tatsächlich wird Anîs später erzählen: „Als ich wie benebelt am Boden lag, grosse Schmerzen hatte und kaum mehr sprechen konnte, hörte ich Telefone klingeln, hörte den Namen Daddy Zukker, auch andere Namen, die ich nicht mehr weiss."

Danach kommt ein hoher Offizier und sagt zu Anîs: „Gleich wirst du ins Krankenhaus gebracht." Anîs ist erleichtert und sagt zu ihm: „Thank you, but please come with me to the hospital, don't let this one come" und zeigt dabei auf einen der Soldaten. „I'm afraid of him." Doch der wird wütend und besteht darauf, mitzufahren. Eine Militärambulanz wird gerufen. Anîs bekommt eine Spritze, worauf er zu zittern beginnt. Später wird eine Infusion angesetzt.

Eskortiert von zwei Jeeps fährt die Ambulanz los. Unterwegs sagt der von Anîs so gefürchtete Soldat: „Du wolltest nicht, dass ich mitkomme? Du wirst sehen, was mit dir geschieht!" Darauf gibt er Befehl, die Fahrzeuge auf offener Strasse anzuhalten. Draussen ist es schon dunkel. Dann sagt er: „Hier wirst du verbluten. Du wirst das Krankenhaus nicht lebendig erreichen. Niemand kann etwas dafür, dass du auf dem Weg ins Krankenhaus gestorben bist. Du hast jetzt nur noch dreissig Minuten zu leben ... noch zwanzig ... noch zehn Minuten ..."

Später wird mir Anîs sagen: „Mama, ich sah den Tod vor Augen, aber ich wusste, dass ich es schaffen werde. Ich war selbst erstaunt, dass ich noch lebte, und das gab mir Kraft. Sie kamen mir so kindisch vor, als sie meine Schuhe und meine Hose mit einem Messer zerschnitten, nur um mich zu ärgern. Je mehr sie mir zusetzten, desto mehr verlor ich die Angst vor dem Sterben. Ich bereitete mich darauf vor, und mir taten die vielen Kinder leid, die in solchen Situationen so leicht zerbrechen.“ Gegen halb acht Uhr wird Anîs ins Krankenhaus von Ramallah gebracht und operiert. Er bleibt zwei Wochen im Spital.

Durch dieses Ereignis ist Anîs zum Schuldigen gestempelt. Er ist sozusagen vorverurteilt, als ob er etwas verbrochen hätte. Wir müssen jederzeit damit rechnen, dass er zum Verhör bei den Militärbehörden abgeholt wird, dass er bei einem Zwischenfall im Dorf verhaftet wird und ins Gefängnis kommt. Die Tatsache, einmal von einem Soldaten angeschossen worden zu sein, genügt, um für ein Jahr in Administrativhaft genommen zu werden – ohne Anklage, ohne Gerichtsverhandlung. Anîs wird also zum potentiellen Kriminellen. Eines Tages wird er voraussichtlich die Grüne Identitätskarte erhalten, mit der er das Gebiet nicht mehr verlassen kann, auch nicht, um nach Jerusalem zu gehen.

Mai 1993

Unsere Befürchtungen, die uns seit zwei Jahren wie ein Alptraum begleiten, bewahrheiten sich: In der Nacht kommt Militär ins Haus und will Anîs verhaften. Er ist nicht zu Hause, weil er bei einem Freund übernachtet, mit dem er sich auf das Abitur vorbereitet. Uns wird eine Aufforderung ausgehändigt, gemäss der er sich beim Geheimdienst melden soll. Unsere Anwältin rät uns jedoch, er solle nicht hingehen. Anîs macht zur Zeit die letzten drei Prüfungen für den Schulabschluss und wird im Juni das Abitur zu bestehen haben. Das ist nun aber gefährdet. Auch wenn nichts gegen einen Palästinenser vorliegt, setzt die Bürokratie mehrere Monate vor dem eigentlichen Gerichtsverfahren ein.

Wenn Anîs dem nicht entgehen kann, sind sein letztes Schuljahr und das Abitur verloren. Er hält sich deshalb versteckt und muss unter grosser Anspannung und Angst lernen und ständig auf der Flucht sein. Es besteht die Gefahr, dass er als „Wanted Person“ klassifiziert wird, was bedeuten würde, dass auf ihn geschossen werden dürfte. Er ist fest entschlossen, das Abitur zu machen, denn es ist völlig ungewiss, ob er nach einem Gefängnisaufenthalt die Schule wieder besuchen könnte. Und wer weiss, was ihn im Gefängnis erwarten und welchem Druck er dort ausgesetzt sein würde.

(aus Berichten an die Herausgeberin R.K.)

Juni 1993
Nach Bestehen des Abiturs wird Anîs im Juni 1993 verhaftet, angeblich wegen Mitgliedschaft bei der PLO. Er verbringt fünf Monate im Gefängnis.

Besuch im Gefängnis

Am 26. Juli 1993, gegen sechs Uhr morgens, versammeln sich mehrere hundert Angehörige von Gefangenen beim Gebäude des Roten Halbmonds in al-Bireh, einem Nachbarort von Ramallah. Sie warten auf die Busse mit Sondergenehmigung für die Fahrt über israelisches Territorium zu den Gefängnissen. Ein Mitarbeiter des Roten Halbmonds vergewissert sich, dass jede Person den richtigen Passierschein für die Fahrt durch Jerusalem auf sich trägt.

Vor Jerusalem folgt ein Aufenthalt von vierzig Minuten zur Kontrolle der Papiere. Nach hundert Metern wird der Bus erneut angehalten. Zwei Soldaten befehlen acht Männern auszusteigen, weil sie nicht die richtigen Ausweise hätten. Dabei sind die Papiere aller Fahrgäste identisch. Weder Argumente noch Geduld können etwas bewirken – die Männer müssen je 450 Schekel (1995 etwa 250 Franken) bezahlen und werden anschliessend in einem Militärfahrzeug abgeführt. Nach einer halben Stunde Wartezeit fährt der Bus weiter. Unruhe, Angst und Niedergeschlagenheit begleiten uns in den folgenden zwei Stunden.

Auf einem steinigen Gelände, unweit des Gefängnisses, steigen wir aus. Eilig folgen Männer, Frauen und Kinder den Personen, die den Weg von früheren Besuchen her kennen. Schliesslich stehen wir vor einer grossen Tafel, auf der Namen und Nummern der Gefangenen verzeichnet sind, die Besuch empfangen dürfen. Ein Name ohne Nummer bedeutet „Keine Erlaubnis“. Zum zweiten Mal sind befreundete Eheleute vergeblich hier, sie setzen sich auf den Boden und brechen in Tränen aus. Wir erfahren, dass etwa dreissig Gefangenen der Empfang von Besuch verweigert wird.

Die Hitze übersteigt dreissig Grad. Es gibt weder Trinkwasser noch sanitäre Einrichtungen. Nirgends Schatten; wir stehen in der sengenden Sonne. Der von Stacheldraht begrenzte Korridor für die Warteschlange ist etwa fünfzig Meter lang und einen Meter breit. Im Abstand von ungefähr zehn Metern stehen schwerbewaffnete Soldaten, das Gewehr auf uns gerichtet.

Zuerst erfolgt eine Leibesvisitation, danach werden die Papiere geprüft. Es wird sichergestellt, dass höchstens drei Personen einen Gefangenen besuchen. Die Besuchszeit beträgt dreissig Minuten.

In einer Gruppe von etwa sechzig Personen werden wir auf einen mit Stacheldraht umzäunten Platz geführt. Hier warten wir wiederum eine halbe Stunde. Dann geht es auf einen weiteren Platz dieser Art, wo wir nochmals vierzig Minuten warten müssen. Die Sickergrube des Gefängnisses läuft über. Das Abwasser fliesst den Hügel hinab ins Dorf.

Nach über zweieinhalb Stunden Wartezeit in der Hitze dürfen wir endlich in den Besuchsraum. Er erweckt den Eindruck eines Hühnerstalls, der durch Zäune unterteilt ist. Vor dem ersten Zaun drängen sich die Besucher. In einer Entfernung von einem Meter befindet sich ein weiterer Zaun, hinter dem die zwanzig Gefangenen ihre Besucher erwarten. Der einsetzende Gesprächslärm ist so gross, dass man sich nur schreiend verständigen kann.

Anîs ist nicht zu sehen. Uns packt der Schrecken. Wir protestieren heftig und verlangen Hilfe. Ein Soldat geht, um nach ihm zu sehen. Während wir warten, hören wir die Aussagen eines anderen Gefangenen mit an. „Bei den Verhören sind wir oft in Lebensgefahr. Ein Soldat zieht mich an den Haaren hoch, ein zweiter schlägt mich auf die Brust und auf den Bauch, bis ich fast nicht mehr atmen kann. Das passiert wieder und wieder. Vorher muss ich in einem engen Schrank hocken, die Arme nach hinten um einen Kinderstuhl gefesselt. Dies mehrere Stunden lang. Manchmal wird uns ein schmutziger Sack über den Kopf gestülpt, die Hände bleiben auf dem Rücken gefesselt. Man kann kaum atmen und weiss nicht, ob es draussen hell oder dunkel ist. Es gibt auch mehrtägigen Schlafentzug. Sagt meinen Kameraden: N. ist ein Held. Er hat erst nach 58 Tagen ausgesagt. Sein Leben ist in Gefahr; sie werden ihn kaum lebend freilassen. Ihr müsst alle an ihn denken und für ihn beten. Ich habe es nur zwölf Tage ausgehalten." – Seine Familie und wir hören still zu und kämpfen mit den Tränen.

Nach zwanzig Minuten wird Anîs von zwei Soldaten gebracht; die Besuchszeit ist schon fast vorüber. Wir sehen ihn zum ersten Mal seit seiner Verhaftung. Sein blasses Gesicht zeugt von der Belastung, von Angst und Schmerzen. Er stellt ein paar Fragen, und dann hören wir uns seine Geschichte an: „Letzte Woche haben die Gefangenen für bessere Lebensbedingungen gestreikt. Die Militärbehörde liess den Streik durch Hunderte von Soldaten blutig niederschlagen. Stundenlang droschen sie auf uns ein, auch der Gefängnisarzt! Das gemeinste aber war das Gas, mit dem sie uns angesprüht haben. Es sitzt immer noch in den Kleidern. Wenn sich einer bewegt, fangen die anderen an zu husten, manche wie bei Asthmaanfällen. Die dünnen Matratzen haben sie uns weggenommen; wir müssen jetzt auf dem harten Boden schlafen. Mit dem zweimaligen Duschen pro Woche ist es vorbei; einmal haben wir während achtzehn Stunden kein Trinkwasser bekommen. Seit einer Woche sind der halbstündige Hofgang, das Radiohören und Zeitunglesen gestrichen. Seit Tagen bestehen die drei Mahlzeiten nur noch aus gekochten Eiern. Unter neunzehn Gefangenen haben wir uns in einen Toiletteneimer zu teilen. Eigentlich sollten nur zehn Personen in einem Raum sein; der war früher ein Pferdestall mit einem einzigen kleinen Fenster, das nun mit einer Metallplatte abgedeckt ist. Natürlich ist es hier (am Rande der Wüste) immer sehr heiss. Sorgt doch bitte dafür, dass ich einen Gerichtstermin bekomme! Vielleicht werde ich dann in ein besseres Gefängnis gebracht. Sie haben bei mir mit den Verhören aufgehört. Ich habe mich zu keiner Straftat bekannt. Stellt euch vor, sie behaupten, ich sei ein Mitglied der ‚Hamas'! Ich glaube, sie spielen nur mit meinen Nerven. Die anderen Gefangenen haben schreckliche Verhörmethoden erlebt, physisch und psychisch. Ich selber war in einem engen Schrank eingesperrt, fünf Stunden pro Tag. Da konnte ich weder richtig sitzen noch liegen."

Ein Soldat pfeift. Sogleich müssen sich die Gefangenen aufstellen und abmarschieren. Einige Frauen brechen in Jubeltriller aus. Sie sind vermutlich mit ihren Gefühlen durcheinandergeraten.

Dann breitet sich eine unheimliche Ruhe über dem Ort aus. Alle wandern den Hügel hinab, Tränen in den Augen. Einige bitten um Trost und Hilfe, andere verfluchen die Welt.

Im Bus warten die Leute, die keine Besuchserlaubnis bekommen haben. Wir fahren weg, niemand spricht ein Wort. Am Kontrollpunkt zwischen Bethlehem und Jerusalem darf der erste Bus passieren. Wir dagegen werden angehalten. Wieder sind angeblich unsere Papiere nicht in Ordnung. Ich sitze ganz vorn und versuche zu erklären, dass es sich um eine Sondererlaubnis für einen Gefangenenbesuch handelt, nach Vorschrift vom Roten Halbmond ausgestellt. Der Soldat akzeptiert den Passierschein für Jerusalem, verlangt aber einen weiteren für Ramallah. Wir versuchen vergeblich zu beweisen, dass es einen solchen nicht braucht. Wieder eine Wartezeit von einer halben Stunde, dann endlich lässt man uns nach Hause fahren.

(aus: *Im Lande der Bibel* 3/1993, Berliner Missionswerk der Evangelischen Kirche Berlin-Brandenburg)

Bestehende und geplante Siedlungen im Westjordanland (1980 bis 1985)

(Quelle: Siedlungsplan der Jüdischen Agentur, Siedlungsdepartement. Gezeichnet von René Stucki, Hochfelden ZH)

Oslo II – ein Inselreich

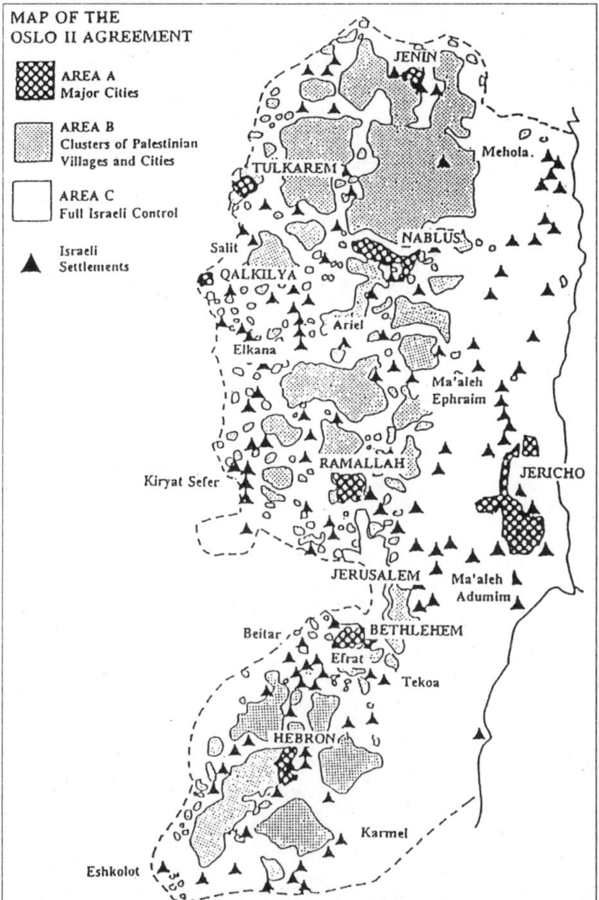

(Quelle: Zusammengestellt von Jan de Jong nach den Bestimmungen und Dokumenten des Oslo-II-Abkommens)

Nach dem Oslo-II-Abkommen (unterzeichnet am 28.9.1995 in Washington) wird das Westjordanland mit Ausnahme von Jerusalem in 3 Zonen unterteilt:
Zone A mit den wichtigsten palästinensischen Städten (3 Prozent der Fläche und 20 Prozent der Bevölkerung umfassend) wird der palästinensischen Autonomiebehörde übergeben.
Zone B besteht aus einem Dutzend verstreut liegender ländlicher Bezirke mit rund 450 palästinensischen Dörfern. Zone B wird teilweise unter palästinensische Verwaltung gestellt und umfasst zusammen mit Zone A 90 Prozent der palästinensischen Bevölkerung.

▲ = israelische Siedlungen

Israelische Rechtsverletzungen im Westjordanland (inkl. Ost-Jerusalem) während des Friedensprozesses

	Von „Madrid" bis „Oslo" (Dez. 1991 bis Sept. 1993)	*Von „Oslo" bis „Kairo" (Okt. 1993 bis April 1994)*	*Von „Kairo" bis Juli 1994 (Mai 1994 bis Juli 1994)*
Vernichtete Bäume	19'462 Bäume Durchschnitt pro Monat: 927	3'807 Bäume Durchschnitt pro Monat: 543	0
Zerstörte Wohnhäuser	211 Wohnhäuser Durchschnitt pro Monat: 10	28 Wohnhäuser Durchschnitt pro Monat: 4	22 Wohnhäuser Durchschnitt pro Monat: 7,3
Zerstörte unbewohnte Gebäude (vor allem Hühnerställe)	17 Gebäude Durchschnitt pro Monat: 0,81	0	1 Gebäude Durchschnitt pro Monat: 0,3
Konfisziertes Land (in 1000 m^2)	521'048 Durchschnitt pro Monat: 24'812	93'910 Durchschnitt pro Monat: 13'415	35'245 Durchschnitt pro Monat: 11'748
Ausgebeutetes Land (in 1000 m^2)	26 Durchschnitt pro Monat: 1,2	0	0
Planiertes Land als Vorbereitung von Konfiskation (in 1000 m^2)	1'000 Durchschnitt pro Monat: 48	0	0

Vernichtung von Bäumen: Bei Konfiskation von Kulturland für Siedlungs- und Strassenbau; gelegentlich auch als Strafaktion nach Attentaten.
Häusersprengungen: Erstens wegen fehlender Lizenz (die Baubewilligungen werden von den Militärbehörden meist jahrelang nicht erteilt, um eine Erweiterung des palästinensischen Lebensraums zu verhindern); zweitens als Kollektivstrafe nach Attentaten.

Sumaya Farhat-Naser

Hindernisse bei der Landnutzung und Aufforstung im Westjordanland

Das Westjordanland weist weite unbebaute Flächen auf, die ernste ökologische Probleme aufwerfen – Probleme, die mit der Situation der seit dreissig Jahren andauernden militärischen Besatzung eng verbunden sind. Das Land ist aus folgenden Gründen von seinen Menschen aufgegeben worden:

- Tausende von Palästinenserinnen und Palästinensern verloren das Recht, in ihrer Heimat zu leben, und konnten deshalb ihr Land nicht mehr bestellen.
- Weil die Landwirtschaft kaum mehr einen genügenden Lebensunterhalt bieten kann, weil eine umfassende Planung und Förderung durch die öffentliche Hand fehlen und militärische Behinderungen die Bewirtschaftung erschweren, hat eine grosse Zahl von Arbeitenden der Landwirtschaft den Rücken gekehrt, um in Israel Arbeit zu suchen. Die Zahl der in der Landwirtschaft Beschäftigten ist dadurch innert dreissig Jahren auf ein Drittel abgesunken.
- Die Konfiskation oder Sperrung von Land und die Zerstörung von Tausenden von Bäumen hat die Fläche, die für die einheimische Bevölkerung zugänglich und nutzbar bleibt, auf nur noch dreissig Prozent verringert.

Das Fehlen von staatlichen Strukturen hat zur Folge, dass die Planung und Förderung landwirtschaftlicher Ressourcen ausgeblieben ist. Die natürliche Umwelt hat sich negativ verändert. Weite Flächen, die zum Anbau genutzt oder nutzbar waren, wurden konfisziert und im Rahmen der Siedlungspolitik in städtisch überbaute Zonen verwandelt. Die gesamte Planung diente einzig den politischen Ambitionen Israels und richtete sich gegen die Interessen der palästinensischen Bevölkerung. Diese Tatsache hat ebenso wie das Fehlen einer verlässlichen Rechtsordnung verhindert, dass Pflanzungen genügend gepflegt und erneuert werden konnten. Weitere Probleme ergeben sich aus der Übernutzung semiarider (halbtrockener, D.K.) Weideflächen und aus allzu intensiven oder sonstwie ungeeigneten Anbaumethoden auf künstlich bewässerten Flächen. Auch dadurch sind die landwirtschaftlichen Einkommen zurückgegangen und hat sich der Trend zum israelischen Arbeitsmarkt verstärkt. Die Fehlentwicklungen in der Landwirtschaft, das Zerfallen der Ackerterrassen und die Zerstörung der Vegetationsdecke haben zu einer enormen Bodenerosion geführt, die unter den lokalen semiariden Klimaverhältnissen zu einer ernsten Bedrohung wird. Denn der Boden verliert immer mehr die Fähigkeit, Regenwasser aufzunehmen und zu speichern, die Wüste droht sich auszubreiten. Ein Teufelskreis bahnt sich an: Je weniger Futter nachwächst, desto grösser wird die Gefahr der Überweidung.

Das Westjordanland besitzt nur wenige natürliche Reservate für einheimische Vegetation, die auf staatliche Aufforstungspläne der zwanziger und fünfziger Jahre zurückgehen. In den letzten dreissig Jahren blieb jede Sorge für die Natur aus, denn Politik und Alltagsnöte beherrschten vollständig das Denken der Menschen unter der Besatzung. In einer Situation des Kampfes ums Überleben gibt es in den Köpfen der Leute keinen Raum für Umweltbewusstsein. Nichts wurde unternommen, auch nicht von seiten der Militärbehörden, um auch nur die Probleme und Gefahren zu erfassen. Es ist deshalb heute wichtig, sich die Verbindung zwischen Entwicklungs- und Umweltfragen klarzumachen und zu begreifen, dass der Schutz der Umwelt Teil jeder Politik sein muss, die die Lebensqualität sichern und verbessern soll. Voraussetzung einer solchen Politik ist jedoch das immer noch ausstehende Recht der Palästinenser, Gesetze zu erlassen und in Kraft zu setzen.

Besondere Probleme werden sich im Bereich der Aufforstung stellen, denn ihr Wert ist den Menschen unbekannt, sie wehren sich gegen entsprechende Pläne und Massnahmen. Es gibt keinerlei Bewusstsein für die ökologische Rolle der Wälder und die Bedeutung einheimischer Gehölze für die Erhaltung eines natürlichen Gleichgewichts und die Wiederbelebung der biologischen Vielfalt. Die Menschen sind mehr darauf ausgerichtet, auf dem knapp gewordenen Boden nützliche Pflanzen anzubauen. In den wildwachsenden Pflanzen dagegen sieht man bestenfalls Futter für die Tiere oder Brennholz für die Küche.

In allen politischen und wirtschaftlichen Überlegungen muss inskünftig die ökologische Stabilität der Region eine zentrale Rolle spielen. Dazu ist es nötig, eine forstliche Grundausbildung aufzubauen und darüber hinaus mit Kampagnen zur Umwelterziehung in den Schulen und in den Organisationen des öffentlichen Lebens die gesamte Bevölkerung anzusprechen. Naturreservate sollten in angemessener Zahl, Lage und Grösse eingerichtet werden. Eine bessere Pflege der Vegetationsdecke würde Raum für Wälder und Weideflächen schaffen, könnte die Wasserretentionskraft des Bodens stärken und dadurch wiederum die Produktivität der Landwirtschaft verbessern helfen. So würden schliesslich auch alternative Einkommensquellen geschaffen. Der Bau von Landwirtschaftswegen, der Wiederaufbau von Terrassen müssten damit verbunden sein; der Anbau von Futterpflanzen würde mithelfen, die Weidegründe zu schonen.

Die Errichtung von Naturreservaten muss, um Erfolg zu versprechen, von der staatlichen Gewalt in einem umfassenden Plan garantiert werden. Die verbesserte Ausbildung in Forstwirtschaft an unseren Universitäten könnte durch die Wirkung der Studierenden als Multiplikatoren die Selbsthilfemöglichkeiten örtlicher Gemeinden verbessern. Es muss auch versucht werden, die Frauen zur Mitwirkung beim Aufforsten zu gewinnen. Ein zentrales staatliches Naturreservat oder Arboretum (Baumgarten, D.K.) würde für Lehre und Forschung wichtige Grundlagen liefern und könnte zur Entwicklung des öffentlichen Bewusstseins für Umweltfragen und Umweltschutz beitragen.

Ein längerfristiges Ziel ist die Rettung bedrohter Quellgebiete durch forstliche Massnahmen. Aufforstungspläne müssen vom Grundsatz geleitet sein, einheimische palästinensische Gehölze zu verwenden und verschwundene Arten, die einst die Landschaft geprägt haben, wieder im Land heimisch zu machen. Die Integration solcher Pflanzenarten in die tradierten Formen der Landnutzung ist nicht nur ein Beitrag zur Erhaltung der Artenvielfalt, sondern eröffnet langfristig neue Perspektiven für die ökologische Aufwertung der verbreiteten, vegetationsarmen Karstgebiete. Ausserdem macht die Verwendung standortgerechter Arten aufwendige chemische Schutzbehandlungen überflüssig. Wir sind überzeugt, dass die kulturelle Beziehung zwischen den Menschen und ihrer heimatlichen Landschaft ein starkes Band darstellt, das nicht nur respektiert, sondern nach Kräften gefestigt werden sollte.

(Referat, gehalten am Internationalen Workshop „Nachhaltige Landnutzung im ariden Nahen Osten“ vom 28.–30. November 1994 an der Biologischen Fakultät, Abteilung Ökologie, der Universität Bielefeld; aus dem Englischen von Daniel Kurz)

Die Rechte der Frauen

Der Entwurf eines Grundsatzdokumentes über die Rechte der Frauen, basierend auf der Unabhängigkeitserklärung des Palästinensischen Nationalrates von 1988, wurde nach monatelangen Vorbereitungen im August 1994 von sämtlichen palästinensischen Frauenorganisationen, politischen Frauenkomitees und unabhängigen Frauen verabschiedet und offiziell dem Präsidenten der palästinensischen Autonomiebehörden, Jassir Arafat, übergeben.

Präambel
Der Staat Palästina ist ein Staat für alle Palästinenserinnen und Palästinenser, wo immer sie auch leben. Es ist der Staat, in dem die Individuen sich einer kollektiven, nationalen und kulturellen Identität erfreuen können und nach vollkommen gleichen Rechten streben. In diesem Staat werden ihre politischen und religiösen Überzeugungen und ihre Menschenwürde durch die Mittel eines parlamentarischen demokratischen Systems der Regierungsgewalt, die auf freier Meinungsäusserung basiert, und der Freiheit, Parteien zu gründen, geschützt sein. Die Rechte der Minderheiten werden von der Mehrheit gebührend respektiert, während sich Minderheiten an die Entscheidungen der Mehrheit halten müssen.

Die Regierungsgewalt gründet sich auf die Prinzipien der sozialen Gerechtigkeit, der Gleichheit zwischen Mann und Frau und der Nichtdiskriminierung aufgrund von Rasse, Religion, Hautfarbe oder Geschlecht im Bereich des öffentlichen Lebens (public rights). Die Regierungsgewalt wird unter dem Schutz einer Verfassung stehen, die die Herrschaft des Gesetzes und eine unabhängige Richterschaft gewährleistet.

Die Regierungsgewalt wird auf den UN-Konventionen, der Allgemeinen Erklärung der Menschenrechte und anderer internationaler Dokumente und Konventionen gegründet sein, die von politischen, zivilen, wirtschaftlichen, sozialen und kulturellen Rechten handeln, insbesondere der Konventionen über die Beseitigung aller Formen der Diskriminierung von Frauen.

Zur Vervollständigung der Aufgaben des nationalen Kampfes gehört die durch internationale Legitimität unterstützte Erlangung der Grundrechte des palästinensischen Volkes zum Aufbau einer demokratischen palästinensischen Gesellschaft, die von der Gleichheit und der sozialen Gerechtigkeit aller ihrer Bürger und Bürgerinnen überzeugt ist.

Wir, die Frauen Palästinas, erwarten, dass dieses Grundsatzdokument für den rechtlichen Status von Frauen ratifiziert und in die Verfassung und die Gesetzgebung des zukünftigen palästinensischen Staates eingehen wird.

Allgemeine Bestimmungen

Wir, die Frauen Palästinas aller sozialen Gruppen und verschiedener Glaubensbekenntnisse, Arbeiterinnen, Bäuerinnen, Hausfrauen, Studentinnen, Akademikerinnen und Politikerinnen, erklären offiziell, dass wir unseren Kampf gegen alle Arten von Diskriminierung und Ungleichheit gegenüber Frauen fortsetzen werden, die in unserem Land durch die verschiedenen Formen des Kolonialismus verbreitet wurden, zuletzt durch die israelische Besatzung, und die verstärkt wurden durch ihr Zusammentreffen mit Sitten und Traditionen. Sie haben bewirkt, dass Frauen benachteiligt wurden, ja die Diskriminierungen haben sogar in einer Anzahl bestehender Gesetze und in der Gesetzgebung Eingang gefunden. Um eine demokratische Gesellschaft aufzubauen, die Frauen gleiche Rechte und Pflichten sichert, stellen wir folgende Grundsätze auf:

Der zukünftige palästinensische Staat und die Palästinensische Nationalbehörde (PNA) müssen, ungeachtet ihres rechtlichen Status, der Unabhängigkeitserklärung und allen internationalen Erklärungen und Konventionen, die sich auf Menschenrechte beziehen, besonders der Konventionen von 1979, in denen es um die Beseitigung aller Formen von Diskriminierung gegenüber Frauen geht, verpflichtet sein.

Das Gleichheitsprinzip von Mann und Frau muss auf allen Gebieten betont und in der Verfassung und der Gesetzgebung der nationalen Behörde klar und eindeutig bestätigt werden. Zusätzlich zu der Garantie für die praktische Erfüllung dieses Prinzips möge man zu rechtlichen und administrativen Massnahmen greifen, um alle Arten von Diskriminierung gegen Frauen zu verbieten und ihren Status der Ungleichheit aufzuheben, indem in jeder Hinsicht den Frauen der gleiche rechtliche Schutz wie den Männern zugebilligt wird; dazu gehört auch das Recht der Frauen auf Übernahme öffentlicher Ämter, sei es durch Wahl oder Berufung.

Frauen in judikativen, legislativen oder exekutiven Positionen sollen den gleichen Stand (equal footing) haben wie Männer; dies soll mit einem Gesetz garantiert werden, das zwingend und durchführbar ist.

Ausgehend von dieser Vision palästinensischer Frauen von einer Gesellschaft, basierend auf Gerechtigkeit und Gleichheit, sind die obengenannten allgemeinen Bestimmungen grundlegende Leitlinien, aus denen wir Unterstützung beziehen, um

1. eine in sich geschlossene palästinensische Gesellschaft zu bewahren. Wir, die Frauen Palästinas, sind die Hälfte unserer Gesellschaft, wir sind ein wesentlicher Teil dieser Gesellschaft. Wir glauben, dass das Problem der Befreiung der Frau und ihre Gleichberechtigung mit dem Mann eine Aufgabe der ganzen Gesellschaft ist. Darum glauben wir auch an die Notwendigkeit der Zusammenarbeit mit Männern, um eine palästinensische

Gesellschaft in sozialer Gerechtigkeit und Gleichheit für alle zu errichten;

2. *die palästinensische Kultur und ihre Einzigartigkeit zu betonen.* Wir, die Frauen Palästinas, wissen uns in unserer Vision mit allen demokratischen Kräften verbunden. Der Stand der menschlichen Entwicklung ist an der Umsetzung der Frauenrechte und an der Chancengleichheit für Frauen auf allen Gebieten zu messen. Das palästinensische Erbe birgt verschiedene Visionen über die Rolle und Stellung der Frau in der Gesellschaft. Deshalb erachten wir es als notwendig, dass die Betonung der Gleichheit der Frau und die Achtung vor ihren Rechten zugleich die positive Seite unseres palästinensischen und arabischen Erbes und unserer Kultur fördert;

3. *den nationalen und sozialen Kampf der palästinensischen Frauen zu verstärken.* Dieser Kampf der palästinensischen Frauen auf allen Ebenen während des jahrzehntelangen nationalen Kampfes war ein unermesslicher Beitrag. Frauen wurden Märtyrerinnen, Tausende waren im Gefängnis. Die palästinensischen Frauen spielten auch eine wesentliche Rolle bei der Bewahrung des Zusammenhalts der palästinensischen Familie als sozialer Basis, um, in Ermangelung einer palästinensischen Nationalen Behörde, einzelne zu unterstützen. Die palästinensischen Frauen waren gezwungen, viele Aufgaben, die mit ihrer sozialen Stellung verbunden waren, aufzuschieben und statt dessen ihre ganze Aufmerksamkeit auf den nationalen und politischen Kampf zu konzentrieren. Nun ist es an der Zeit festzuhalten, dass die Frage nach den legalen Rechten der Frauen in jeder Hinsicht ein Eckstein beim Aufbau einer demokratischen palästinensischen Gesellschaft sein wird;

4. *Gleichheit zu erlangen.* Wir, die Frauen Palästinas, sehen in den gleichen Rechten für Frauen und Männer – und zwar auf allen Gebieten – eines der Grundprinzipien für die Emanzipation von

Frauen und Männern. Dies erfordert eine klare Stellungnahme, die eindeutig die Gleichheit von Frauen und Männern in der ganzen Gesetzgebung garantiert. Zur Durchsetzung dieses Postulats sind gesetzgebende und administrative Verfahren nötig. Und es braucht die Vereinigung all unserer Kräfte, um jene sozialen Normen abzubauen, die die Frauen am Erfolg in der Gesellschaft hindern, und so der Achtung der Menschenrechte und des Prinzips der Autorität des Gesetzes Geltung zu verschaffen.

Darum fordern wir Gleichheit in folgendem:

1. Politische Rechte, die der Frau das Wahlrecht garantieren; das Recht, sich für ein Amt zu bewerben; das Recht, sich an einem öffentlichen Referendum zu beteiligen und ein politisches, öffentliches oder richterliches Amt auf jeder Ebene zu bekleiden. Dies gilt auch für die Bekleidung von Ämtern in politischen Parteien und Nicht-Regierungsorganisationen, die sich mit dem politischen und öffentlichen Leben in Palästina und der Vertretung des Staates in internationalen und regionalen Organisationen befassen, sowie für das Diplomatische Corps.

2. Bürgerliche Rechte, die der Frau das Recht gewähren, ihre Staatsbürgerschaft zu erwerben, zu behalten oder zu wechseln. Die Gesetze müssen garantieren, dass ihre Verheiratung mit einem Nicht-Palästinenser oder eine Änderung der Nationalität ihres Ehemannes während der Ehe nicht notwendigerweise eine Änderung der Staatsbürgerschaft der Frau nach sich zieht. Dies schliesst die Freiheit der Frau ein, die Staatsbürgerschaft des Ehemannes nicht anzunehmen. Den Frauen sollte auch das Recht gewährt werden, ihre Staatsbürgerschaft auf den Ehemann und die Kinder übertragen zu können. Zudem sollte den Frauen die volle Bewegungsfreiheit, die Freiheit zu reisen und ihren Wohnort frei zu wählen und das Recht, angemessen zu wohnen, garantiert werden. Mutterschaft sollte als soziale Aufgabe betrachtet werden und Hausarbeit als eine Aufgabe von sozialem und wirtschaftlichem Wert. Das Gesetz sollte den Frauen beistehen, um ihre Familien vor Gewalt zu schützen und vor Praktiken, die gegen irgendeines der garantierten Rechte verstossen, einschliesslich des Rechtes, ihre Meinung zu äussern, sich an jedweder Aktivität zu beteiligen, an einer Versammlung teilzunehmen, sich einer Gesellschaft oder einem Verein anzuschliessen und auch als Bürgerin mit vollen Rechten vor Gericht zu ziehen.

3. Ökonomische, soziale und kulturelle Rechte. Die Verfassung und die palästinensische Gesetzgebung müssen die Gleichheit der Frauen am Arbeitsplatz sicherstellen, indem sie ihnen für gleichwertige Arbeit den gleichen Lohn wie den Männern garantieren. Verfassung und Gesetze müssen auch für gleiche Möglichkeiten der Förderung, der Aus- und Fortbildung, der Entschädigung, der Gratifikationen, der Krankenversicherung und für die Mutterschaftsrechte sorgen. Die Gleichheit muss ebenso garantiert sein beim Abschluss von Verträgen, beim Verwalten von Besitz, bei Bankverträgen und Hypotheken, bei Verfahren vor Gericht und anderen juristischen Körperschaften. Wir betonen zudem die Bedeutung der Gleichheit bei der sozialen Wohlfahrt, der Gesundheitsfürsorge, der Erziehung und Ausbildung und verlangen die Garantie voller Gleichheit in Fragen des persönlichen Status.

Die Bemühungen der Frauen und aller demokratischen Kräfte in der palästinensischen Gesellschaft müssen gemeinsam alle Hindernisse beseitigen, die die Gleichberechtigung der Frauen gegenüber den Männern aufhalten wollen. Gemeinsam, Hand in Hand, müssen wir daran arbeiten, eine demokratische Gesellschaft zu erlangen, die eine umfassende nationale Unabhängigkeit, soziale Gerechtigkeit und Gleichheit verwirklichen kann.

(5. August 1994; aus dem Englischen von Ellen Rohlfs; bearbeitet von Heidemarie Winkel)

Grundsatzerklärung von „Jerusalem Link"

„Jerusalem Link" ist ein von der Europäischen Union finanziertes Organ in Jerusalem, welches das israelische Frauenzentrum „Bat Schalom" und das palästinensische Frauenzentrum „Jerusalem Center for Women" koordiniert. Die folgende Erklärung vom 2. August 1996 ist das Resultat jahrelanger Gespräche im Bemühen um die Gestaltung einer gemeinsamen Zukunft auf einem demokratischen Weg.

Wir palästinensischen und israelischen Frauen, verbündet im Engagement für einen gerechten und dauerhaften Frieden zwischen unseren Völkern, bestätigen unseren Willen zur Zusammenarbeit im Rahmen von „Jerusalem Link". Unser Ziel ist die schnelle Realisierung unserer gemeinsamen Friedensvision. Diese beruht auf folgenden Prinzipien:

1. Anerkennung des Selbstbestimmungsrechts beider Völker in diesem Land durch die Schaffung eines palästinensischen Staates neben dem israelischen.
2. Die Stadt Jerusalem: zwei Hauptstädte für zwei Staaten.
3. Die Grundsatzerklärung von Oslo (unterzeichnet am 19. September 1993) und Folgeabkommen müssen integral umgesetzt werden und als Basis dienen bei Verhandlungen für das definitive Übereinkommen.
4. Die Schlussverhandlungen müssen anknüpfen an den Referenzpunkten, nämlich den UNO-Resolutionen 242 und 338, und den Oslo-Abkommen.
5. Die Siedlungen und ihre weitere Ausdehnung bilden ein gravierendes Hindernis auf dem Weg zum Frieden.
6. Die Respektierung internationaler Konventionen und die aktive Beteiligung der internationalen Gemeinschaft am Friedensprozess ist entscheidend für seinen Erfolg.

7. Die Realisierung einer politischen Übereinkunft wird den Weg ebnen für den Frieden, für gegenseitiges Vertrauen und gute nachbarschaftliche Beziehungen auf der Basis von Gleichheit und Achtung der nationalen Rechte beider Gemeinschaften und der Menschenrechte.

8. Frauen sind wichtige Partnerinnen im Friedensprozess – ihre Beteiligung bei den Verhandlungen und an den Regierungen ist entscheidend für die Verwirklichung eines offenen und gerechten Friedens.

9. Wir Frauen lehnen den Einsatz von Gewalt ab und engagieren uns für die Förderung demokratischer Werte und der Zivilgesellschaft zur Verwirklichung eines dauerhaften Friedens.

Wir rufen die Frauen unserer Region und auf der ganzen Welt auf, mitzumachen bei der Realisierung unserer Vision von Frieden.

Die Autorin

Sumaya Farhat-Naser, geboren 1948 in Birseit bei Jerusalem. Schule im deutschen Internat Talitha Kumi in Bait Dschalâ bei Bethlehem. Studium der Biologie, Geographie und Erziehungswissenschaft an der Universität Hamburg. Promotion in Angewandter Botanik. Seit 1982 Dozentin für Botanik und Ökologie an der Universität Birseit in Palästina. Mitbegründerin und Mitglied zahlreicher Organisationen, u.a. von „Women Waging Peace" an der Harvard-Universität und von „Global Fund for Women" in San Francisco. Von 1997 bis 2001 Leiterin des palästinensischen „Jerusalem Center for Women". Lebt in Birseit.
Für ihren Einsatz für Gerechtigkeit und Frieden erhielt sie zahlreiche Auszeichnungen: Ehrendoktorwürde der Theologischen Fakultät der Universität Münster (1989), Bruno-Kreisky-Preis für Verdienste um die Menschenrechte (1995), Mount Zion Award, Jerusalem (1997), Evangelischer Buchpreis des Deutschen Verbands Evangelischer Büchereien (1997), Augsburger Friedenspreis (2000), Hermann-Kesten-Medaille des P.E.N.-Zentrums Deutschland (2002), Bremer Solidaritätspreis (2003), Profaxpreis, Küsnacht (2003), AMOS-Preis für Zivilcourage in Religion, Kirchen und Gesellschaft (2011).

Die Herausgeberinnen

Rosmarie Kurz-Hohl (1926–2002) arbeitete von 1972 bis 1992 beim „Christlichen Friedensdienst" (cfd) in Bern, der 1938 im Einsatz für jüdische Flüchtlinge entstand und sich seit 1967 im heute israelisch besetzten Westjordanland engagiert. Sie war Redaktorin des *cfd-Blatts* und verantwortlich für die cfd-Öffentlichkeitsarbeit mit den Schwerpunkten Nahost und Frauen-Friedensarbeit.

Chudi Bürgi, geboren 1956, Studium der Germanistik und Volksliteratur in Zürich und Berlin. Langjährige Beschäftigung mit Literatur aus verschiedenen Kulturen, als Journalistin und (Mit-)Herausgeberin, u.a. von Paula Charles, *Go, Josephine, go* (1993); *Küsse und eilige Rosen. Die fremdsprachige Schweizer Literatur* (1998) und *Soukous, Kathak und Bachata. Musik und Tanz aus Afrika, Asien und Lateinamerika in der Schweiz* (2004). Bei „artlink, Büro für Kulturkooperation" (www.artlink.ch) u.a. zuständig für Literatur.

Fotonachweise

Hanna Armani: Abb. 4; cfd-Archiv: Abb. 7; Monika Flückiger: Abb. 10; Olivia Heussler: Abb. 5, 8; Keystone: Abb. 9; Tanja Khorrami: Abb. 2; Christine Rocksien: Abb. 1, 3; Ellen Rohlfs: Abb. 11; Marily Stroux: Abb. 6.

Sumaya Farhat-Naser im Lenos Verlag

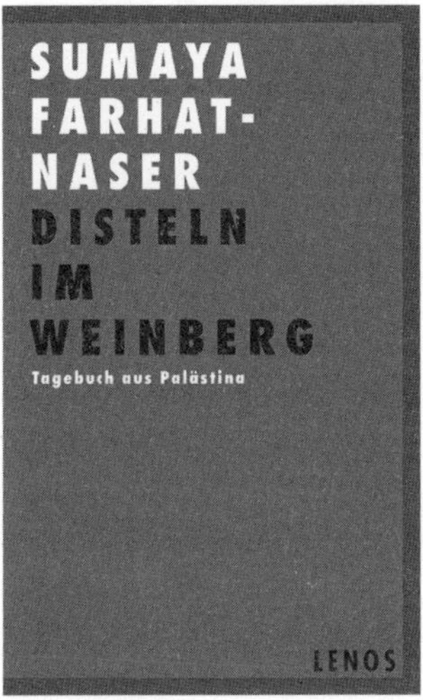

Sumaya Farhat-Naser
Disteln im Weinberg
Tagebuch aus Palästina
Herausgegeben von Chudi Bürgi, Martin Heule und Regula Renschler
Mit einem Essay von Ernest Goldberger
343 Seiten, gebundene Sonderausgabe
ISBN 978 3 85787 430 7

„Am Beispiel des eigenen Alltags, der Familie und ihrer verschiedenen Tätigkeiten zeigt Sumaya Farhat-Naser konkret auf, wie schwierig die Verhältnisse in den besetzten Gebieten sind. Damit macht sie genau das zugänglich, wofür unsere Nachrichtensendungen keine Zeit haben."
NZZ am Sonntag

Sumaya Farhat-Naser
Verwurzelt im Land der Olivenbäume
Eine Palästinenserin im Streit für den Frieden
Hrsg. von Dorothee Wilhelm, Manuela Reimann und Chudi Bürgi
254 Seiten, broschiert
ISBN 978 3 85787 688 2
Lenos Pocket 88

„Das Buch ist politische Dokumentation und politisches Manifest zugleich. (…) Unmöglich, diesem alarmierten und so klaren Ton nicht zuzuhören."
Freitag

Asmi Bischara
Checkpoint
Bericht aus einem zerteilten Land
Aus dem Arabischen von Hartmut Fähndrich
234 Seiten, gebunden, mit Schutzumschlag
ISBN 978 3 85787 377 5

„*Checkpoint* ist nach zahlreichen politischen Analysen Asmi Bischaras erstes Prosawerk – eine Art literarische Reportage zu den israelischen Strassensperren, die jedes normale Alltagsleben und die Berufsausübung für Palästinenser unmöglich machen.“
Südwestrundfunk

Literatur aus Palästina im Lenos Verlag

Machmud Darwisch
Ein Gedächtnis für das Vergessen
Beirut, August 1982
Aus dem Arabischen von Kristina Stock
211 Seiten, gebunden, mit Schutzumschlag
ISBN 978 3 85787 316 4

„Durch Erinnerungen, Träume, Charakterisierungen von Freunden, denen der Dichter begegnet, und Reflexionen über das Schicksal der Palästinenser entsteht das Kaleidoskop einer sich ihrem Ende zuneigenden Epoche der palästinensischen Diaspora.“
Frankfurter Allgemeine Zeitung